●子音（※〈無〉は無声音，〈有〉は有声音であることを示す。）

子音は，肺から出た空気がのどや口の中で何らかの妨害を受けてできる音である。

記号	発音の仕方	例
[p]	唇を閉じ，空気をためてから瞬時に「プッ」と空気を出す。〈無〉	paper ／ cup
[b]	「バ行」の子音に近いが，唇をしっかり閉じて発音する。〈有〉	book ／ club
[t]	舌先を上の歯ぐきにつけ，舌を離すと同時に空気を出す。〈無〉	test ／ stop
[d]	[t]と同様の方法で，声を出して発音する。「ダ」の子音に近い。〈有〉	day ／ add
[k]	「カ」行の子音とほぼ同じだが，空気をためて一気に出す。〈無〉	cat ／ book
[g]	[k]と同様の方法で，声を出して発音する。「ガ行」の子音に近い。〈有〉	girl ／ big
[f]	上の前歯に下唇を軽くあて，そのすき間から空気を出す。〈無〉	free ／ laugh
[v]	[f]と同様の方法で，声を出して発音する。〈有〉	very ／ love
[θ]	舌先を上の前歯の裏に軽くあて，そのすき間から空気を出す。〈無〉	thank ／ earth
[ð]	[θ]と同様の方法で，声を出して発音する。〈有〉	this ／ brother
[s]	舌先を上の歯ぐきに近づけ，そのすき間から空気を出す。〈無〉	see ／ face
[z]	[s]と同様の方法で，声を出して発音する。舌先が歯や歯ぐきにつかないように注意。〈有〉	zoo ／ please
[ʃ]	唇を丸め，舌全体を上あごに近づけて「シュッ」と空気を出す。〈無〉	shop ／ special
[ʒ]	[ʃ]と同様の方法で，声を出して発音する。舌はつけない。〈有〉	Asia ／ television
[h]	「ハ」の子音に近く，あごを少し下げ，のどの奥から空気を出す。〈無〉	home ／ behind
[tʃ]	唇を丸めて「チュ」と空気を出す。〈無〉	chair ／ watch
[dʒ]	[tʃ]と同様の方法で，声を出して発音する。舌が上の歯ぐきより少し奥につく。「ジ」の子音に近い。〈有〉	just ／ bridge
[m]	唇を閉じ，空気を鼻に送って「ムッ」と音を出す。〈有〉	make ／ him
[n]	舌先を上の歯ぐきの裏につけ，鼻から「ンヌッ」と音を出す。〈有〉	nose ／ rain
[ŋ]	舌の奥を上あごにつけ，鼻から息を出して「ンッ」と音を出す。〈有〉	song ／ tongue
[l]	舌先をとがらせて上の歯ぐきの裏につけ，舌の両側から声を出す。〈有〉	lucky ／ pool
[r]	舌の先を口の中で浮かせて空気を出す。唇を少し丸めるとよい。〈有〉	right ／ read
[w]	唇を小さく丸めて軽く「ウ」の音を出し [illegible] 続く。〈有〉	wood ／ one
[j]	「イ」のように口を [illegible] ぐに次の母音に続 [illegible]	young ／ yes

[改訂第3版]

速読英単語

Vocabulary Building × Rapid Reading

風早 寛 著

基礎固めから共通テスト突破までの重要1400語

Contents

ここで差がつく基本語

まとめてチェック

はじめに

深く印象に残る英文を読みながら，その中で**無理なく自然に**，大学入試に不可欠な重要英単語をまとめて覚えることができないだろうか。このような問いかけを出発点として，『速読英単語』シリーズが世に出ることになりました。幸い，『速読英単語入門編』も1998年の初版発刊以来，多くの方々から「ありがとう」という内容のお手紙をいただき，著者，編者ともにホッとしているところです。

このたび，より時代に合った新しい内容で，中学生から高校生へと移行する時期にスムーズに「入門編」を使用していただけるよう，改訂第3版を発刊する運びとなりました。

本書は『速読英単語』シリーズの特長を受け継ぎながら，高校1年生のみなさんや，単語を土台から学びたい方でも無理なく英単語の学習ができるよう，次の**7項目**を重視して作成しています。

① 文脈の中で覚えられること：単語力×速読力

大学入試においては，近年，短い時間で大量の英文を正確に読み取らせるというスタイルの読解問題が急増しています。一方，インターネットが飛躍的に普及している現代，みなさんが大学生になると，諸外国からの文献をインターネットを通じて取り寄せ，そのデータを研究の参考にする，ということを日々行うようになるものと思われます。このような時代の流れに対応するためには，**日頃から英文を気楽に読む習慣を早い時期から身につけておく**ことが必要だと思います。

そこで本書では，高校1年生からでも無理なく読める，**易しく興味深い英文**を選ぶことを最も重視し，掲載英文を選定しました。

② 基礎となる単語を盛り込んでいること

本書の目標は，大学入試に向けて，**「高校英単語の基礎を固める」**ということです。したがって，次の基準で掲載単語を選定しました。

1. 中学検定教科書の中に出てくる単語の中で，大学入試において必須と思われる重要語
2. 大学入試で出てくる高校単語のうち，入試出現頻度が高く，早い時期に習得しておいた方がよいと思われる，応用範囲の広い基本語

また，単語に関連した熟語等も積極的に掲載しました。

③ 中学必須語でも，重要な第2義・用法があるものは掲載すること

これまでの類書では，中学必須語は原則としてカットしてあるものが大半です。せいぜい，巻末に「付録」として一覧表が載っていればいいほうではないでしょうか。

しかし，実はこのことが今までの英単語学習の盲点になっていたのではないかと思います。

たとえばstandという動詞は，中学校で「立つ」という自動詞だけを習います。そして，それだけ覚えて易しい語，もう知っている語と思い込んでしまい，さらに進んで第2義を学習する機会がなかなかないのが実情ではないでしょうか。つまり，もう1つのとても重要な意味である「を我慢する」という他動詞を知らないまま高3になってしまい，長文で初めてお目にかかってあわててしまうわけです。

長文読解においては，big words（難しそうな見慣れない単語）よりも，standのように，**一見簡単に見えるが文脈に応じて多様な意味用法を持つ basic words（基本単語）の方が，理解の鍵を握る場合が多い**という事実をここで強調しておきたいと思います。このような語としては，他にもface（に直面する），store（を蓄える）など多くの単語があります。

④ 飽きずに，反復学習ができること

語学の学習にとって繰り返しが重要であることに異論はないでしょう。何度も真剣に接することによって，きっと実力がついてきます。**日頃から英文を声に出して何度も読み込んでください。**おもしろい例文や英文もなく，ただ英単語の意味だけを覚えていくやり方ではすぐに飽きてしまい，なかなか長続きしないものです。どうか，多くの先輩たちが成功してきた，この一見遠回りに思えるやり方を信じて，興味深い英文のストーリーと一緒に重要語をまとめて覚えていってください。

⑤ 毎日，無理のない量を繰り返せること

自分のペースに合わせて，1日1レッスン，あるいは2日で1レッスンくらいのペースで学習を進めてください。声を出して繰り返し読み込みましょう。英文は68個ですので，前者なら**約70日**，後者なら**約140日**で本書を1回仕上げることができます。1サイクル目が終わったら，時間と相談しながら，2サイクル目に入るか，あるいは「必修編」に進むことをお勧めします。

⑥ 見やすいこと

「必修編」のレイアウトは幸い多くの読者の方に好評でしたので，本書も基本的には大枠を踏襲しました。さらに，大学入試の基礎力をしっかりと身につけられるように，入門編独自のレイアウトの工夫も盛り込んでいます。なお，単語の意味やつづりをチェックするための確認用フィルター（＝赤色のフィルムシート）を添付しました。記憶の定着・確認にぜひ活用してください。

⑦ 場所を選ばないこと

「持ち運びに便利なコンパクトさ」＋「長文と全訳を掲載するのに必要な最低限の大きさ」という，2つの相矛盾する条件を満たしうるサイズとして，本書の大きさを選びました。

利用法の一例として，たとえば自宅で重要な語を記憶し，それを学校の空き時間や通学途中を利用して，前のページの長文の中で確認するという方法をとってもいいでしょうし，あるいは逆に，自宅でまず長文に取り組んでおいて，学校などの空き時間にその長文に現れた重要な語の意味の確認を行ってもいいでしょう。

本書に出てくる英単語を，英文を繰り返し読み込むことによって覚えておけば，本物の英単語力の基礎ができあがるものと確信します。

改訂第3版　改訂のポイント

① 収録語を大幅に増強した

学習指導要領の改訂に伴い，高校までに学習する語は従来の3,000語程度から4,000語～5,000語程度に増えました。これを受けて，入門編の収録語も，従来の約700語から**約1,400語に増強しました。**近年の入試問題や各種データベースを精密に分析し，高校英語の基礎固めから共通テストまでをカバーする単語を厳選したので，**高校入学から受験の基礎固めまで，幅広い学習シーンに対応できます。**

② 英文を大幅に入れ替えた

改訂第2版から英文を大幅に入れ替え，68本中53本が新英文となりました。物語から入試頻出テーマまで，**楽しみながら学習できる選りすぐりの英文を難易度順に掲載**しています。興味を持って何度も読み返すことで，文脈の中で自然に単語が身につきます。一見，遠回りのように思えるかもしれませんが，多くの先輩たちが成功してきた，非常に優れた学習法であることを改めて強調しておきたいと思います。

③ 音声をWEBから無料で聞けるようにした

英文・単語・例文の**音声は，WEBから無料で聞ける**ようになりました。各ページの二次元コードから聞くことができるので，音声を使ったさまざまな単語学習が気軽に行えます。リスニングは，まず音に慣れることが大切です。なるべく早い時期から音声を繰り返し聞き，英単語を聞き取る訓練をするとよいでしょう。

④ 発信に役立つ情報を充実させた

改訂第2版でも掲載したコラム「ここで差がつく基本語」に加え，ライティングやスピーキングにそのまま使える例文には「発信マーク」と付けるなど，**発信に役立つ情報をさらに充実させました。**これらを活用することで，「読む」「聞く」「話す」「書く」の四技能に直結した単語力を身につけることができます。

最後になりましたが，今回の改訂にあたり，編集部の金子真一さんをはじめ，多くの方々に協力していただきました。この場をお借りして御礼申し上げます。

2020年12月　風早　寛

速読英単語シリーズの単語レベル

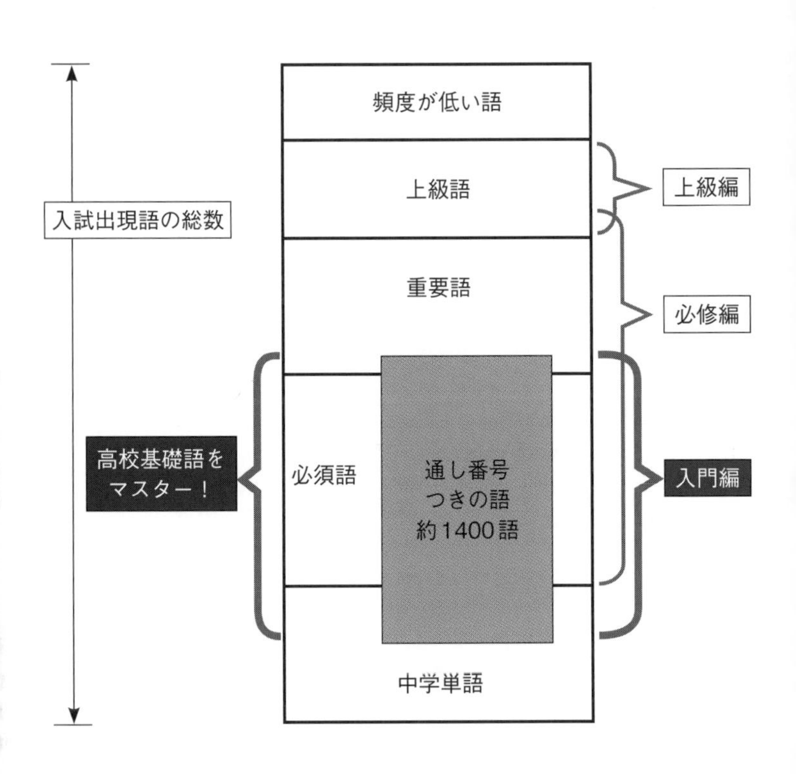

本書の構成

英文＋和訳ページ

英文番号・タイトル・ジャンル

ココを読み取る

英文を読むにあたって，注意して読み取ってほしいポイントを英問英答形式で掲載。最初に読む際に，まずはこの内容を意識してみましょう。

赤太字

入試頻出の重要語です。

語数

60 ～ 120 words 程度の英文を掲載しています。

重要表現

英文中の重要表現です。

1 2 3人の兄弟と少女 (2) ［物語］

Q. What did the three brothers have to look for?
— Something which is very (u　　).

One day, the father of the three brothers said, "Here is some **money** for you, my sons. Go on a long **trip**. While you are **traveling**, you **must** look for something which is very **useful**. When you **find** it, you must **buy** it and bring it home." The three brothers traveled for a **long** time and they bought three very useful things. (62 words)

重要表現
□ ℓ.1 one day　□ ℓ.1 Here is ～.
□ ℓ.3 look for ～

20

単語ページ

見出し語

入試重要語を中心に掲載。□のチェック欄には自分の理解度に応じて，✓や○△×などをつけ，繰り返しチェックしましょう。

語義

入試で問われる語義を掲載しています。

見出し語に関連して覚えておくべき類義語・反意語・関連語・派生語

まとめてチェック

意味上まとめて覚えておきたい語に関しては，独立したグループとしてまとめました。

15 迷信を信じますか? (1) ［文化］

318 believe [bilíːv] 動他 信じる；思う
◆ believe in ～ (～の存在を信じる)
◆ make believe (that) ... (…のふりをする)
319 trust [trʌ́st] 名 信頼；(財産などの) 委託 動 を信頼する
320 faith [féiθ] 名 信頼；確信；信仰
faithful [féiθfl] 形 忠実な
321 suspect 動 だと思う (that)；を疑う 名 容疑者
suspicion [səspíʃən] 名 疑惑；不信感
322 doubt [dáut] 名 疑い 動他 疑う

まとめてチェック 7 国際関係

abroad [əbrɔ́ːd] 副 外国(海外)に［へ，で］
overseas 形 海外の 副 海外へ［で］
international 形 国際的な；国家間の
nation [néiʃən] 名 国家；国民
national [nǽʃənl] 形 国家の；国民の
nationality [næ̀ʃənǽləti] 名 国籍；国民(性)
domestic [dəméstik] 形 国内の；家庭の
native [néitiv] 形 出生地の；土着の；固有の 名 ～生まれの人

110

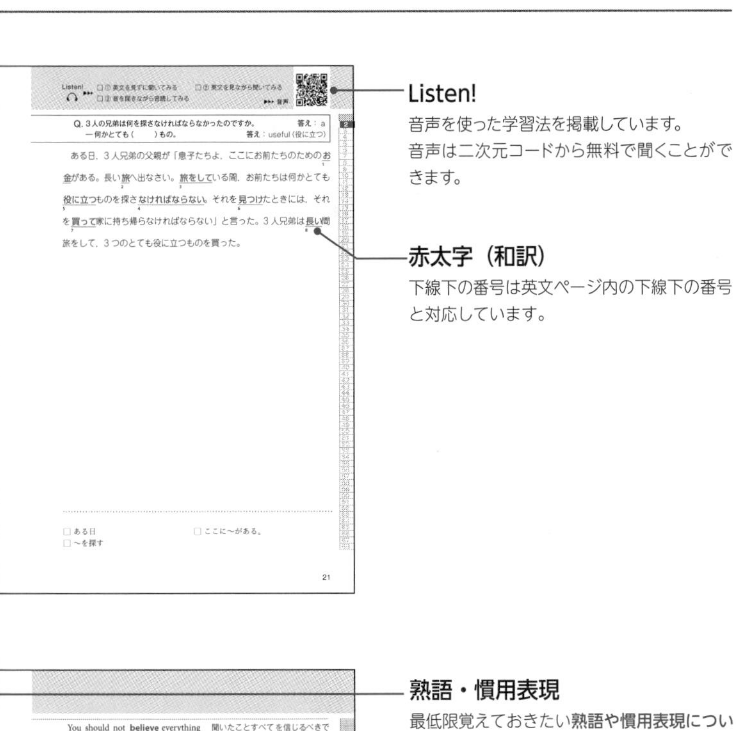
Listen! □① 英文を見ずに聞いてみる □② 英文を見ながら聞いてみる
□③ 音を聞きながら音読してみる ▸▸▸ 音声

Q. 3人の兄弟は何を探さなければならなかったのですか。 答え：a
—何かとても（　　）もの。 答え：useful（役に立つ）

ある日，3人兄弟の父親が「息子たちよ，ここにお前たちのためのお金がある。長い旅へ出なさい。旅をしている間，お前たちは何かとても役に立つものを探さなければならない。それを見つけたときには，それを買って家に持ち帰らなければならない」と言った。3人兄弟は長い間旅をして，3つのとても役に立つものを買った。

□ ある日　□ ここに～がある。
□ ～を探す

21

You should not **believe** everything you hear.	聞いたことすべてを信じるべきではない。
Can I **trust** you to keep this secret?	あなたがこの秘密を守ると信頼できますか。
I have **faith** that you will succeed.	私はあなたが成功すると確信している。
We **suspect** that someone has copied our work.	私たちはだれかが私たちの作品を模倣したのではないかと思った。
There is no **doubt** that you will win.	あなたが勝つのは疑いの余地がない。

C-315 world

worldwide [wə́ːrldwàid]	形 世界的な　副 世界中で（に）
global [glóubl]	形 世界的な
➡ **globalization** [glòubələzéiʃən]	名 世界（標準）化
border [bɔ́ːrdər]	名 境界；国境
boundary [báundəri]	名 境界（線）；（通例 -ries）限界
frontier [frʌntíər]	名 未開拓分野；最先端；国境；辺境
immigrant [ímigrənt]	名 （他国からの）移住者（反 emigrant）
➡ **immigration** [ìmigréiʃən]	名 （他国からの）移住（反 emigration）
refugee [rèfjudʒíː]	名 難民

111

Listen!
音声を使った学習法を掲載しています。
音声は二次元コードから無料で聞くことができます。

赤太字（和訳）
下線下の番号は英文ページ内の下線下の番号と対応しています。

熟語・慣用表現
最低限覚えておきたい**熟語や慣用表現**については，◆*斜体*で示してあります。

例文
番号つきの見出し語には例文を掲載しています（まとめてチェックは除く）。

本書の効果的活用法

本書の基本的な使い方は以下の4Stepです。

Step1 英文を読む→ **Step2** 単語を覚える→
Step3 例文で単語の使い方を覚える→ **Step4** 英文を繰り返し読む

Step1 英文を読む

1 3人の兄弟と少女（1）[物語]

Q. Why was it hard for the girl to make the best choice?
—Because she (I　　) each of the three young men.

Once upon a time, there was a man who had three sons. They had **different** **hobbies** and **enjoyed** different sports, but they all **loved** the same beautiful girl in their town. Each of them **asked** the girl the same question, "**Will** you **marry** me?" All of them were **clever**, **handsome** and strong. The girl liked each of the three young men very much. **So**, it was **hard** for her to make the best **choice**.

❶赤シートで和訳中の赤字を隠して，意味を推測しながら英文を読みましょう。その際，**Q.**（ココを読み取る）の内容をつかめるよう意識してみてください。
※苦手な人は，赤シートで隠さずに，和訳を見ながら読んでも構いません。

❷1回読んだだけで内容がつかみづらい場合は，和訳や別冊英文解説を参考にしながら何度か読んで，英文の大まかな内容をつかみましょう。

Step2 単語を覚える

1 3人の兄弟と少女（1）[物語]

1 different [dífərənt] 形（～とは）違った（from）（同 same, similar）；さまざまな
2 hobby [hábi] 名趣味
3 enjoy [indʒɔ́i] 動を楽しむ；を享受する ◆ enjoy oneself（楽しむ）
enjoyable [indʒɔ́iəbl] 形楽しい
4 love [lʌ́v] 動を愛している 名愛
prefer [prifə́ːr] 動（～より）を好む（to）
preference [préfərəns] 名好み
fond [fánd] 形（～が）大好きで（of）
hate [héit] 動を憎む；…したくない（to do, …ing） 名憎しみ
7 ask [ǽsk] 他自（～を）尋ねる；求める
consult [kənsʌ́lt] 動（辞書など）を調べる；（専門家）に相談する
consultant [kənsʌ́ltənt] 名顧問；（専門的な）相談相手
9 will [(弱)l; (強)wíl] 助…だろう；…するつもりだ 名意志；遺言
willing [wíliŋ] 形…する気がある（to do）；喜んで行う（反 reluctant）
willingness [wíliŋnəs] 名進んで…すること（to do）
11 marry [mǽri] 他自結婚する
12 clever [klévər] 形賢い；抜け目ない；器用な；巧みな
13 handsome [hǽnsəm] 形（男性が）ハンサムな；立派な
16

❶英文の中での単語の使われ方や語義についての記憶を生かしながら，単語の語義を赤シートで隠して，確実に覚えます。

❷繰り返し赤シートで隠す，紙に書くなどして，定着度を高めましょう。

❸単語の理解度に応じて，チェックボックスに✓や○△×をつけて，復習する際にわかりやすくするとよいでしょう。

Step3 例文で単語の使い方を覚える

単語を覚えたら，次は例文でどのように単語が使われるのかを確認しましょう。例文とその和訳とでパートが分かれていますので，しおり等で例文を隠しながら推測したり，例文を丸ごと覚えたりすると，単語力だけでなくライティングやスピーキングなどの発信につながる力も身につきます。

Step4 英文を繰り返し読む

最低 5 回（目標 10 回）は音読し，単語を生きた文脈ごと体に染み込ませましょう！　無料の音声も併用し，正しい発音を確認しながら学習すると効果的です（リスニング対策→ p.13 へ）。

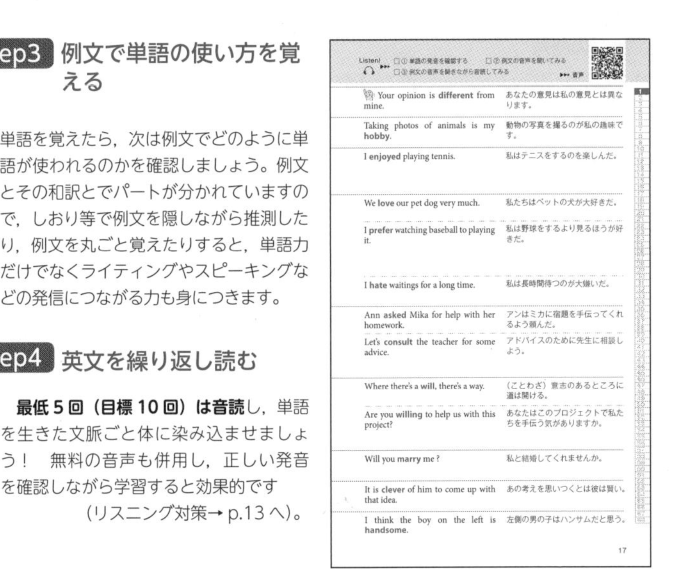
Listen! □① 単語の発音を確認する □② 例文の音声を聞いてみる □③ 例文の音声を聞きながら音読してみる ▸▸▸ 音声

Your opinion is **different** from mine.	あなたの意見は私の意見とは異なります。
Taking photos of animals is my **hobby**.	動物の写真を撮るのが私の趣味です。
I **enjoyed** playing tennis.	私はテニスをするのを楽しんだ。
We **love** our pet dog very much.	私たちはペットの犬が大好きだ。
I **prefer** watching baseball to playing it.	私は野球をするより見るほうが好きだ。
I **hate** waitings for a long time.	私は長時間待つのが大嫌いだ。
Ann **asked** Mika for help with her homework.	アンはミカに宿題を手伝ってくれるよう頼んだ。
Let's **consult** the teacher for some advice.	アドバイスのために先生に相談しよう。
Where there's a **will**, there's a way.	（ことわざ）意志のあるところに道は開ける。
Are you **willing** to help us with this project?	あなたはこのプロジェクトで私たちを手伝う気がありますか。
Will you **marry** me？	私と結婚してくれませんか。
It is **clever** of him to come up with that idea.	あの考えを思いつくとは彼は賢い。
I think the boy on the left is **handsome**.	左側の男の子はハンサムだと思う。

17

音声コンテンツと利用法

◆ストリーミングの場合

英文ページ・単語ページの冒頭の右上にある，二次元コードをスマートフォンで読み込んでください。音声再生ページにいき，音声をストリーミング方式で聞くことができます。

※英文ページの音声は，著作権の関係上，一部の英文について再生時にパスワードを求められます。以下のパスワードを入力して再生してください。

ストリーミングのパスワード：zkaiSokutanN ●●

※「●●」の部分には該当の英文番号（01 ～ 68）を半角で入れてください。

◆ダウンロードの場合

下記 URL にアクセスすると，ダウンロード用の音声を提供しているページにアクセスすることができます（PC でのアクセス推奨）。

https://www.zkai.co.jp/books/sokutan-nyumon/download

※ダウンロードページにおいても，著作権の関係上，一部の英文についてダウンロード時にパスワードを求められます。以下のパスワードを入力してください。

ダウンロード（PC 推奨）のパスワード：zkaiSokutanNDL ●●

※「●●」の部分には該当の英文を含む章番号（01 ～ 07）を半角で入れてください。

※章番号は，各英文ページの英文番号の左横に示されています。

本書の略号・記号，見出し語，通し番号，発音記号

①品詞の略号

動：動詞　自：自動詞　他：他動詞　助：助動詞　名：名詞　代：代名詞
形：形容詞　副：副詞　前：前置詞　接：接続詞　間：間投詞

②その他

⇔：反意語　≒：類義語　派➡：派生語（⬅派は見出し語の元となる語）
関：関連語（単語と意味上関連する語）　❗：語法の解説や注意したいこと
多：多義語　語法：入試頻出の語法の解説　活用：動詞の活用形
発：発音に注意　ア：アクセントに注意　◆：熟語・慣用表現
：ライティングやスピーキングにそのまま使える例文
to *do*：不定詞　…ing：動名詞あるいは現在分詞
〔　　〕：言い換え可能（　　）：省略可能

③見出し語

原則として，単語ページの見出し語として青色の囲みの中で示したものは，英文中に出てくる語です。ただし，英文中に出てくる語が頻度の低い語である場合，その語の派生形の方を見出し語扱いとしました。

④通し番号

見出し語のうち，以下の 2 つの語には通し番号をつけました。

1. 中学単語のうち，大学入試において必須と思われる重要語
2. 大学入試で出てくる高校単語のうち，入試出現頻度が高い語

この通し番号は，全部で約 1,400 語についています。この約 1,400 語は，高校英単語，さらには大学入試の核となる語と考えてください。通し番号がついた語には，派生語や関連語も一緒に掲載されているので，1 つのグループとして覚えるとよいでしょう。

⑤発音記号

・原則として，『ジーニアス英和辞典　第５版』（大修館書店）の表記に則り，米語の発音を中心に掲載しています。
・品詞や語義によって発音が異なる語で，入試において重要なものについては，複数の発音を掲載しました。
・イタリック（*r* など）は省略可能な音を表します。ただし，イタリックにせず（　）に入れて示したものもあります。

リスニング対策

無料の音声を活用すれば，単語を学習しながらリスニング対策も効果的に進めることができます。**リスニングに限らず，一般に語学の教材は，「部分的にわからない箇所があり，しかも長続きするだけの内容があるもの」がベストだと言われています。**その点，本書の英文は易しい単語と難しい単語の両方を含んでいますので，好都合でしょう。

実際にリスニングの訓練をする時には，次の 4 点に注意しながら，耳に英語の音をなじませましょう。

①英文の強勢，リズムに注意する

原則として，本動詞，名詞，形容詞，副詞，疑問詞などの「内容語」に強勢が置かれ，「機能語」と呼ばれる前置詞，接続詞，助動詞，人称代名詞，be 動詞などには強勢は置かれません。

この強勢のある箇所は，比較的等間隔で現れ，強勢のない箇所は比較的弱めに，そして速めに発音されます。こういうリズムこそが，英語の大きな特徴だと言われています。

英単語は，強勢が置かれないで発音される場合には，教室で学ぶ発音と異なって聞こえる場合があります。例えば，some が [sm] になり，him が [ɪm] となり，from が [frm] と発音されたりします。

②破裂音に注意する

[p]，[t]，[k]，[b]，[d]，[g] の音を「破裂音」と言いますが，that car のように，**‘破裂音＋破裂音’の形になった場合，前の破裂音（この場合には [t]）が消滅します。**

③脱落現象に注意する

例えば，She couldn’t do that. の発音を聞いていると，あたかも She couldn do that. と言っているかのように聞こえます。これは ’t の箇所の発音が脱落してしまったためです。スピードが速いほど，この傾向が顕著になってきます。

④同化現象に注意する

例えば，I’m pleased to meet you. では t you の箇所がつながり，同化して [tʃuː] のように聞こえます。このような**つづりと実際の音との間のギャップを埋める努力をすることも大切です。**

また，音声を次のように活用すると，効果的なリスニング対策を行うことができます。

①英文や単語を何も見ずに 3 回聞く
②次に，英文や単語をよく見ながら聞く
③そのあとで，自分で実際に「音読」する

無料の音声は，英文ページ・単語ページの右上にある二次元コードから聞くことができます。二次元コードの横にも音声の効果的な活用法が示されているので，ぜひリスニングの訓練の参考にしてください。

1 1 ３人の兄弟と少女（1）［物語］

Q. Why was it hard for the girl to make the best choice?
— Because she (l　　) each of the three young men.

Once upon a time, there was a man who had three sons. They had **different**[1] **hobbies**[2] and **enjoyed**[3] different sports, but they all **loved**[4] the same beautiful girl in their town. Each of them **asked**[5] the girl the same question, "**Will**[6] you **marry**[7] me?" All of them were **clever**[8], **handsome**[9] and strong. The girl liked each of the three young men very much. **So**[10], it was **hard**[11] for her to make the best **choice**[12].

(74 words)

重要表現

☐ ℓ.1 once upon a time　　☐ ℓ.4 Will you ～ ?
☐ ℓ.7 make a choice

Listen! ▸▸▸ □ ① 英文を見ずに聞いてみる □ ② 英文を見ながら聞いてみる
□ ③ 音を聞きながら音読してみる ▸▸▸ 音声

Q. なぜ少女にとって最善の選択をすることが難しかったのですか。
―3人の若者のそれぞれのことが（　　　）だったから。 答え：liked（好き）

昔々，3人の息子がいる男がいた。息子たちは**違う**[1] **趣味**[2]を持ち，違うスポーツを**楽しんだ**[3]が，全員が，彼らの町に住む同じ美しい少女を**愛していた**[4]。彼らのそれぞれが少女に「私と**結婚して**[7] **くれますか**[6]」という同じ**質問をした**[5]。彼らは全員，**賢く**[8]，**ハンサムで**[9]，強かった。少女は3人の若者のそれぞれのことがとても好きだった。**だから**[10]，最善の**選択**[12]をすることは彼女にとって**難しかった**[11]。

□ 昔々 □ ～してくれますか
□ 選択をする

1 2 3 4 5 6 7 8 9 10 11 12 13 14 15 16 17 18 19 20 21 22 23 24 25 26 27 28 29 30 31 32 33 34 35 36 37 38 39 40 41 42 43 44 45 46 47 48 49 50 51 52 53 54 55 56 57 58 59 60 61 62 63 64 65 66 67 68

1 □ **different** [dífərnt]	形 (～とは) 違った (from) (⇔ **same, similar**)；さまざまな
2 □ **hobby** [hɑ́:bi]	名 趣味
3 □ **enjoy** [ɪndʒɔ́ɪ]	他 を楽しむ；を享受する ◆ *enjoy oneself* (楽しむ)
派 **enjoyable** [ɪndʒɔ́ɪəbl]	形 楽しい
4 □ **love** [lʌ́v]	他 を愛している　名 愛
5 □ 関 **prefer** [prɪfə́:r] アク	他 (～より) を好む (to)
派 **preference** [préfərəns] アク	名 好み
≒ **fond** [fɑ́:nd]	形 (～が) 大好きで (of)
6 □ ⇔ **hate** [héɪt]	他 を憎む；…したくない (to *do*, …ing) 名 憎しみ
7 □ **ask** [ǽsk]	他 自 (～を) 尋ねる；求める
8 □ 関 **consult** [kənsʌ́lt]	他 (辞書など) を調べる；(専門家) に相談する
派 **consultant** [kənsʌ́ltənt]	名 顧問；(専門的な) 相談相手
9 □ **will** [(弱)l; (強)wíl]	助 …だろう；…するつもりだ 名 意志；遺言
10 □ 派 **willing** [wílɪŋ]	形 …する気がある (to *do*)；喜んで行う (⇔ **reluctant**)
派 **willingness** [wílɪŋnəs]	名 進んで…すること (to *do*)
11 □ **marry** [méri]	他 自 結婚する
12 □ **clever** [klévər]	形 賢い；抜け目ない；器用な；巧みな
13 □ **handsome** [hǽnsəm]	形 (男性が) ハンサムな；立派な

Listen! ▶▶▶ □ ① 単語の発音を確認する □ ② 例文の音声を聞いてみる
□ ③ 例文の音声を聞きながら音読してみる ▶▶▶ 音声

Your opinion is **different** from mine.	あなたの意見は私の意見とは異なります。
Taking photos of animals is my **hobby**.	動物の写真を撮るのが私の趣味です。
I **enjoyed** playing tennis.	私はテニスをするのを楽しんだ。
We **love** our pet dog very much.	私たちはペットの犬が大好きだ。
I **prefer** watching baseball to playing it.	私は野球をするより見るほうが好きだ。
I **hate** waiting for a long time.	私は長時間待つのが大嫌いだ。
Ann **asked** Mika for help with her homework.	アンはミカに宿題を手伝ってくれるよう頼んだ。
Let's **consult** the teacher for some advice.	アドバイスのために先生に相談しよう。
Where there's a **will**, there's a way.	（ことわざ）意志のあるところに道は開ける。
Are you **willing** to help us with this project?	あなたはこのプロジェクトで私たちを手伝う気がありますか。
Will you **marry** me ?	私と結婚してくれませんか。
It is **clever** of him to come up with that idea.	あの考えを思いつくとは彼は賢い。
I think the boy on the left is **handsome**.	左側の男の子はハンサムだと思う。

14 関 **pretty** [príti]	形 かわいらしい 副 かなり
15 関 **ugly** [ʌ́gli]	形 醜い；不快な
16 **so** [sóu]	接 だから 副 そのように；それほど〔だけ〕；とても
17 **hard** [hɑ́ːrd]	副 熱心に；激しく 形 硬い；難しい；つらい
関 **harsh** [hɑ́ːrʃ]	形（状況・現実などが）厳しい；不快な
18 関 **firm** [fə́ːrm] 多	形 断固とした；固い 名 会社（≒ **corporation**）
派 **firmly** [fə́ːrmli]	副 しっかりと；固く
19 **choice** [tʃɔ́ɪs]	名 選択；選択の自由（派 他 自 **choose**）
≒ **option** [ɑ́ːpʃən]	名 選択肢；選択（権の自由）

ここで差がつく基本語 1 see「見（え）る」

see は「(何か) を (特に意識しないで) 見る (=見える)」というのが基本的な意味。転じて,「わかる」という意味でも使う。「見る」という意味では知覚動詞に共通な語順 (see +目的語+ *do* 〔…ing / *done*〕) に注意しよう。

□「～を見る；～が見える」

I **saw** Tom on the train this morning.（今朝電車でトムを見かけた。）

I **saw** her **enter** the room.（私は彼女がその部屋に入るのを見ました。）

※第5文型

□「～がわかる」

Do you **see** what I mean?（私の言いたいことがわかりますか。）

Can't you **see** they are angry?（彼らが怒っているのがわからないのか。）

You look very **pretty** in that dress!	その服を着るとあなたはとてもかわいく見えるね！
I'm feeling **pretty** good.	気分がとてもよい。
The man entered the **ugly** building in front of the hotel.	その男はホテルの前の醜いビルに入っていった。
I was very tired, **so** I went to bed earlier than usual.	私はとても疲れていた。だからいつもより早く寝た。
He tried **hard** to get good marks.	彼はいい点を取ろうと一生懸命努めた。
It is **hard** to change jobs.	転職するのは難しい。
The skin of the fruit is **firm**.	その果物の皮は固い。
I have no other **choice**.	他の選択はない。

■see の重要熟語表現

+ off ～から離れて
see ～ off「～を見送る」
I've been to the station to **see** him **off.**
（彼を見送りに駅へ行ってきた。）

+ through ～を通り抜けて
see through ～「～を見抜く」
He **saw through** her lies.
（彼は彼女のうそを見抜いた。）

+ to ～の方へ
see to it that ...「…するよう取り計らう〔気をつける〕」
We'll **see to it that** it never happens again.
（私たちはこんなことが２度と起きないよう気をつけます。）

12 3人の兄弟と少女（2）[物語]

Q. What did the three brothers have to look for?
— Something which is very (u　　).

1 One day, the father of the three brothers said, "Here is some **money**[1] for you, my sons. Go on a long **trip**[2]. While you are **traveling**[3], you **must**[4] look for something which is very **useful**[5]. When you **find**[6] it, you must **buy**[7] it and bring
5 it home." The three brothers traveled for a **long**[8] time and they bought three very useful things. (62 words)

重要表現

□ ℓ.1 one day
□ ℓ.1 Here is ～.
□ ℓ.3 look for ～

Listen! ▸▸▸ □ ① 英文を見ずに聞いてみる □ ② 英文を見ながら聞いてみる
□ ③ 音を聞きながら音読してみる

▸▸▸ 音声

Q. 3人の兄弟は何を探さなければならなかったのですか。
— 何かとても（　　　）もの。　答え：useful（役に立つ）

ある日，3人兄弟の父親が「息子たちよ，ここにお前たちのための**お金**[1]がある。長い**旅**[2]へ出なさい。**旅をして**[3]いる間，お前たちは何かとても**役に立つ**[5]ものを探さ**なければならない**[4]。それを**見つけ**[6]たときには，それを**買って**[7]家に持ち帰らなければならない」と言った。3人兄弟は**長い**[8]間旅をして，3つのとても役に立つものを買った。

□ ある日　□ ここに〜がある。
□ 〜を探す

20 money [mʌ́ni]
名 お金

21 trip [tríp]
名 旅行；移動

22 travel [trǽvl]
自 他 旅行する；(光・音などが) 伝わる
名 旅行

関 **journey** [dʒə́ːrni] 名 旅行
関 **voyage** [vɔ́ɪɪdʒ] 名 船旅；航海；空の旅
関 **sightseeing** [sáɪtsìːɪŋ] 名 観光，見物

23 must [mʌ́st]
助 …しなければならない；…に違いない
名 絶対に必要なもの〔こと〕
語法 「…しなければならない」の意味の否定は don't have to または need not (…する必要はない)。must not は「…してはいけない」の意。

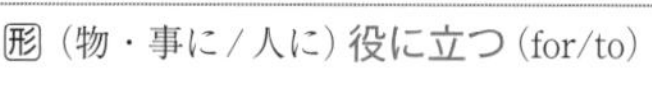

24 useful [júːsfl]
形 (物・事に／人に) 役に立つ (for/to)

⇔ **useless** [júːsləs] 形 役に立たない；無駄な

25 convenient [kənvíːnjənt]
形 (時間・場所・物が) 都合のよい；便利な

派 **convenience** [kənvíːnjəns] 名 便利 (なもの)

26 find [fáɪnd]
他 を見つける；…だとわかる (→p. 250 ここで差がつく基本語) 活用 find - found [fáʊnd] - found

27 discover [dɪskʌ́vər]
他 を発見する；に気づく

派 **discovery** [dɪskʌ́vəri] 名 発見 (物)

28 buy [báɪ]
他 (buy A (for B) / B A) (Bに) Aを買う (⇔ **sell**) 活用 buy - bought [bɔ́ːt] - bought

≒ **purchase** [pə́ːrtʃəs] 発 他 (大きな物・高額な物) を買う 名 購入 (品)

29 long [lɔ́(ː)ŋ]
形 長い 副 長い間

Listen! ▸▸▸ □ ① 単語の発音を確認する □ ② 例文の音声を聞いてみる
□ ③ 例文の音声を聞きながら音読してみる ▸▸▸ 音声

Most people work to earn **money**.	多くの人々はお金を稼ぐために仕事をする。
Have a nice **trip**.	楽しい旅行を〔行ってらっしゃい〕。
Have you ever **traveled** abroad?	これまでに海外を旅行したことがありますか。
This book is a **must** for all students.	この本はすべての生徒にとって絶対に必要なものだ。
He gave me some **useful** information.	彼は私に役立つ情報を与えてくれた。
The subway is the most **convenient** way to get to the museum.	地下鉄は博物館に行くのに最も便利な方法です。
Have you **found** your bag yet?	あなたのかばんはもう見つかりましたか。
He **discovered** a vitamin of a new kind.	彼は新しい種類のビタミンを発見した。
I'd like to **buy** a new bag this weekend.	私はこの週末に新しいかばんを買いたい。
My father had **long** hair when he was young.	私の父は若い頃，長い髪の毛をしていた。

まとめてチェック ❶ お金

30 □ **cash** [kǽʃ]
名 現金
◆ *in cash* (現金で)

31 □ **pay** [péɪ]
他 (～に) を支払う (for)　自 (～に) 代金を支払う (for)；割に合う　名 給料　活用 pay - paid - paid
How much did you ***pay*** for this bike? (あなたはこの自転車にいくら支払ったのですか。)

□ 派 **payment** [péɪmənt]
名 支払い (額)；報酬

まとめてチェック ❷ 料金

33 □ **price** [práɪs] 多
名 (品物の) 値段；代償；(～s) 物価
◆ *at any price* (ぜひとも)
◆ *at the price of* ～ (～を犠牲にして)

34 □ **fare** [féər]
名 (交通機関の) 運賃

35 □ **fee** [fíː]
名 (参加・入場の) 料金；(医師などへの) 謝礼

36 □ **charge** [tʃáːrdʒ] 多
名 料金；責任；告発　他 を請求する；(責任など) を負わせる；を告発する；を充電する
◆ *in charge of* ～ (～の担当で)
◆ *take charge of* ～ (～を引き受ける)

37 □ **cost** [kɔ́(ː)st]
名 費用；代償；犠牲　他 (費用など) がかかる；(犠牲) を払わせる　活用 cost - cost - cost
◆ *at all cost(s)* = *at any cost* (どんなに犠牲を払っても)
◆ *at the cost of* ～ (～の犠牲を払って)

↳20 money

- 32 ☐ **income** [ínkʌm] アク — 名 収入
- ☐ **purse** [pə́ːrs] 発 — 名 財布；ハンドバッグ
- ☐ **wallet** [wáːlət] 発 — 名 札入れ
- ☐ **withdraw** [wiðdrɔ́ː] — 他 (預金) を引き出す；を引っ込める；を退かせる 自 退く 活用 withdraw - withdrew - withdrawn

↳28 buy

- ☐ 派 **costly** [kɔ́(ː)stli] — 形 高価な，費用のかかる
- 38 ☐ **expense** [ɪkspéns] アク — 名 費用；犠牲
  - ◆ *at the expense of* ～ (～の犠牲を払って)
- ☐ **discount** [dískaʊnt] アク — 名 割引(率) 他 を割引する；(話など) を軽視〔無視〕する
- 39 ☐ **cheap** [tʃíːp] — 形 安い；安っぽい
- 40 ☐ **expensive** [ɪkspénsɪv] — 形 高価な

1 3 3人の兄弟と少女（3）［物語］

Q. What did the first young man buy?
— He bought a (s　　) carpet.

The first young man bought a **special**[1] carpet. On the carpet, he could fly to any place very **quickly**[2]. The second brother bought a special looking-glass. When he looked into it, he could see anyone and anything that he **wanted**[3] to see. The third brother bought a small lemon. He heard that the **juice**[4] of the lemon could make a **dying**[5] man or woman well **again**[6].

(66 words)

重要表現

□ ℓ.3 look into ～

Listen! ▸▸▸ □ ① 英文を見ずに聞いてみる　□ ② 英文を見ながら聞いてみる
□ ③ 音を聞きながら音読してみる

▸▸▸ 音声

Q. 最初の若者は何を買いましたか。
—彼は（　　　）じゅうたんを買いました。　答え：special（特別な）

最初の若者〔長男〕は，**特別な**[1]じゅうたんを買った。そのじゅうたんに乗ると，彼はどんな場所へもとても**素早く**[2]飛んでいくことができた。2番目の兄弟〔次男〕は，特別な鏡を買った。それをのぞき込むと，彼は見**たいと思う**[3]どんな人でも，どんなものでも見ることができた。3番目の兄弟〔三男〕は，小さなレモンを買った。彼は，そのレモンの**ジュース**[4]は**死にかけている**[5]男や女を**再び**[6]元気にすることができると聞いたのだ。

□ ～をのぞき込む

1 2 3 4 5 6 7 8 9 10 11 12 13 14 15 16 17 18 19 20 21 22 23 24 25 26 27 28 29 30 31 32 33 34 35 36 37 38 39 40 41 42 43 44 45 46 47 48 49 50 51 52 53 54 55 56 57 58 59 60 61 62 63 64 65 66 67 68

41 special [spéʃəl] 形 特別な；独特の (≒**particular**)；専門の

派 **specialist** [spéʃəlɪst] アク 名 専門家；専門医

派 **specialize** [spéʃəlàɪz] 自 (～を) 専門とする (in) 他 を専門化する

42 ≒ **unique** [ju(:)ní:k] 形 独特の；唯一の

43 関 **remarkable** [rɪmá:ɹkəbl] 形 注目すべき；すぐれた

44 quickly [kwíkli] 副 速く

派 **quick** [kwík] 形 短時間の；すばやい

45 関 **gradually** [grǽdʒuəli] 副 徐々に

46 関 **suddenly** [sʌ́dnli] 副 突然

派 **sudden** [sʌ́dn] 形 突然の ◆ ***all of a sudden*** (突然)

47 want [wʌ́nt] 他 が欲しい；…したい (to *do*)

48 juice [dʒú:s] 名 汁；ジュース
! 果汁100%のものを指す。

49 die [dáɪ] 自 死ぬ

派 **dead** [déd] 形 死んでいる；機能していない

⇔ **alive** [əláɪv] 形 生きて；元気で

関 **drown** [dráʊn] 自 おぼれ死ぬ 他 を溺死させる

50 again [əgén] 副 再び，もう一度

51 関 **repeat** [rɪpí:t] 自 他 繰り返す

派 **repeatedly** [rɪpí:tɪdli] 副 繰り返して，何度も

Listen! ▸▸▸ □ ① 単語の発音を確認する □ ② 例文の音声を聞いてみる
□ ③ 例文の音声を聞きながら音読してみる ▸▸▸ 音声

Did you go there for any **special** purpose?	あなたは何か特別な目的でそこへ行ったのですか。
My son has a **unique** ability to amuse people.	私の息子は人を喜ばせるという独特な才能の持ち主だ。
Mika got a **remarkable** score on the quiz.	ミカは試験ですぐれた点を取った。
She left the stage **quickly**.	彼女はすばやくステージを離れた。
Her health is improving **gradually**.	彼女の健康は徐々に回復している。
The bus stopped **suddenly**.	バスは突然止まった。
What do you **want** to do in the future?	あなたは将来，何をしたいですか。
I always drink fruit **juice** for breakfast.	私はいつも朝食にフルーツジュースを飲む。
Unfortunately, his grandfather **died** last month.	残念ながら，彼の祖父は先月亡くなった。
Could you tell me your name **again**, please?	もう一度お名前をお聞きしてもよろしいでしょうか。
Let me **repeat** my name for you.	あなたに私の名前をもう一度伝えさせてください。

14 3人の兄弟と少女（4）［物語］

Q. Why did the three brothers go to the girl's house?
— Because they saw that the girl was very (s　　) in bed.

The three brothers came together and showed their things to one **another**[1]. **Then**[2] one of them said, "We are **far**[3] from our home and from the girl we love. **Let**[4] us look into the looking-glass and see her." The second brother took out his looking-glass, and they all looked into it. They saw that the girl was very **sick**[5] in bed. Then the first brother asked the other brothers to sit down on his carpet. All of them went to the girl's house very quickly. The third brother **cut**[6] his lemon and made juice for the girl. The girl drank it and she was well again.

(106 words)

重要表現

- □ ℓ.2 one another
- □ ℓ.4 take out ～
- □ ℓ.6 sick in bed

Listen! ▶▶▶ □ ① 英文を見ずに聞いてみる　□ ② 英文を見ながら聞いてみる
□ ③ 音を聞きながら音読してみる
▶▶▶ 音声

Q. なぜ3人兄弟は少女の家に行ったのですか。
— 少女が重い（　　　）寝込んでいるのを見たから。　答え：sick（病気で）

3人兄弟は集まって，自分のものを**お互いに**[1]見せ合った。**すると**[2]，彼らのうちの1人が「私たちは家から**遠く離れ**[3]，愛する少女から遠く離れている。その鏡をのぞき込んで彼女を見**よう**[4]」と言った。次男が彼の鏡を取り出して，彼ら全員がそれをのぞき込んだ。彼らは，少女が重い**病気で**[5]寝込んでいるのを見た。すると，長男が他の兄弟に，自分のじゅうたんの上に座るように頼んだ。彼ら全員が，とてもすばやく少女の家に行った。三男が彼のレモンを**切って**[6]，少女のためにジュースを作ってあげた。少女はそれを飲み，再び元気になった。

□ お互い　□ ～を取り出す
□ 病気で寝込んで

1 2 3 4 5 6 7 8 9 10 11 12 13 14 15 16 17 18 19 20 21 22 23 24 25 26 27 28 29 30 31 32 33 34 35 36 37 38 39 40 41 42 43 44 45 46 47 48 49 50 51 52 53 54 55 56 57 58 59 60 61 62 63 64 65 66 67 68

□52 **another** [ənʌ́ðər]
形 もう1つ〔1人〕の；別の
代 もう1つ〔1人〕；別の人〔物〕

□53 **then** [ðén]
副 その時；それから；それなら

□54 **far** [fɑ́:r]
副（時間・空間的に）遠くへ；大いに
形 遠い
◆ *far from* ～（決して～でない）

□55 **let** [lét]
他（let ～ *do*）～に（したいように）…させる
活用 let - let - let

□56 **sick** [sík]
形 病気の；うんざりして

□57 同 **ill** [íl]
形 病気で；悪い

派 **illness** [ílnəs]
名 病気

□58 関 **pale** [péil]
形（病気などで）青白い

□59 **cut** [kʌ́t]
他 を切る；を削減する　活用 cut - cut - cut
◆ *cut down* ～（～を切り倒す）

関 **bite** [báit]
他 自 かむ　名 かむこと　活用 bite - bit - bitten

ここで差がつく基本語 2　give「与える」

give は「(何か) を与える」が基本的な意味。ただし,「与える」の目的語には, 具体的なものから抽象的なものまで非常に幅広い内容をとる。自動詞では「譲歩する」,「降参する」などのさまざまな意味も持つ。

□「(～に) …を与える」

She gave me flowers for my birthday.
（彼女は誕生日のお祝いに私に花をくれた。）

He gave a sudden jump.（彼は突然飛び上がった。）

The house gave no sign of life.
（その家には人が住んでいる様子がなかった。）

Listen! ▸▸▸
□ ① 単語の発音を確認する　□ ② 例文の音声を聞いてみる
□ ③ 例文の音声を聞きながら音読してみる
▸▸▸ 音声

We're going to move to **another** town.	私たちは別の町へ引っ越す予定だ。
You came home and **then** what happened?	家に帰って，それから何が起きたの？
How **far** is it to your house?	あなたの家まで距離はどれくらいありますか。
My father wouldn't **let** me go to the movies.	父は僕が映画に行くのを許してくれなかった。
My grandfather is **sick** in bed.	私の祖父は病気で寝込んでいる。
Ann felt too **ill** to go to school.	アンは気分が悪すぎて学校に行けなかった。
Are you okay? You look a little **pale**.	大丈夫？　少し顔色が悪いよ。
My salary may be **cut** greatly.	給料が大幅に削減されるかもしれない。

■give の重要熟語表現

+ to ～の方へ
give way (to ～)「(～に) 道を譲る；屈する」
She **gave way to** tears.（彼女は泣き崩れた。）

+ to ～の方へ
give birth to ～「～を生む」
The suffering of the slaves in America **gave birth to** the Blues.
（アメリカの奴隷の苦しみはブルースを生んだ。）

+ in ～の中に
give in (to ～)「(～に) 降参する；屈服する」
They finally **gave in**.（彼らはついに屈服した。）

15 3人の兄弟と少女（5）［物語］

Q. Who asked the girl, “Which of us will you marry?”
a. One of the brothers.　　b. The three brothers.

The young men were very **happy**[1] to see her **lovely**[2] smile. They **explained**[3] to her how they **saved**[4] her **life**[5]. Then the brothers asked the girl, “Which of us will you marry?” “I **thank**[6] you all, my **dear**[7] friends,” answered the girl. “One of the brothers saw me in his looking-glass and that **helped**[8] to save my life. His looking-glass is a very useful thing and he will have it **forever**[9]. Another brother brought all three of you here on his carpet and that helped to save me, too. It is also a very useful thing and he will have it forever.” (102 words)

重要表現

□ ℓ.1 be happy to *do*

Listen! ▶▶▶ □ ① 英文を見ずに聞いてみる　□ ② 英文を見ながら聞いてみる　□ ③ 音を聞きながら音読してみる　▶▶▶ 音声

Q. だれが少女に「私たちのうちのだれと結婚してくれますか」と尋ねましたか。
a. 兄弟のうちの１人。　b. ３人の兄弟。　答え：b

若者たちは，彼女の**愛らしい**[2]ほほえみを見てとても**幸せ**[1]だった。彼らは彼女に，どうやって彼女の**命**[5]を**救った**[4]かを**説明した**[3]。そして兄弟たちは少女に，「私たちのうちのだれと結婚してくれますか」と尋ねた。「**親愛なる**[7]友達のみなさん，私はあなた方全員に**感謝しています**[6]」と少女は答えた。「兄弟のうちの１人が鏡で私を見て，そのことが私の命を救うのに**役立ちました**[8]。彼の鏡はとても役に立つもので，彼はそれを**永遠に**[9]持っていることでしょう。別の兄弟は，あなた方３人全員をじゅうたんに乗せてここへ連れてきて，そのことも私を救うのに役立ちました。それもまたとても役に立つもので，彼はそれを永遠に持っていることでしょう」

□ …して幸せだ〔うれしい〕

60 **happy** [hǽpi]	形 うれしい；幸せな
61 **lovely** [lʌ́vli]	形 すてきな；美しい
62 **explain** [ɪkspléɪn]	他自 説明する
派 **explanation** [ɪksplənéɪʃən]	名 説明
63 弱 **illustrate** [íləstrèɪt] アク	他 (～を使って) を説明する (with)
派 **illustration** [ɪləstréɪʃən]	名 (実例・図などによる) 説明；実例；挿絵
64 関 **demonstrate** 多 [démənstrèɪt] アク	他 を証明する；を実演する　自 デモをする
派 **demonstration** [dèmənstréɪʃən]	名 実証；実演；デモ
65 関 **account** 多 [əkáunt]	自 (account for ～) ～を占める；～を説明する；～の原因となる　名 口座；報告 ◆ ***on account of*** **～** (～のせいで) ◆ ***take*** **～** ***into account*** = ***take account of*** **～** (～を考慮に入れる)
関 **define** [dɪfáɪn]	他 を定義する；を明瞭に示す
派 **definition** [dèfəníʃən]	名 定義
66 **save** 多 [séɪv]	他 を救う；を貯蓄する；を節約する
派 **saving** [séɪvɪŋ]	名 救助；節約
67 弱 **rescue** [réskjuː]	他 (危険・束縛などから) を救う (from) 名 救助；救済
68 関 **assist** [əsíst]	他 を助ける　自 (～を) 助ける (in)
派 **assistance** [əsístəns]	名 援助；助力
派 **assistant** [əsístənt]	名 助手，アシスタント
69 関 **spare** [spéər] 多	形 余分の；予備の　名 予備 他 (時間など) を割く；を省く；を惜しむ
関 **insurance** [ɪnʃúərəns]	名 保険

Listen! ▸▸▸ □ ① 単語の発音を確認する □ ② 例文の音声を聞いてみる
□ ③ 例文の音声を聞きながら音読してみる ▸▸▸ 音声

I feel **happy** when I listen to music.	音楽を聴いている時，私は幸せを感じる。
We had a **lovely** day at the beach.	私たちは浜辺ですてきな 1 日を過ごした。
He **explained** the process to his boss.	彼は自分の上司にその過程を説明した。
Let me **illustrate** this point with a graph.	この点についてグラフを使って説明させてください。
Our science teacher **demonstrated** the experiment for us.	科学の先生は私たちに実験を実演した。
Cars and factories **account** for most of the pollution in our country.	我が国では自動車と工場が多くの公害の原因となっています。
A woman **saved** a little boy who was drowning in the lake.	ある女性が湖でおぼれていた小さな男の子を救った。
Two lifeguards **rescued** the man and his dog from the sea.	2 人の救助員がその男性と犬を海から救助した。
Could you **assist** me with this heavy box?	この重い箱を運ぶのを手伝ってもらえますか。
Does this car have a **spare** tire?	この車には予備のタイヤはありますか。

70 life [láɪf]
名 生命(体)；一生；生活
❗ 複数形は lives

71 thank [θǽŋk]
他 に感謝する
名 (～ s) 感謝

関 **grateful** [gréɪtfl] 形 感謝している

関 **gratitude** [grǽtət(j)ù:d] 名 感謝(の気持ち)

72 dear [díə*r*]
形 親愛な；大切な
名 (呼びかけで) あなた

73 help [hélp]
他 自 助ける；手伝う；役立つ　名 助け
(→p. 344 ここで差がつく基本語)

74 ⇆ **aid** [éɪd]
名 支援；救援(物資)
他 を援助する　自 助けとなる

75 関 **cooperate** [koʊá:pərèɪt]
自 協力する；協力して…する (to *do*)

派 **cooperation** [koʊà:pəréɪʃən] 名 協力

派 **cooperative** [koʊá:pərətɪv] 形 協力的な

76 関 **volunteer** [và:ləntíə*r*]
名 ボランティア；志願者

派 **voluntary** [vá:ləntèri] 形 自発的な，志願の

77 forever [fərévə*r*]
副 永久に

関 **permanent** [pə́:*r*mənənt] アク 形 永久の；終身の

Five people lost their **lives** in the accident.	その事故で５人が命を失った。
We'd like to **thank** you all for coming today.	本日はみなさんにお越しいただき感謝しております。
He often says that his family is **dearer** to him than his company.	彼は会社より家族のほうが大切だとよく言っている。
My parents **helped** me to finish my homework.	両親は私が宿題を終えるのを手伝ってくれた。
Last year, over one billion dollars of **aid** was given to that country.	昨年，10億ドルを超える援助がその国に与えられた。
If we all **cooperate**, we'll finish much faster.	私たちみんなが協力すれば，ずっと早く終えられるだろう。
200 **volunteers** joined us to clean the park.	200人のボランティアが我々が公園を掃除するのに参加した。
I'd like to live in this city **forever**.	私はいつまでもこの市に住みたい。

16 3人の兄弟と少女（6）［物語］

Q. Who did the girl choose to marry?
a. The first brother. b. The second brother. c. The third brother.

1 “And one of you gave me the lemon juice and now I am well again. But he has no lemon now. He gave all he had to save me. I **choose**[1] to be his **wife**[2].” And the other two brothers said, “Yes, the girl is **right**[3]. The lemon was very 5 small, but it had the **magic**[4] **power**[5] not only to make the girl better but also to **move**[6] her **heart**[7].” Lemons are **sour**[8], but we can make **sweet**[9] lemonade out of them. (82 words)

重要表現

☐ ℓ.5 not only A but also B ☐ ℓ.7 make A out of B

Listen! ▸▸▸ □ ① 英文を見ずに聞いてみる □ ② 英文を見ながら聞いてみる
□ ③ 音を聞きながら音読してみる

▸▸▸ 音声

Q. 少女はだれと結婚することを選びましたか。
a. 最初の兄弟。 b. 2番目の兄弟。 c. 3番目の兄弟。 答え：c

「そして，あなた方のうちの 1 人は私にレモンジュースをくれて，今では私は再び元気になりました。でも彼は今ではレモンを持っていません。彼は私を救うために彼の持っていたすべてを与えてくれました。私は彼の**妻**[2]になることを**選びます**[1]」。すると，他の 2 人の兄弟は「そう，少女は**正しい**[3]。そのレモンはとても小さかったが，それは，少女を元気にするだけでなく，彼女の**心**[7]をも**動かす**[6] **魔法の**[4] **力**[5]を持っていたのだ」と言った。レモンは**すっぱい**[8]けれども，私たちはレモンで**甘い**[9]レモネードを作ることができるのだ。

□ A だけでなく B も　　□ B で A を作る

78 **choose** [tʃúːz]
他自 選ぶ (派 名 **choice**)
活用 choose - chose - chosen

79 同 **select** [səlékt]
他 を選ぶ　形 選り抜きの

派 **selection** [səlékʃən]
名 選択；精選（品）

80 同 **elect** [ɪlékt]
他自（投票で）選ぶ

派 **election** [ɪlékʃən]
名 選挙；当選

81 関 **vote** [vóʊt]
名自 投票（する）

派 **voter** [vóʊtər]
名 有権者；投票者

派 **candidate** [kǽndədèɪt]
名 候補（者）；志願者

82 関 **pick** [pík]
他自 選ぶ；（花・果実などを）摘む
◆ *pick out* ～（～を選ぶ）
◆ *pick up* ～（～を拾い上げる；～を車に乗せる）

83 **wife** [wáɪf]
名 妻

84 ⇔ **husband** [hʌ́zbənd]
名 夫

85 **right** 多 [ráɪt]
形 右の；正しい　副 右へ；正しく；ちょうど
名 右；権利

86 ⇔ **wrong** [rɔ́(ː)ŋ]
形 間違った；不適当な

87 同 **proper** [prɑ́ːpər]
形 適切な；正しい

派 **properly** [prɑ́ːpərli]
副 適切に；正しく

88 同 **appropriate** [əpróʊpriət]
形 適切な

89 関 **excessive** [ɪksésɪv]
形 過度の

派 **exceed** [ɪksíːd]
他 を超える

90 **magic** [mǽdʒɪk]
名 魔法；手品　形 魔法の

Listen! ▸▸▸ □ ① 単語の発音を確認する □ ② 例文の音声を聞いてみる
□ ③ 例文の音声を聞きながら音読してみる ▸▸▸ 音声

She **chose** her words carefully.	彼女は慎重に自分の言葉を選んだ。
Please **select** who you wish to be class president.	だれに学級委員長になってほしいか選んでください。
We will **elect** the new captain of the team tonight.	私たちは今夜，チームの新主将を選びます。
The winner will need at least fifteen **votes** from other students.	勝者になるには少なくとも他の生徒からの 15 票が必要だ。
Don't **pick** the flowers in this park.	この公園では花を摘んではいけません。
Tom and his **wife** were invited to the party.	トムと彼の奥さんはそのパーティーに招待された。
My **husband** and I enjoyed traveling in Europe.	夫と私はヨーロッパを旅行して楽しんだ。
Did you choose the **right** answer?	あなたは正しい答えを選びましたか。
That's the **wrong** answer.	それは間違った答えです。
You need **proper** medical care.	あなたは適切な医療を受ける必要がある。
What is the most **appropriate** way to use this word?	この語の最も適切な使い方は何ですか。
The tackle was **excessive**, so the player received a red card.	タックルが行き過ぎだったので，その選手はレッドカードを受けた。
Do you believe in **magic**?	あなたは魔法を信じますか。

91 **power** [páuər]
名 権力；能力；エネルギー

92 ≒ **energy** [énərdʒi] アク
名 エネルギー；活力

関 **atomic** [ətá:mɪk] アク
形 原子 (力) の

関 **nuclear** [n(j)ú:klɪər]
形 原子力の；核 (兵器) の

関 **solar** [sóulər]
形 太陽の；太陽光〔熱〕を利用した

93 ≒ **authority** [əθɔ́:rəti]
名 権威；権限；(通例 the -ties) 当局

94 **move** [mú:v]
他 を移動させる；を感動させる
自 動く；引っ越す

関 **mobile** [móubl]
形 動きやすい；移動式の；流動的な

95 関 **transfer**
動 [trænsfə́:r]　名 [´--]
他 を移動させる；を転勤させる　自 乗り換える；転任する　名 移転

96 関 **pass** [pǽs] 多
他 に合格する (⇔ **fail**)；を通過する；を渡す　自 合格する；通過する；(時間が) 経過する；(～として) 通る (for)　名 入場〔通行〕許可 (証)

97 関 **hurry** [hə́:ri]
自 急ぐ　名 急ぐ必要

関 **rush** [rʌ́ʃ]
自 急いで行く　名 急ぐこと；忙しさ

98 関 **flow** [flóu]
自 (川・情報などが) 流れる　名 流れ

99 関 **stream** [strí:m]
名 小川；流れ

100 **heart** [há:rt]
名 心臓；心；愛情

101 **sour** [sáuər]
形 すっぱい

102 **sweet** [swí:t]
形 甘い；優しい　名 甘いもの

103 ⇔ **bitter** [bítər]
形 厳しい；つらい；痛烈な；苦い

Man has the **power** of speech.	人間は言葉を操る力を持っている。
These days we are getting a lot of our **energy** from renewables.	今日，私たちは多くのエネルギーを再生可能なものから得ています。
Only the principal has the **authority** to use this room.	校長だけがこの部屋を使う権限を有している。
Please help me **move** the TV into that corner.	あの隅へテレビを移動させるのを手伝ってください。
My father was **transferred** to Shizuoka.	私の父は静岡に転勤した。
My parents were happy when I **passed** the test.	私が試験に合格した時，両親は喜んだ。
Let's **hurry** so that we don't miss the train.	列車に乗り遅れないように急ごう。
A river **flows** past my grandparents' house.	川が私の祖父母の家のそばに流れている。
When I was a child, I used to fish in this **stream**.	子供の頃，私はこの小川でよく魚を釣った。
The film touched her **heart**.	その映画は彼女の心を動かした。
I'm afraid this drink is too **sour** for me.	この飲み物は私にはすっぱすぎるようです。
They enjoyed **sweet** wine before dinner.	彼らは夕食の前に甘口のワインを楽しんだ。
The medicine was too **bitter** to take.	薬があまりに苦くて飲めなかった。

17 プラスチックストローをやめる理由（1）［環境］

Q. Which company will change all plastic packages to recyclable ones?
a. Starbucks. b. McDonald's.

Have you ever enjoyed cold drinks at a **fast**[1] food restaurant? Some **surprising**[2] news was **reported**[3] all over the world in summer 2018. Starbucks has **decided**[4] to stop **plastic**[5] **straws**[6] in all its **stores**[7] around the world by 2020. McDonald's has also **said**[8] that it will **start**[9] to use paper straws in the UK. And it will change all plastic **packages**[10] to **recyclable**[11] ones by 2025. Why have these two big **companies**[12] made these **decisions**[13]? (75 words)

重要表現

- ☐ ℓ.2 all over the world
- ☐ ℓ.4 around the world
- ☐ ℓ.8 make a decision

Listen! ▶▶▶ □ ① 英文を見ずに聞いてみる □ ② 英文を見ながら聞いてみる
□ ③ 音を聞きながら音読してみる

▶▶▶ 音声

Q. どの会社がすべてのプラスチック容器をリサイクル可能なものに替えますか。
a. スターバックス。 b. マクドナルド。 答え：b

あなたは今までに**ファスト**[1]フード店で冷たい飲み物を楽しんだことがあるだろうか。2018 年の夏に，**驚くべき**[2]ニュースが世界中で**報道され**[3]た。スターバックスが，2020 年までに世界中のすべての**店舗**[7]で**プラスチック**[5] **ストロー**[6]をやめることを**決定した**[4]のだ。マクドナルドもまた，イギリスで紙ストローを使い**始める**[9]と**述べた**[8]。そして，2025 年までにすべてのプラスチック**容器**[10]を**リサイクル可能な**[11]容器に替える（とマクドナルドは述べた）。これら 2 つの大**企業**[12]は，なぜこれらの**決定**[13]を下したのだろうか。

□ 世界中で
□ 世界中の
□ 決定をする

104 fast [fǽst]
形 速い，急速な
副 速く；急速に；しっかりと

105 同 rapid [rǽpɪd]
形（変化・行動などが）速い；急速な

派 **rapidly** [rǽpɪdli]
副 速く；急速に

106 surprise [səәrpráɪz]
他 を驚かす
名 びっくりさせること〔もの〕；驚き

同 **astonish** [əstɑ́:nɪʃ]
他 を（ひどく）驚かせる

107 report [rɪpɔ́:rt]
名 報告（書）；報道
他 自 報告する；報道する；通報する

108 decide [dɪsáɪd]
他 を決める；…することに決める (to *do*)
自 決定する

109 同 determine [dɪtə́:rmɪn] アク
他 を決定する；に決心させる　自 決定する

派 **determination** [dɪtə̀:rmənéɪʃən]
名 決心；確定

110 同 judge [dʒʌ́dʒ]
他 自 裁く；判断する；審査する　名 裁判官
◆ *judging from* ～（～から判断すると）

派 **judg(e)ment** [dʒʌ́dʒmənt]
名 裁判；判決；判断（力）

111 plastic [plǽstɪk] アク
形 プラスチックの；ビニールの
名 プラスチック

112 straw [strɔ́:]
名 ストロー；わら，麦わら

113 store 多 [stɔ́:r]
名 店；蓄え；倉庫
他 を蓄える

派 **storage** [stɔ́:rɪdʒ] 発 アク
名 保管（場所）

114 say [séɪ]
他 自（を）言う；（本などに）と書いてある
活用 say - said[séd] - said

115 関 express 多 [ɪksprés]
他 を表現する
名 急行列車　形 急行の

派 **expression** [ɪkspréʃən]
名 表現；表情

Listen! ▸▸▸ □ ① 単語の発音を確認する □ ② 例文の音声を聞いてみる □ ③ 例文の音声を聞きながら音読してみる

▸▸▸ 音声

Who is the **fastest** runner in the class?	クラスで走るのが最も速いのはだれですか。
You made **rapid** progress in your English class.	君は英語の授業で急速に上達したね。
I was very **surprised** at the news.	私はそのニュースにとても驚いた。
Give an accurate **report** of what you saw.	あなたが見たことを正確に報告しなさい。
We have not **decided** what to do.	私たちは何をするかを決めていない。
She is **determined** to succeed as an actress.	彼女は女優として成功しようと決心している。
We should not **judge** people by appearances.	人を外見で判断するべきではありません。
We should avoid using **plastic** bags.	私たちはビニール袋を使うのを避けるべきです。
Paper **straws** are better for the environment than plastic ones.	紙のストローはプラスチックのものより環境によい。
Some animals **store** food for winter.	動物の中には冬に備えて食料を蓄えるものもいる。
We **said** goodbye to our grandparents and headed home.	私たちは祖父母にお別れの言葉を言って家に向かった。
Words cannot **express** my appreciation.	言葉では感謝の気持ちを言い表わせない。

116 関 **remark** [rɪmɑ́:ɚk] — 名 (短めの) 感想；発言　他 だと述べる (that)

関 **comment** [kɑ́:ment] アク — 名 論評　自 (～について) 論評する (on)

関 **review** [rɪvjú:] アク — 名 批評；再検討；復習
他 を批評する；を見直す；を復習する

117 **start** [stɑ́:ɚt] — 他 を始める (to *do*, …ing)；(事) を起こす
自 始める；始まる；出発する
名 出発；開始；(the ～) 出発点

118 **package** [pǽkɪdʒ] — 名 包み；容器

関 **luggage** [lʌ́gɪdʒ] — 名 手荷物，旅行用かばん

119 **recycle** [rɪsáɪkl] — 他 を再利用〔リサイクル〕する

派 **recyclable** [rɪsáɪkləbl] — 形 再利用〔リサイクル〕できる

120 **company** 多 [kʌ́mpəni] — 名 会社；交際

121 関 **manage** [mǽnɪdʒ] アク — 他 を経営する；どうにか…する (to *do*)

122 **decision** [dɪsíʒən] — 名 決定；決心

まとめてチェック ❸ 会社

123 **corporation** [kɔ̀:ɚpəréɪʃən] — 名 株式会社；企業；法人

124 **department** [dɪpɑ́:ɚtmənt] — 名 部門；学科；(D-) ((米)) 省；(百貨店などの) 売り場
❗ 日本語の「デパート」は department store。

125 **section** [sékʃən] — 名 部分；区分；部門；(本などの) 節

colleague [kɑ́:li:g] アク — 名 同僚

Jim made a funny **remark** about my T-shirt. ジムは私のＴシャツについておかしな感想を言った。

The swans **started** flying north. 白鳥は北へ飛び立ち始めた。

The meeting **started** at 9 o'clock. 会議は９時に始まった。

Three **packages** were delivered to me this morning. 今朝３つの包みが私に届けられた。

You can **recycle** clothes at the supermarket. スーパーで衣服をリサイクルすることができます。

I want to work for an airline **company**. 私は航空会社で働きたい。

My mother **manages** a small travel company. 私の母は小さな旅行会社を経営している。

It's time to make a **decision**. 決断をする時だ。

120 company

- □ **boss** [bɔ́:s] 名社長；雇用主；上司
- □ **manager** [mǽnɪdʒər] ア 名経営者；支配人
- 126 □ **management** [mǽnɪdʒmənt] ア 名経営（者）；取り扱い
- □ **secretary** [sékrətèri] 発 名秘書
- □ **salary** [sǽləri] 名（月々の）給料

18 プラスチックストローをやめる理由 (2) [環境]

Q. What was wrong with the sea turtle?
— A plastic straw was (s　　) in its nose.

This **movement**[1] began with a sea **turtle**[2] found in Costa Rica in 2015. The turtle was **caught**[3] because it looked sick. People worried about it. Then, a woman found that something was **stuck**[4] in its nose. When she **tried**[5] to **pull**[6] the thing out, the turtle **closed**[7] its eyes and **shook**[8] its **head**[9]. **Blood**[10] was dripping from its nose. **Finally**[11], a plastic straw came out. It was about 10cm long. These pictures **spread**[12] all over the world **through**[13] the **Internet**[14]. This made people **sad**[15], and a **lot**[16] of people started a movement to stop using plastic straws. Since then, more and more people have started to think about **pollution**[17] of the sea. (112 words)

重要表現

- □ ℓ.1 begin with ～
- □ ℓ.4 pull out ～
- □ ℓ.10 more and more ～

Listen! ▶▶▶ □ ① 英文を見ずに聞いてみる □ ② 英文を見ながら聞いてみる □ ③ 音を聞きながら音読してみる

▶▶▶ 音声

Q. ウミガメは何が問題だったのですか。
—プラスチックストローが鼻に（　　　）いた。　答え：stuck（刺さって）

この**運動**[1]は，2015 年にコスタリカで見つかったウミ**ガメ**[2]から始まった。そのウミガメは，病気のように見えたために**捕まえ**[3]られた。人々はウミガメのことを心配した。そのとき，ある女性が，ウミガメの鼻に何かが**刺さって**[4]いることに気づいた。彼女がそのものを**引っ張り**[6]出そ**うとした**[5]とき，ウミガメは目を**閉じ**[7]て**首**[9]を**振った**[8]。鼻から**血**[10]が滴っていた。**とうとう**[11]，プラスチックストローが出てきた。それは 10 センチほどの長さだった。これらの写真が**インターネット**[14] **を通じて**[13]世界中に**広まった**[12]。このことが人々を**悲しく**[15]させ，**多く**[16]の人々が，プラスチックストローを使うことをやめる運動を始めた。そのとき以来，海の**汚染**[17]について考え始める人々がますます増えてきている。

□ ～で始まる；～から始まる　□ ～を引っ張り出す
□ ますます多くの～

127 movement [múːvmənt]
名 動き；運動；移動

関 **pace** [péɪs]
名 歩調；進度

128 turtle [tə́ːrtl]
名 ウミガメ；カメ

129 catch [kǽtʃ]
他 をつかむ；を捕まえる；に間に合う；を理解する　名 捕まえること
活用 catch - caught - caught
◆ ***catch up with*** ～（～に追いつく）

≒ **capture** [kǽptʃər]
他（人・動物）を捕らえる；を引き付ける　名 逮捕

≒ **grab** [grǽb]
他 をつかむ

≒ **grasp** [grǽsp]
他 を把握する；をつかむ

≒ **trap** [trǽp]
名 わな　他 を閉じこめる；をわなで捕らえる

130 ⇔ **miss** [mís] 多
他 を逃がす；がいなくて寂しく思う　名 失敗

派 **missing** [mísɪŋ]
形 欠けている；行方不明の

131 stick 多 [stík]
他 を貼り付ける；を刺す　自 くっつく；刺さる；固執する　名 棒きれ
活用 stick - stuck - stuck
◆ ***stick to*** ～（～を断固として守る）

132 try [tráɪ]
他 を試みる；…しようと（努力）する（to *do*）
自 やってみる；努力する　名 試し
語法 try to *do* は「…しようと（努力）する」，try …ing は「試しに…してみる」。

派 **trial** [tráɪəl]
名 裁判；試み；試練

133 ≒ **attempt** [ətémpt]
他 を試みる；…しようとする（to *do*）　名 試み

134 ≒ **challenge** [tʃǽlɪndʒ] アク
名 挑戦；難問
他（人）に挑戦する；（考えなど）に異議を唱える

135 関 **struggle** [strʌ́gl]
自 苦闘する　名 闘争；もがき

136 pull [púl]
他 自 引く，引っぱる；車を寄せる

Listen! ▸▸▸ □ ① 単語の発音を確認する　□ ② 例文の音声を聞いてみる
□ ③ 例文の音声を聞きながら音読してみる

▸▸▸ 音声

The **movements** of the animal were very slow.	その動物の動きはとてもゆっくりしていた。
The **turtles** on this beach are protected.	この海岸のカメは保護されている。
The policeman **caught** the thief.	警官はその泥棒を捕まえた。
The old man couldn't **catch** what I said.	その老人は私の言ったことを理解することができなかった。
I **missed** my family while I was studying abroad.	外国に留学している間，家族がいなくて寂しかった。
Is it okay if I **stick** this poster on the wall?	壁にこのポスターを貼ってもいいですか。
You must **try** to finish it by five o'clock.	それを５時までに終わらせるよう努力しなければなりません。
I'll **try** making pizza.	試しにピザを作ってみよう。
She **attempted** to better her own record, but failed.	彼女は自己記録を更新しようと試みたが，失敗した。
We found this quiz to be quite a **challenge**.	この試験は大変な難問だとわかった。
I **struggled** with math when I was a kid.	私は子供の頃，数学で苦労した。
Don't **pull** my hair.	髪の毛を引っぱるな。

137 close 動 [klóuz] 形 [klóus]
他 を閉める　自 閉まる
形 接近した；親密な

138 shake [ʃéɪk]
自 揺れる　他 を振り動かす
活用 shake - shook - shaken

関 **quake** [kwéɪk]　自 震える；揺れる

139 head [héd]
名 頭；頭脳；(組織などの) 長

140 blood [blʌ́d] 発
名 血液；家系

派 **bleed** [blíːd]　自 (～から) 出血する (from)

141 finally [fáɪnəli]
副 とうとう；終わりにあたって

≒ **eventually** [ɪvéntʃuəli]　副 (主に前述の内容を受けて) 結局；最後には

142 spread [spréd]
自 広がる　他 を広げる　名 広がり；普及
活用 spread - spread - spread

関 **scatter** [skǽtər]　他 をまき散らす　自 分散する　名 散布

⇔ **fold** [fóuld]　他 を包む；を折りたたむ；(手足など) を組む

143 through [θrúː]
前 を通り抜けて；のあちこちを；の間ずっと
副 通り抜けて；ずっと

144 関 **throughout** [θruáut] アク
前 副 通して；至るところに

145 Internet [íntərnèt]
名 (the ～) インターネット (= the Net)

関 **online** [ɑ́ːnláɪn]　形 副 オンラインの〔で〕

関 **site** [sáɪt]　名 敷地；跡地；(ウェブ) サイト

関 **web** [wéb]　名 (the W-) ウェブ；クモの巣

146 sad [sǽd]
形 悲しい (⇔ **happy**)

Close your eyes. Our school is **close** to the station.	目を閉じなさい。 うちの学校は駅のすぐそばだ。
We should get under the desk if the ground **shakes**.	地面が揺れたら机の下に入ったほうがよい。
Hold your **head** up while I take this photo.	この写真を撮っている間，頭を上げていてください。
There was **blood** on my shirt after the accident.	事故の後，私のシャツに血がついていた。
We **finally** found his house.	私たちはとうとう彼の家を見つけた。
The news of the accident **spread** quickly.	その事故の知らせはすぐに広まった。
We stayed awake all **through** the night.	私たちは夜の間ずっと起きていた。
One of the students was asleep **throughout** the lesson.	生徒の１人は授業中ずっと寝ていた。
The **Internet** has allowed more people to work from home.	インターネットにより，より多くの人々が在宅勤務できるようになりました。
I was **sad** to hear about the accident.	その事故のことを聞いて私は悲しかった。

147 □ 関 **disappoint** [dìsəpɔ́ınt] — 他 を失望させる

派 **disappointment** [-mənt] — 名 失望

148 □ 関 **tragedy** [trǽdʒədi] — 名 悲劇

派 **tragic** [trǽdʒık] — 形 悲劇の；悲惨な

149 □ **lot** [lɑ́:t] — 名 (a ～, 時に～s) たくさん；土地
◆ *a lot* 〔*lots*〕 *of* ～ (たくさんの～)

関 **pile** [páıl] — 名 積み重ね 他 自 積み重ねる〔なる〕
◆ *a pile* 〔*piles*〕 *of* ～ (たくさんの～)

150 □ **pollution** [pəlú:ʃən] — 名 汚染；公害

ここで差がつく基本語 3 make「別の形〔状態〕にする」

make は「(何か) を現在とは異なる形〔状態〕にする」というのが基本的な意味。ここから「ものを作る」の意味や make a difference (違いを生じる) のように,「別の状態を引き起こす」という意味が出てくる。第 5 文型の補語の位置に形容詞や動詞の原形がくる使用例も非常に多い。

□「～を作る」

My mother sometimes makes pizza for supper.
(私の母は時々夕食にピザを作る。)

□「～を引き起こす〔する〕」

I made the decision to move to a small town. (= decide)
(小さい町へ引っ越すことに決めた。)

Mike makes an effort not to be late.
(マイクは遅刻しないよう努力している。)

□「～を…の状態にする〔変える〕」 ※第 5 文型

The news made her sad. (その知らせは彼女を悲しくさせた〔その知らせを聞いて彼女は悲しくなった〕。)

I'll train hard and try not to **disappoint** my teammates.	私は懸命に練習してチームメイトをがっかりさせないようにします。
We heard about the **tragedy** on the news this morning.	今朝，私はニュースでその悲劇について聞いた。
Thanks a **lot**.	いろいろとありがとう。
I parked my car in the parking **lot**.	私は車を駐車場に停めた。
Over the past ten years, the level of **pollution** has been cut by 30%.	過去10年の間に，汚染の程度は30%削減された。

What **made you think** so?
（何があなたをそう考えさせたのか〔あなたはなぜそう考えるのか〕。）

■make の重要熟語表現

+ for ～に向かう
make for ～「～に向かって行く；～に役立つ」
She **made for** the house right away.
（彼女はすぐに家に向かった。）

+ out 中から外へ
make out ～「～を理解する」（= understand）
He couldn't **make out** what I said.
（彼は私が言ったことを理解することができなかった。）

+ up ～の上方に
make up ～「（～に）化粧をする；～をでっちあげる」
He **made up** a story when he was late for school.
（彼は授業に遅刻した時，話をでっちあげた。）

19 プラスチックストローをやめる理由（3）［環境］

Q. Why do sea turtles eat plastic bags?
— Because they look like their (f　　) food.

Of course, a plastic straw is **just**[1] one **example**[2] of pollution of the sea. There are many other **types**[3] of plastic **garbage**[4] that **pollute**[5] oceans. If you walk along the **beach**[6], you can see a lot of plastic bottles, bags, and **ropes**[7], too. When they get into the sea, they are **carried**[8] long **distances**[9]. They never **disappear**[10] **naturally**[11] by themselves. These things **kill**[12] many types of sea life. For example, sea lions are caught by plastic ropes when they are swimming. They can't untie the ropes. Sea turtles eat plastic bags because they **look**[13] like their **favorite**[14] food, jellyfish. They can't get the bags out of their bodies. As a **result**[15], they die. Plastic garbage is very **dangerous**[16] to sea life.

(121 words)

重要表現

- □ ℓ.6 by oneself
- □ ℓ.11 get A out of B
- □ ℓ.11 as a result

Listen! ▸▸▸ □ ① 英文を見ずに聞いてみる　□ ② 英文を見ながら聞いてみる
□ ③ 音を聞きながら音読してみる

▸▸▸ 音声

Q. なぜウミガメはビニール袋を食べてしまうのですか。
—（　　　）食べ物に似て見えるから。　答え：favorite（お気に入りの）

もちろん，プラスチックストローは海の汚染の一**例**[2] **に過ぎない**[1]。海洋を**汚染する**[5]プラスチック**ごみ**[4]は他にも多くの**種類**[3]がある。**海岸**[6]を歩けば，たくさんのプラスチックボトルやビニールの袋や**ロープ**[7]も目にすることができるだろう。それらが海に入り込むと，長い**距離**[9]を**運ば**[8]れる。それらは，自ら**自然に**[11] **消えてしまう**[10]ことは決してない。これらのものは，多くの種類の海の生物を**殺す**[12]。たとえば，アシカは泳いでいる時にビニールのロープに捕らえられる。彼らはロープをほどくことができない。ウミガメは，彼らの**お気に入りの**[14]食べ物であるクラゲに似て**見える**[13]ために，ビニール袋を食べてしまう。彼らは，その袋を体から出すことができない。その**結果**[15]，彼らは死んでしまう。プラスチックごみは海の生物にとってとても**危険な**[16]のだ。

□ ひとりでに　□ B から A を取り出す
□ 結果として；その結果

151 **just** [dʒʌ́st]	副 ほんの；ちょうど；たった今；ただ…だけ 形 公正な
派 **justice** [dʒʌ́stɪs]	名 公正；正義；裁判（官）
派 **justify** [dʒʌ́stəfàɪ]	他 を弁明する；を正当化する
152 多 **fair** [féər] 多	形 公平な；かなりの 名 見本市；展示会
派 **fairly** [féərli] 多	副 かなり；適切〔公平〕に
多 **mere** [míər]	形 単なる；ほんの
派 **merely** [míərli]	副 単に
153 **example** [ɪgzǽmpl]	名 （実）例；見本 ◆ *for example*（たとえば）
多 **instance** [ínstəns] アク	名 実例；（特定の）場合（多 **case**） ◆ *for instance*（たとえば）
多 **sample** [sǽmpl]	名 サンプル；見本
154 **type** [táɪp]	名 型；タイプ（多 **kind, sort**）
155 派 **typical** [típɪkl] 発	形 典型的な；（～を）代表する（of）
派 **typically** [típɪkli] 発	副 典型的に；概して
156 **garbage** [gáːrbɪdʒ]	名 （主に台所から出る）ゴミ；ゴミ箱
多 **trash** [trǽʃ]	名 （主に乾いた）ゴミ；ゴミ箱
157 **pollute** [pəlúːt]	他 を汚染する（派 名 **pollution**）
158 **beach** [bíːtʃ]	名 浜辺；海岸
関 **coast** [kóust]	名 海岸；沿岸
派 **coastal** [kóustl]	形 沿岸の
関 **shore** [ʃɔ́ːr]	名 （海・湖・広い河川の）岸

Listen! ▸▸▸ □ ① 単語の発音を確認する　□ ② 例文の音声を聞いてみる
□ ③ 例文の音声を聞きながら音読してみる　▸▸▸ 音声

I'm not buying anything; I'm **just** looking.	何も買うつもりはありません。ただ見ているだけです。
I don't think the decision was **fair**.	その決定が公平だったとは思いません。
Jim likes outdoor sports — fishing, **for example**.	ジムは屋外でするスポーツ，たとえば釣りが好きだ。
Do you read this **type** of book?	あなたはこの種の本を読みますか。
That's **typical** of you.	それってあなたらしいね。
Would you like me to put this in the **garbage**?	これをゴミ箱に入れましょうか。
Humans need to stop **polluting** the earth.	人類は地球を汚染するのをやめなければなりません。
There is a nice **beach** not far from here.	ここからそう遠くないところにすてきな海岸がある。

159 **rope** [róʊp]
名 縄，ロープ

関 **string** [stríŋ]
名 ひも；糸；ひと続き

160 **carry** [kǽri]
他 を運ぶ；を携帯する　自 届く
◆ *carry on* ((仕事などを) 続ける)
◆ *carry out* ～ (～を実行する)

161 **distance** [dístəns]
名 距離；遠方；(時間・考えなどの) 隔たり

162 **disappear** [dìsəpíər]
自 消える

派 **disappearance** [dìsəpíərəns]
名 失踪；紛失；消滅

関 **fade** [féɪd]
自 (色などが) あせる；衰える

関 **vanish** [vǽnɪʃ]
自 (突然) 消える

163 関 **extinct** [ɪkstíŋkt]
形 絶滅した

派 **extinction** [ɪkstíŋkʃən]
名 絶滅

164 ⇔ **appear** [əpíər] 多
自 現れる；…と思われる〔見える〕(≒ **seem**)

派 **appearance** [əpíərəns]
名 出現；外観

関 **emerge** [ɪmə́ːrdʒ]
自 (事実が) 明らかになる；現れる；(困難から) 抜け出す (from)

165 **naturally** [nǽtʃərəli]
副 生来；自然に；当然

166 **kill** [kíl]
他 を殺す；(時間) をつぶす

関 **suicide** [súːəsàɪd]
名 自殺　◆ *commit suicide* (自殺する)

167 **look** [lúk]
自 見る；～に見える

関 **glance** [glǽns]
自名 ちらりと見る (こと)　◆ *at a glance* (一目で)

関 **stare** [stéər]
自 (～を) じろじろ見る (at)　名 じっと見ること

The thief was tied to the tree with a **rope**.	泥棒は縄で木に縛られた。
Please **carry** this bag for me.	私のためにこのかばんを運んでください。
It's quite a **distance** from my house to my school.	私の家から学校まではかなりの距離がある。
Thanks to this soap, the spots on my shirt **disappeared**.	この石鹸のおかげで，シャツのシミが消えた。
When did the dinosaurs go **extinct**?	恐竜はいつ絶滅しましたか。
A big bear suddenly **appeared**.	突然大きなクマが現れた。
He **appears** to know Ann. ≒It **appears** that he knows Ann.	彼はアンを知っているようだ。
You speak Japanese very **naturally**.	あなたはとても自然に日本語を話しますね。
She **killed** time at the museum.	彼女は博物館で時間をつぶした。
Do you know why Mika **looks** so happy today?	なぜミカは今日とても幸せに見えるか知っている？

168	**favorite** [féɪvərət]	形 名 お気に入りの（もの）
派	**favor** [féɪvər]	名 親切な行為，世話；支持　他 を支持する
派	**favorable** [féɪvərəbl]	形 好意的な；都合のよい
169	**result** [rɪzʌ́lt]	名 結果（≒**effect**）（⇔**cause**）；成績 自（～の）結果になる (in)；（～から）結果として起こる (from) ◆ *as a result*（その結果）
170	≒ **consequence** 多 [kɑ́ːnsəkwèns] アク	名 結果；重要性（≒**importance**）
171	**dangerous** [déɪndʒərəs]	形 危険な
172	⇔ **safe** [séɪf] 多	形 安全な；無事な　名 金庫
派	**safety** [séɪfti]	名 安全（性）
173	関 **security** [sɪkjúərəti]	名 安全；警備
派	**secure** [sɪkjúər] アク	形 安全な；しっかりした 他（物）を確保する；を守る
174	関 **stable** [stéɪbl]	形 安定した
派	**stability** [stəbíləti] 発	名 安定
175	関 **steady** [stédi]	形 一定の；安定した
派	**steadily** [stédəli]	副 しっかりと；着実に

Could you tell me about your **favorite** band?	あなたのお気に入りのバンドについて教えていただけますか。
Jim's mistake **resulted** in him apologizing to everyone.	ジムは失敗してみんなに謝ることになった。
There will be serious **consequences** for anyone who cheats on the test.	試験でカンニングした者には深刻な結果が待っている。
It is **dangerous** to climb this mountain alone.	1人でこの山に登るのは危険だ。
This is one of the **safest** cars you can buy.	これはあなたが買える最も安全な車の1つです。
My teacher was in charge of **security** at the school festival.	文化祭では私の先生が警備を担当した。
These chemicals are **stable** at room temperature.	この化学物質は室温では安定している。
The train moved forward at a **steady** pace.	列車は一定の速度で前に進んだ。

I 10 プラスチックストローをやめる理由 (4) ［環境］

Q. What do microplastics mix with in the sea?
— They mix with dangerous (c　　).

Also[1], plastic garbage can be dangerous to **humans**[2]. It **breaks**[3] into **pieces**[4] in the sea after **several**[5] years. Some of them get **shorter**[6] than 5mm. They are called "microplastics." They **easily**[7] **mix**[8] with dangerous **chemicals**[9]. Small fish eat them, and bigger fish eat the small fish, and so on. In this **way**[10], we might eat unhealthy seafood **dishes**[11] without knowing it. Microplastics have a **bad**[12] **effect**[13] on human **health**[14], too.

(70 words)

重要表現

- ☐ ℓ.2 break into pieces
- ☐ ℓ.6 in this way
- ☐ ℓ.7 have an effect on ～

Listen! ▸▸▸ □ ① 英文を見ずに聞いてみる □ ② 英文を見ながら聞いてみる
□ ③ 音を聞きながら音読してみる

▸▸▸ 音声

Q. マイクロプラスチックは海の中で何と混ざり合いますか。
—危険な（　　　）と混ざり合う。　　答え：chemicals（化学物質）

また[1]，プラスチックごみは**人間**[2]にとっても危険でありうる。それは**数**[5]年たつと海の中で**小さな破片**[4]へと**砕ける**[3]。それらの中には５ミリよりも**短く**[6]なるものがある。それらは「マイクロプラスチック」と呼ばれる。それらは**簡単に**[7]危険な**化学物質**[9]と**混ざり合う**[8]。小さな魚がそれらを食べ，より大きな魚がその小さな魚を食べ，そうしたことが続く。このような**やり方**[10]で，私たちは知らないうちに不健康なシーフード**料理**[11]を食べてしまうかもしれない。マイクロプラスチックは人間の**健康**[14]にも**悪い**[12]**影響**[13]を及ぼすのだ。

□ 壊れて〔砕けて〕バラバラになる
□ このような方法で；このようにして
□ ～に影響を及ぼす

176 **also** [ɔ́:lsoʊ]
副 …もまた；その上

177 **human** [hjú:mən]
形 人間の；人情のある
名 人間

派 **humanity** [hju:mǽnəti]
名（集合的に）人類；人間性

178 **break** [bréɪk]
他 を壊す　自 壊れる　名 休憩
活用 break - broke [bróʊk] - broken [bróʊkən]

179 ⇔ **fix** [fíks] 多
他 を固定する；を修理する　自 固定される

180 ⇔ **repair** [rɪpéər]
他 を修理〔修復〕する　名 修理

181 関 **damage** [dǽmɪdʒ] アク
名 損害；損傷　他 に損害を与える；を損なう

182 関 **harm** [há:rm]
名 損害；悪意　他 を害する

派 **harmful** [há:rmfl]
形 害のある

関 **burst** [bə́:rst]
自 名 破裂（する）　活用 burst - burst - burst

関 **collapse** [kəlǽps]
名 自 崩壊（する）；（病気などで突然）倒れる（こと）

関 **explode** [ɪksplóʊd]
自 爆発する；急増する

派 **explosion** [ɪksplóʊʒən]å
名 爆発；急増

関 **tear** [téər] 発
他 を裂く；を引きはがす　活用 tear - tore - torn
名 [tíər] 涙

関 **split** [splít]
他（～に）を分ける（into）　自 分裂する　名 分裂；裂け目　活用 split - split - split

183 **piece** [pí:s]
名（a piece of ～）1つの～；部品

184 **several** [sévrəl]
形 いくつかの；それぞれの；いろいろな

Listen! ▸▸▸ □ ① 単語の発音を確認する　□ ② 例文の音声を聞いてみる
□ ③ 例文の音声を聞きながら音読してみる
▸▸▸ 音声

He is a doctor, and **also** a painter.	彼は医者であり画家でもある。
We must all work together to protect **human** rights.	私たちは人権を守るためにともに努力しなければなりません。
I'm really sorry that I **broke** your pen.	あなたのペンを壊してしまい，本当にすみません。
She **fixed** a shelf to the wall.	彼女は壁に棚を取りつけた。
My smartphone is now being **repaired**.	私のスマホは今，修理中です。
The storm **damaged** the crops.	嵐は作物に損害を与えた。
It **harmed** his image.	それは彼の印象に傷をつけた。
I'll give you a **piece** of advice.	あなたにアドバイスを 1 つあげよう。
I have **several** ideas for this new project.	この新しい計画に対するアイデアをいくつか持っています。

185 short [ʃɔ́ːrt]
形 短い；背が低い；不足の
◆ *be short of* ～ (～が不足している)
◆ *in short* (手短に言うと)

派 **shorten** [ʃɔ́ːrtn]
他 を短くする

186 同 **brief** [bríːf]
形 短時間の；簡潔な
◆ *in brief* (手短に；要するに)

派 **briefly** [bríːfli]
副 少しの間；簡潔に

187 easily [íːzəli]
副 簡単に (派 **easy**)

派 **ease** [íːz]
名 容易さ；安楽さ　他 を和らげる；を取り除く
◆ *at ease* (気楽で)

188 mix [míks]
他 を混ぜ (て作) る　自 (～と) 混ざる (with)

派 **mixture** [míkstʃər]
名 混ぜたもの，混合物；入り混じったもの

189 chemical [kémɪkl]
名 (通例～s) 化学物質〔製品〕　形 化学の；化学的な

190 way 多 [wéɪ]
名 方法；(～への) 道 (to) (同 **road**)；道のり；(時に～s) 習慣；(…の) 点
◆ *all the way* (はるばる)
◆ *by the way* (ところで)
◆ *by way of* ～ (～を経由して；～を手段として)
◆ *in the* 〔*one's*〕 *way* (邪魔になって)
◆ *under way* (進行中で)

191 同 **manner** [mǽnər] 多
名 方法；態度；(～s) 行儀；(～s) 風習
◆ *in a manner* (ある意味では)

192 同 **method** [méθəd]
名 方法

関 **route** [rúːt]
名 道 (筋)

関 **passage** [pǽsɪdʒ] 多
名 通路；通行；(文章の) 一節

関 **track** [trǽk]
名 通った跡；走路；線路；小道　他 を追う

193 dish [díʃ]
名 皿；(皿に盛った) 料理

Even with this donation we are still **short** by $200.
この寄付を含めても，私たちはまだ 200 ドル不足している。

We had a **brief** meeting before starting the game.
私たちは試合を始める前に短いミーティングをした。

Riku answered the question **easily**.
リクは簡単にその質問に答えた。

Oil doesn't **mix** with water.
≒Oil and water doesn't **mix**.
油は水と混ざらない。

Many cleaning liquids contain dangerous **chemicals**.
多くの洗浄液は危険な化学物質を含んでいる。

I don't like the **way** he speaks.
私は彼の話し方が好きではない。

They went to New York **by way of** Chicago.
彼らはシカゴ経由でニューヨークに行った。

Our teacher spoke to us in a strict **manner**.
先生は厳しい態度で私たちに話した。

He told me the easiest **method** of cooking rice.
彼はご飯を炊く最も簡単な方法を教えてくれた。

The curry is this restaurant's most popular **dish**.
カレーはこのレストランで最も人気のある料理です。

194 □ **bad** [bǽd]	形 悪い；下手な（⇔**good**） 活用 bad - worse - worst
派 **badly** [bǽdli] 多	副 まずく；とても（欲しい）；ひどく
195 □ **effect** [ɪfékt] アク	名 影響；効果；結果 ◆ *in effect*（事実上） ◆ *have an effect on* ～（～に影響〔効果〕がある）
196 □ 派 **effective** [ɪféktɪv]	形 効果的な
派 **effectively** [ɪféktɪvli]	副 効果的に
197 □ 発 **efficient** [ɪfíʃənt] アク	形 効率的な
派 **efficiency** [ɪfíʃənsi]	名 効率
198 □ **health** [hélθ]	名 健康（状態）

ここで差がつく基本語 4 come「(話し手〔聞き手〕や話題の中心に) 近づく」

come は「話し手〔聞き手〕や話題になっている場所に近づいていく」ことを表すので，必ずしも日本語の「来る」と一致しない。話題になっている場所に近づいていくことは肯定的態度を示すことにつながり，第 2 文型の「come＋形容詞〔分詞〕」でも肯定的な意味を持つものが多い（例：come true「実現する」）。

□「(話題の中心に) 近づく」

The parade **came** slowly down the street.
（パレードはゆっくりと通りをやってきた。）

I can't **come** to the party tonight. I've caught a cold.
（今夜のパーティーには行けません。風邪を引いたものですから。）

Your dream will one day **come true.**（君の夢はいつかは実現するだろう。）
※「come＋形容詞」の第 2 文型

□「…するようになる」(come to *do*)

I **came to know** him at the party.（そのパーティーで彼と知り合った。）

I'm pretty **bad** at remembering things for a test.	私は試験のために何かを覚えるのがすごく苦手だ。
The medicine had no **effect**.	その薬は効果がまったくなかった。
White clothes are **effective** for keeping cool in summer.	白い服は夏を涼しく過ごすのに効果的だ。
Let's try to find the most **efficient** process.	最も効率的な方法を見つけよう。
Health is better than wealth.	（ことわざ）健康は富に勝る。

■come の重要熟語表現

+ about（～の周りに）
come about「起こる」
How did the accident **come about**?
（その事故はどのようにして起きたのだろう。）

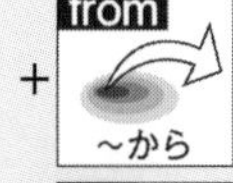

+ from
come from ～「～の出身である；～に由来する」
I **come from** Boston.
（私はボストンの出身です。）

+ out（中から外へ）
come out「出る；明らかになる；出版される」
Will the truth **come out**?
（真実は明らかになるだろうか。）

+ up（～の上方に）
come up with ～「～を思いつく」
She suddenly **came up with** a good idea.
（彼女は突然よいアイディアを思いついた。）

1 11 プラスチックストローをやめる理由 (5) [環境]

Q. What do we have to change?
— Our (a　　) to plastic products.

1 Some **scientists**[1] report that there will be a larger **amount**[2] of plastic garbage than fish in the sea by 2050. **Surprisingly**[3], half of plastic **products**[4] are **thrown**[5] away after just one use. Stopping plastic straws is just the
5 beginning of saving the sea **environment**[6]. Each of us has to change our **attitude**[7] to plastic products. We should choose **eco-friendly**[8] products. Let's start to make better choices for our **earth**[9] and for our **future**[10]. (73 words)

重要表現

□ ℓ.1 a large amount of ～　　□ ℓ.3 half of ～
□ ℓ.3 throw away ～

Listen! ▶▶▶ □ ① 英文を見ずに聞いてみる □ ② 英文を見ながら聞いてみる
□ ③ 音を聞きながら音読してみる ▶▶▶ 音声

Q. 私たちは何を変えなければなりませんか。
—プラスチック製品に対する（　　　）。 答え：attitude（考え方）

2050 年までには，海の中に魚よりも多くの**量**[2]のプラスチックごみが存在することになるだろうと報告している**科学者**[1]もいる。**驚くべきことに**[3]，プラスチック**製品**[4]の半分は，たった 1 度だけ使われたあとに**捨て**[5]られる。プラスチックストローをやめることは，海の**環境**[6]を救うことの始まりにすぎない。私たちのそれぞれがプラスチック製品に対する**考え方**[7]を変えなければならない。私たちは**環境にやさしい**[8]製品を選ぶべきだ。私たちの**地球**[9]と私たちの**未来**[10]のために，よりよい選択をし始めよう。

□ 大量の～ □ ～の半分
□ ～を捨てる

199 scientist [sáɪəntəst]
名 科学者

200 派 **science** [sáɪəns]
名 科学；理科

派 **scientific** [sàɪəntífɪk] アク
形 科学の；科学的な

201 amount 多 [əmáʊnt]
名 (～の) 量 (of)；総額　自 (amount to ～) 総計～に達する；～に等しい

202 同 **quantity** [kwá:ntəti]
名 量；多量

203 ⇔ **quality** 多 [kwá:ləti]
名 質；特性

204 同 **volume** 多 [vá:lju(:)m] アク
名 量；容積；音量；1冊

205 関 **sum** [sʌ́m] 多
名 (the ～) 合計；金額；(the ～) 要点　他 を要約する

206 surprisingly [sərpráɪzɪŋli]
副 驚くほど (に)；(文修飾) 驚いたことに

207 product [prá:dəkt] アク
名 製品；産物；成果

208 throw [θróʊ]
他 自 投げる
活用 throw - threw - thrown
◆ ***throw away ～*** (～を捨てる；～を浪費する)

209 environment [ɪnváɪərnmənt] アク
名 (自然) 環境

派 **environmental** [ɪnvàɪərnméntl] アク
形 (自然) 環境の

210 同 **circumstance** [sə́:rkəmstæ̀ns]
名 (通例～s) 状況；事情

211 attitude [ǽtət(j)ù:d] アク
名 (～に対する) 態度, 姿勢；考え方 (toward)

Listen! ▸▸▸ □ ① 単語の発音を確認する　□ ② 例文の音声を聞いてみる
□ ③ 例文の音声を聞きながら音読してみる
▸▸▸ 音声

His mother is a famous **scientist**. 彼の母親は有名な科学者だ。

I'd like to study **science** in university. 私は大学で科学を学びたい。

The **amount** of garbage left on the mountain was shocking. 山に放置されたごみの量は衝撃的だった。

The school purchased a large **quantity** of books for the new year. 学校は新年度に向けて大量の本を購入した。

High **quality** parts cost more money. 高品質の部品にはより多くのお金がかかる。

Our journey was slow due to the large **volume** of traffic. 私たちの旅は交通量が多かったせいで時間がかかった。

A great **sum** of money will be needed to start the project. この計画を始めるには非常に大きな額のお金が必要になる。

Surprisingly, Jim arrived on time. 驚いたことに，ジムは時間通りに到着した。

Our company does a lot of research in natural **products**. 私たちの会社は天然の産出物について多くの調査をしている。

He **throws** with his left hand. 彼は左手で投げる。

We think that protecting the **environment** is important. 私たちは環境を守るのは重要だと考えています。

Can we still hold the festival under these **circumstances**? この状況でもまだ祭典を開催できるだろうか。

These days, a lot of people have a negative **attitude** toward smoking. 最近では，多くの人が喫煙に対して否定的な姿勢をとっています。

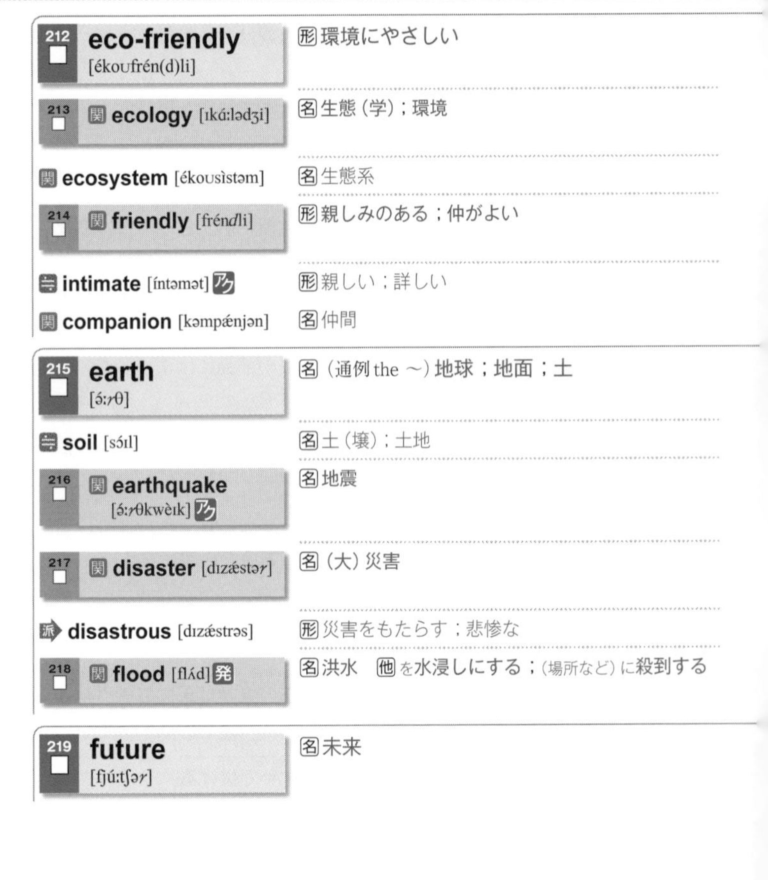

212 **eco-friendly** [ékoufrén(d)li]
形 環境にやさしい

213 関 **ecology** [ıkɑ́:lədʒi]
名 生態（学）；環境

関 **ecosystem** [ékousìstəm]
名 生態系

214 関 **friendly** [fréndli]
形 親しみのある；仲がよい

≒ **intimate** [íntəmət] アク
形 親しい；詳しい

関 **companion** [kəmpǽnjən]
名 仲間

215 **earth** [ə́:rθ]
名（通例 the ～）地球；地面；土

≒ **soil** [sɔ́ıl]
名 土（壌）；土地

216 関 **earthquake** [ə́:rθkwèık] アク
名 地震

217 関 **disaster** [dızǽstər]
名（大）災害

派 **disastrous** [dızǽstrəs]
形 災害をもたらす；悲惨な

218 関 **flood** [flʌ́d] 発
名 洪水　他 を水浸しにする；（場所など）に殺到する

219 **future** [fjú:tʃər]
名 未来

Are you sure this packaging is **eco-friendly**?	この包装は環境にやさしいと確信していますか。
I'm interested in **ecology** and environmental science.	私は生態学と環境科学に興味がある。
Spot is the **friendliest** dog I know.	スポットは私が知っている中で最も人なつっこい犬だ。
Here is a picture of the **earth** viewed from space.	こちらは宇宙から見た地球の写真です。
The **earthquake** happened early in the morning.	朝早くに地震が起きた。
Japan suffers from many natural **disasters**.	日本は多くの自然災害に見舞われます。
The market was **flooded** with cheap items from overseas.	市場は外国からの安い商品であふれていた。
What would you like to be in the **future**?	あなたは将来何になりたいですか。

まとめてチェック ④ 態度・姿勢

220 □	**ambitious** [æmbíʃəs] ア	形 意欲のある；野望のある
□	派 **ambition** [æmbíʃən]	名 熱望；野心
221 □	**confident** [ká:nfədənt] ア	形 自信のある；確信している
□	派 **confidence** [ká:nfədəns]	名 自信；信頼
222 □	**courage** [kə́:rɪdʒ]	名 勇気
□	派 **courageous** [kəréɪdʒəs] 発 ア	形 勇敢な
223 □	**discourage** [dɪskə́:rɪdʒ]	他 を落胆させる；を妨害する
224 □	**eager** [í:gər]	形 熱心な；(〜を) 熱望して (for)
□	派 **eagerly** [í:gərli]	副 熱心に，しきりに
□	**enthusiastic** [enθ(j)ù:ziǽstɪk]	形 熱烈な

□ 派 **enthusiasm** [enθ(j)ú:ziæ̀zm] — 名 熱中；熱意

225 □ **brave** [bréɪv] — 形 勇敢な

226 □ **hesitate** [hézɪtèɪt] アク — 自 (…するのを) ためらう (to *do*)

227 □ **aggressive** [əgrésɪv] — 形 攻撃的な；積極的な

228 □ **positive** 多 [pá:zətɪv] — 形 よい；肯定的な；積極的な；確信して

229 □ **negative** [négətɪv] — 形 悪い；否定的な；消極的な

230 □ **optimistic** [ὰ:ptəmístɪk] — 形 楽観的な

□ 派 **optimism** [á:ptəmìzm] アク — 名 楽観主義

231 □ **pessimistic** [pèsəmístɪk] — 形 悲観的な；悲観主義の

□ 派 **pessimism** [pésəmìzm] アク — 名 悲観主義

2 12 時計と人の暮らし（1）［歴史］

Q. When were clocks as we know probably developed?
a. In thirteenth century.　b. In seventeenth century.

1 Clocks **as**[1] we know them were probably developed by very **religious**[2] people in Europe in the thirteenth **century**[3]. They needed to know the **exact**[4] time so they could **meet**[5] together in **church**[6]. By the 1700s, people had clocks and 5 watches that were **accurate**[7] to the **minute**[8]. Some clocks were very beautiful. They had **complicated**[9] moving **parts**[10]. Some clocks had **figures**[11] of people or animals that moved every hour or **quarter**[12] hour. Other clocks played music. The movement of the parts is very interesting to see if you 10 open one of these old clocks. (93 words)

重要表現

- ☐ ℓ.3 so (that) S can *do*
- ☐ ℓ.3 meet together
- ☐ ℓ.5 some ～ others ...

Listen! ▶▶▶ □ ① 英文を見ずに聞いてみる □ ② 英文を見ながら聞いてみる
□ ③ 音を聞きながら音読してみる
▶▶▶ 音声

Q. 私たちが知っているような時計は，いつ開発されたと思われますか。
a. 13世紀。 b. 17世紀。 答え：a

私たちが知っている**ような**[1]時計は，おそらく13 **世紀**[3]のヨーロッパで，非常に**信心深い**[2]人々によって開発されたのだろう。彼らは**教会**[6]で**集会をする**[5]ことができるように，**正確な**[4]時間を知る必要があったのだ。1700年代までには，人々は**分**[8]の単位まで**正確な**[7]時計や携帯用の時計を持っていた。その中には，とても美しい時計もあった。それらには，**複雑な**[9]可動**部品**[10]が付いていた。人や動物の**人形**[11]が付いている時計もあり，それらは，毎時間あるいは**4分の1**[12]時間〔15分〕ごとに動いた。他にも，音楽を演奏する時計もあった。もし，あなたがこれらの古い時計のうち1つを開けるとしたら，その部品の動きは見ていてとてもおもしろいものである。

□ Sが…できるように；Sが…するために
□ 集会する
□ ～なものもあれば，…なものもある

232 as 多 [əz; ǽz]
前 ～として　副 同じくらい
接 …なので；…のように；…しながら

233 religious [rɪlídʒəs]
形 宗教（上）の；宗教的な；信心深い

関 **holy** [hóʊli] 発
形 神聖な；信心深い

234 century [séntʃəri]
名 世紀

235 関 **decade** [dékeɪd]
名 10年間

236 exact [ɪgzǽkt]
形 正確な（≒ **accurate**）；的確な

237 ≒ **correct** [kərékt]
形 正しい；適切な　他 を訂正する

派 **correction** [kərékʃən]
名 訂正，修正

238 ≒ **precise** [prɪsáɪs]
形 正確な

239 meet [míːt]
他自 （に）会う；を出迎える；と知り合いになる
活用 meet - met [mét] - met

≒ **encounter** [enkáʊntər]
他 に（偶然）出くわす　名 出会い

240 ≒ **face** [féɪs] 多
名 顔（つき）；表面
他 に面する；に直面する　自 （～の方に）面する（to）
◆ *lose face*（面目を失う）
◆ *make a face* 〔*faces*〕（しかめ面をする）

≒ **confront** [kənfrʌ́nt] アク
他 に立ち向かう；（危険などが）に立ちはだかる

241 関 **greet** [gríːt]
他 にあいさつをする；を出迎える

派 **greeting** [gríːtɪŋ]
名 あいさつ（の言葉）

関 **bow** [báʊ] 発
自名 おじぎ（する）
❗「弓」の意味の bow の発音は [bóʊ]。

242 関 **introduce** [ìntrəd(j)úːs]
他 を導入する；を紹介する

派 **introduction** [ìntrədʌ́kʃən]
名 導入；紹介

Listen! ▸▸▸ □ ① 単語の発音を確認する　□ ② 例文の音声を聞いてみる
□ ③ 例文の音声を聞きながら音読してみる　▸▸▸ 音声

The basic model is not **as** expensive **as** the advanced one.	基本モデルは上級モデルと同じほど高くはない。
They don't eat pork for **religious** reasons.	彼らは宗教上の理由から豚肉を食べません。
A big fire broke out around here many **centuries** ago.	何世紀も前に，この辺りで大火事が起こった。
The Internet has expanded greatly over the past **decade**.	インターネットは過去 10 年間にわたり非常に拡大した。
Tell me the **exact** time.	正確な時刻を教えてください。
Circle the **correct** answer.	正しい答えを丸で囲みなさい。
Tell me the **precise** time that you saw the crime.	あなたがその犯罪を見た正確な時刻を教えてください。
Could you **meet** me after school today?	今日，放課後に私に会えますか。
The **face** of the moon looks the same from anywhere on the earth.	月面は地球のどこからでも同じに見える。
They **faced** a new problem.	彼らは新しい問題に直面した。
My dog always **greets** me when I come home.	私の犬は私が家に帰るといつも出迎えてくれる。
Let me **introduce** you to Riku.	リクにあなたを紹介させてください。

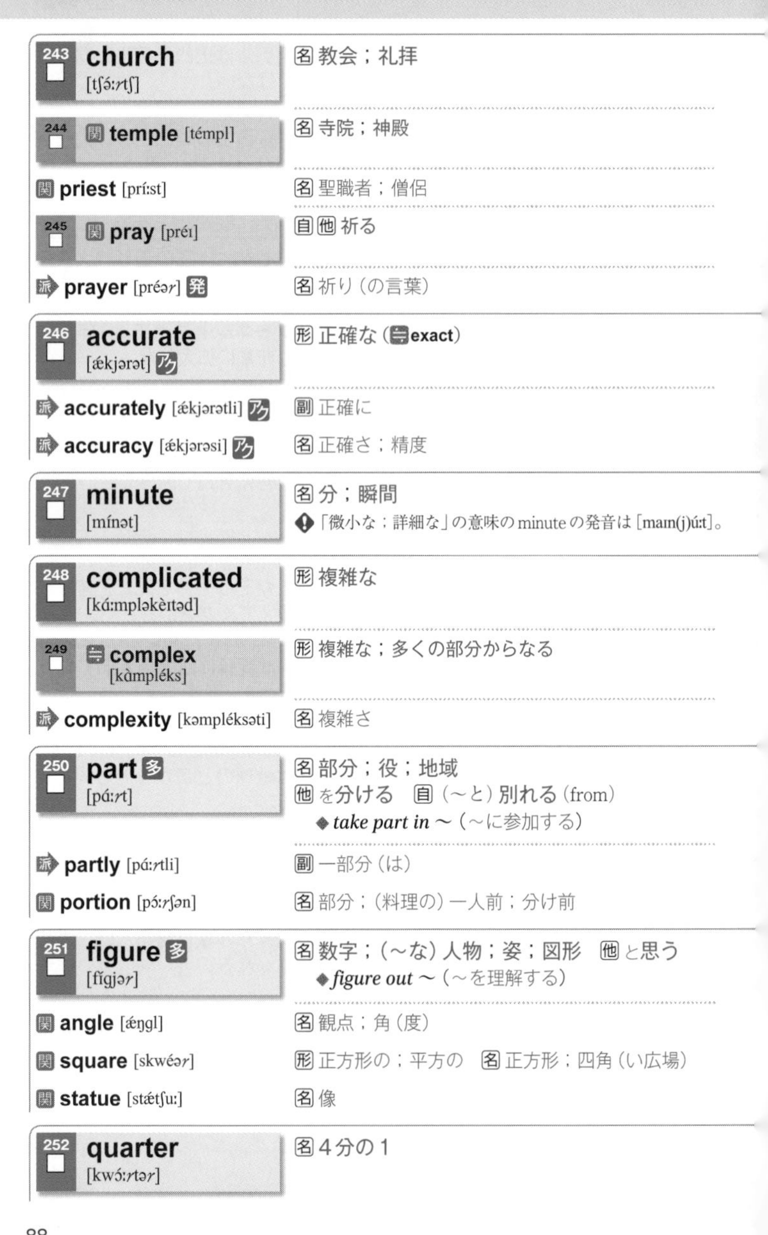

243 □ **church** [tʃə́ːrtʃ]	名 教会；礼拝
244 □ 関 **temple** [témpl]	名 寺院；神殿
関 **priest** [príːst]	名 聖職者；僧侶
245 □ 関 **pray** [préɪ]	自 他 祈る
派 **prayer** [préər] 発	名 祈り (の言葉)
246 □ **accurate** [ǽkjərət] アク	形 正確な (= **exact**)
派 **accurately** [ǽkjərətli] アク	副 正確に
派 **accuracy** [ǽkjərəsi] アク	名 正確さ；精度
247 □ **minute** [mínət]	名 分；瞬間 ❗「微小な；詳細な」の意味の minute の発音は [maɪn(j)úːt]。
248 □ **complicated** [káːmpləkèɪtəd]	形 複雑な
249 □ = **complex** [kàmpléks]	形 複雑な；多くの部分からなる
派 **complexity** [kəmpléksəti]	名 複雑さ
250 □ **part** 多 [páːrt]	名 部分；役；地域 他 を分ける　自 (～と) 別れる (from) ◆ *take part in* ～ (～に参加する)
派 **partly** [páːrtli]	副 一部分 (は)
関 **portion** [pɔ́ːrʃən]	名 部分；(料理の) 一人前；分け前
251 □ **figure** 多 [fígjər]	名 数字；(～な) 人物；姿；図形　他 と思う ◆ *figure out* ～ (～を理解する)
関 **angle** [ǽŋgl]	名 観点；角 (度)
関 **square** [skwéər]	形 正方形の；平方の　名 正方形；四角 (い広場)
関 **statue** [stǽtʃuː]	名 像
252 □ **quarter** [kwɔ́ːrtər]	名 4分の1

My family goes to **church** every Sunday.	私の家族は毎週日曜日に教会へ行く。
A famous **temple** stands near the station.	駅の近くに有名なお寺が建っている。
The lady **prayed** for the health of her grandchildren.	その女性は孫たちの健康を祈った。
Can you give me **accurate** numbers?	正確な数字を教えてくれませんか。
The trains run every ten **minutes**.	列車は 10 分間隔で運行しています。
They seem to be in a **complicated** situation.	彼らは複雑な状況にいるようだ。
There is a **complex** subway network in that city.	その都市には複雑な地下鉄網がある。
He played the **part** of Romeo.	彼はロミオの役を演じた。
These **figures** show the fall in population.	これらの数字は人口の減少を示しています。
She cut the apple into **quarters**.	彼女はリンゴを 4 分の 1 に切った。

2 13 時計と人の暮らし (2) [歴史]

Q. What do digital watches have on their display?
a. Hands. b. Numbers.

Today's clocks and watches have quartz crystals* **inside**[1] of them. They are very accurate. Watches today can be **traditional**[2] or **digital**[3]. Digital watches don't have **hands**[4], but **numbers**[5] on their **displays**[6]. Some watches are very complicated. They keep the time for at **least**[7] two time **zones**[8], they have timers, **alarms**[9], radios, and **even**[10] very small televisions! Some watches will **count**[11] your heart **beat**[12] while you're **jogging**[13], then **tell**[14] you how far you ran when you **finish**[15].

(76 words)

* quartz crystal「水晶振動子」

重要表現

- □ ℓ.5 at least
- □ ℓ.8 how far

Listen! ▸▸▸ □ ① 英文を見ずに聞いてみる　□ ② 英文を見ながら聞いてみる
□ ③ 音を聞きながら音読してみる

▸▸▸ 音声

Q. デジタル式の携帯用時計のディスプレイには何がありますか。
a. 針。　b. 数字。　答え：b

今日の時計や携帯用時計には，それらの**内部に**[1]水晶振動子が入っている。それらはとても正確である。今日の携帯用時計は，**伝統的な**[2]ものか，あるいは**デジタル式の**[3]ものがありうる。デジタル式の携帯用時計には**ディスプレイ**[6]に**針**[4]がなくて，**数字**[5]がある。中には非常に複雑な時計もある。それらは**最低**[7]でも２つの時間**帯**[8]の時間を刻み，さらにタイマー，**目覚まし**[9]，ラジオ，そして非常に小型のテレビ**まで**[10]付いているのだ！**ジョギングして**[13]いる間に，あなたの心臓の**鼓動**[12]を**数え**[11]，それからジョギングを**終えた**[15]時に，あなたがどれくらい走ったかを**教えてくれる**[14]時計もある。

□ 少なくとも　□ どれくらい，どこまで

253 inside [ɪnsàɪd]
前 の中に〔へ；の〕 副 中に
形 中の；内部の 名 内側（⇔ **outside**）

関 **internal** [ɪntə́ːrnl] 形 内部の；体内の；（心の）内面の

⇔ **external** [ɪkstə́ːrnl] 形 外（側）の 名 外形；外見

254 traditional [trədíʃənl]
形 伝統的な

255 digital [dídʒɪtl]
形 数字の；デジタルの

256 hand [hǽnd]
名 手；手助け；人手；（時計の）針 他 を手渡す
◆ *shake hands with* 〜（〜と握手する）

257 number [nʌ́mbər]
名 数；番号；（a number of 〜）いくつかの〜；多数の〜

派 **numerous** [n(j)úːmərəs] 形 多数の

258 関 **population** [pɑ̀ːpjəléɪʃən]
名 人口；（the 〜）全住民；全個体数

259 display [dɪspléɪ] アク
名 展示（品）；ディスプレイ
他 を展示する；（感情など）を表す

260 ≒ **exhibit** [ɪgzíbɪt] 発
他 を展示する；（感情や能力）を示す 名 展示（品）

派 **exhibition** [èksəbíʃən] 発 名 展示（会）；（才能などの）発揮

261 least [líːst]
名 最小；最少 形 最も小さい〔少ない〕
副 最も少なく；最も〜でなく
◆ *at least*（少なくとも）
◆ *not in the least*（少しも〜ない）

262 zone [zóʊn]
名 地帯；区域

263 alarm [əlɑ́ːrm]
名 おそれ；目覚まし時計；警報

264 even 多 [íːvn]
副 …（で）さえ；（比較級を強調して）さらに
形 平らな；偶数の；互角の
◆ *even if*〔*though*〕…（たとえ…としても）

Listen! ▸▸▸ □ ① 単語の発音を確認する　□ ② 例文の音声を聞いてみる
□ ③ 例文の音声を聞きながら音読してみる

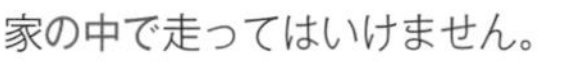

▸▸▸ 音声

Don't run **inside** the house.	家の中で走ってはいけません。
The town preserves a **traditional** atmosphere.	その町は伝統的な雰囲気を保っている。
It took many years to develop the **digital** camera.	デジタルカメラの開発には長い年月を要した。
Mika uses her left **hand** to write with.	ミカはものを書くのに左手を使う。
Could you tell me your phone **number**?	電話番号を教えていただけますか。
What is the **population** of your town?	あなたの町の人口はどのくらいですか。
New products are **displayed** in the show window.	新製品がショーウインドウに展示されている。
Many famous statues are **exhibited** in the Louvre.	多くの有名な像がルーブル美術館に展示されている。
Jim worked the **least** but he was paid the most.	ジムは最小の働きで最大の報酬をもらった。
She's **not in the least** worried about her son.	彼女は息子のことを少しも心配していない。
I parked my car in a safety **zone**.	私は車を安全地帯に停めた。
The government raised an **alarm** over the rising water level.	水位の増加について政府は警報を発した。
I'll go to the concert **even if** it rains.	たとえ雨が降っても私はそのコンサートに行くだろう。

265 **count** 多 [káunt]
他 を数える　自 重要である　名 数えること
◆ *count on* ～ (～に頼る)

同 **calculate** [kǽlkjəlèɪt] アク
他 を計算する；と見積もる

266 同 **depend** [dɪpénd]
自 (～に) 頼る；(～を) 当てにする；～次第である (on)

派 **dependent** [dɪpéndənt]
形 (～に) 依存した；～次第である (on)

派 **dependence** [dɪpéndəns]
名 頼ること；依存

267 反 **independent** [ìndɪpéndənt]
形 (～から) 自立した (of)

派 **independence** [ìndɪpéndəns]
名 自立

268 同 **rely** [rɪláɪ]
自 (～を) 頼る (on)

派 **reliable** [rɪláɪəbl]
形 信頼できる

関 **resort** [rɪzɔ́ːrt] 多
名 行楽地　自 (ある手段に) 訴える (to)

269 **beat** [bíːt]
名 打つこと；鼓動　他 を打つ；を打ち負かす
活用 beat - beat - beaten

270 同 **hit** [hít]
他 自 たたく；当たる；攻撃する　名 ヒット；打撃
活用 hit - hit - hit

271 同 **strike** [stráɪk]
他 (物が) にぶつかる；を打つ；(考えなどが) (人) の心に浮かぶ　名 打撃；ストライキ
活用 strike - struck - struck

同 **knock** [náːk]
自 他 (戸を) たたく；打つ　名 ノック (の音)
◆ *knock out* ～ (～を破壊する；～をノックアウトする)

同 **tap** [tǽp]
自 他 名 軽くたたく (音)

272 関 **touch** [tʌ́tʃ]
他 に触れる；を感動させる　自 触れる
名 接触；感触

273 **jog** [dʒáːg]
自 名 ジョギング (をする)

Pencils are **counted** by the dozen.	鉛筆はダース単位で数えられる。
Ann knew that she could **count** on Mika to help her.	アンは手助けしてほしいときはミカに頼れると知っていた。
Judy **depended** on her uncle for her school expenses.	ジュディーは学費をおじさんに頼っていた。
That country became **independent** in 1965.	あの国は 1965 年に独立した。
My sister has no friends to **rely** on.	姉には頼るべき友達がいない。
No one can **beat** her at tennis.	テニスでは，だれも彼女を負かすことができない。
He **hit** me on the head.	彼は私の頭ををたたいた。
The idea **struck** me in the middle of the night.	夜中にそのアイデアが私の心に思い浮かんだ。
The plate is hot, so please don't **touch** it.	熱いのでお皿に触れないでください。
Every morning I **jog** for about one hour in the park.	毎朝私は 1 時間ほど公園でジョギングする。

274 tell [tél]
他を話す；を伝える；に（…するよう）命じる (to *do*)；(～と) を見分ける (from)
活用 tell - told - told
◆ ***to tell the truth*** (実を言うと)

275 関 **mention** [ménʃən]
他について言う〔書く〕 名言及すること
◆ ***not to mention ～*** (～は言うまでもなく)

276 関 **refer** [rɪfə́ːr] アク
自 (refer to ～) ～に言及する；～を参照する，～に問い合わせる；～に関連がある
活用 refer - referred - referred

派 **reference** [réfərəns] アク
名言及；参照；照会

277 finish [fínɪʃ]
他を終える　自終わる　名終わり (⇔ start)

ここで差がつく基本語 5　go「今いる場所から遠ざかる」

go は「話し手〔聞き手〕や話題になっている場所から遠ざかる」というのが基本的な意味なので，必ずしも日本語の「行く」と一致しない。たとえば，go to work（出勤する）という場合，今いる場所（＝話題の中心）から離れて職場（work）に向かうというニュアンス。この基本的な意味は「go ＋ 形容詞〔過去分詞〕」の形にも影響し，否定的な意味を持つ場合が多い。

□「その場から遠ざかる」

We usually **go** out for dinner on Fridays.
（私たちは普通，金曜日には食事に出かける。）

I must be **going** now.（もう行かなくては。）

□「…の状態になる」 ※第 2 文型

All the eggs **went** bad.（卵がすべて腐った。）

Could you **tell** me the way to the nearest station?	最寄り駅への道を教えていただけますか。
I **told** her to start at once.	私は彼女にすぐ出かけるようにと言った。
I can't **tell** him from his brother.	彼の弟と彼を見分けることができない。
Did I **mention** that I need to leave at six?	私は6時に出発しなければならないと言いましたっけ？
Questions should be **referred** to the administrator.	質問は管理者にお問い合わせください。
Make sure you **finish** that in ten minutes.	10分で確実にそれを終えなさい。

■go の重要熟語表現

go on …ing「…し続ける」
He **went on talking.**（彼はしゃべり続けた。）

out
中から外へ

go out「出て行く；デートする」
Would you **go out** with me?
（私とデートしてくれませんか。）

through
～を通り抜けて

go through ～「～を経験する；～を通り抜ける；～を調べる」
We all have to **go through** difficult time.
（だれでも困難な時期を経験しなければならない。）

2 14 時計と人の暮らし (3) [歴史]

Q. Who doesn't think it rude to come late?
— People who are (r　　) about time.

People in different **places**[1] think about time **differently**[2]. In some **cultures**[3], time is very **important**[4]. People make **plans**[5] and **follow**[6] them **closely**[7]. They meet someone at a **certain**[8] time and place. In fact, people may think it is **rude**[9] to come **late**[10]. In other cultures, people are more **relaxed**[11] about time. They don't think it rude to come late. These are two different ways of thinking about time. (68 words)

重要表現

☐ ℓ.2 make plans　☐ ℓ.4 in fact

Listen! ▶▶▶ □ ① 英文を見ずに聞いてみる　□ ② 英文を見ながら聞いてみる
□ ③ 音を聞きながら音読してみる

▶▶▶ 音声

Q. 遅れて来るのを失礼だとは思わないのはだれですか。
—時間について（　　　）いる人々。　答え：relaxed（ゆったりして）

異なる**場所**[1]にいる人々は，時間について**違うように**[2]考える。一部の**文化**[3]では，時間は非常に**重要で**[4]ある。人々は**計画**[5]を立て，**厳密に**[7]それら**に従う**[6]。彼らは**ある特定の**[8]時間・場所に，だれかに会う。実際，人々は**遅れて**[10]来るのを**失礼で**[9]あると考えるかもしれない。別の文化では，人々は時間についてもっと**ゆったりして**[11]いる。彼らは遅れて来るのを失礼だとは思わないのだ。これらは，時間に関する２つの異なった考え方である。

□ 計画を立てる　□ 実際

278 place [pléɪs]
名 場所　他 を置く

279 differently [dífərəntli]
副 異なって

280 culture [kʌ́ltʃər]
名 文化

関 **civilization** [sìvələzéɪʃən]
名 文明（化）；文明世界

281 important [ɪmpɔ́ːrtnt]
形 重要な

派 **importance** [ɪmpɔ́ːrtns]
名 重要性

282 ≒ **significant** [sɪgnífɪkənt] アク
形 重要な；（数・量が）かなりの；（統計で）有意の

283 ≒ **substantial** 多 [səbstǽnʃl] アク
形 実在する；重要な；かなりの

派 **substance** 多 [sʌ́bstəns] アク
名 物質；本質；重要性

関 **priority** [praɪɔ́(ː)rəti]
名 優先事項；優先（権）

284 plan [plǽn]
名 計画；企て　他 を計画する；（…する）つもりである（to *do*）　自 計画を立てる

285 follow [fáːloʊ]
他自 あとについて行く；従う；継ぐ
◆ ***as follows***（次の通りで）

派 **following** [fáːloʊɪŋ]
形 次〔以下〕の　名 次のもの〔こと〕

286 ≒ **obey** [oʊbéɪ] アク
他（命令・指示など）に従う

派 **obedience** [oʊbíːdiəns] 発
名 服従

287 closely [klóʊsli]
副 親密に；綿密に

Listen! ▶▶▶ □ ① 単語の発音を確認する　□ ② 例文の音声を聞いてみる
□ ③ 例文の音声を聞きながら音読してみる
▶▶▶ 音声

What kind of **place** is this?	ここはどういった場所ですか。
We need to think **differently** in the future.	私たちは今後は違ったふうに考えなければならない。
She's studying modern Japanese language and **culture**.	彼女は現代日本の言語と文化を研究しています。
Practice is the most **important** way to improve.	練習は上達するための最も重要な方法です。
Ann has a **significant** role in her new company.	アンは新しい会社で重要な役割を担っている。
A **substantial** number of buildings were damaged in the flood.	その洪水でかなりの数の建物が損傷した。
Do you have any **plans** for the evening?	夕方は何か予定がありますか。
Wherever you may go, I will **follow** you.	あなたがどこに行こうと，あなたについて行く。
It is important to **obey** all of the traffic rules.	すべての交通規則に従うことが重要です。
The price of oil is **closely** connected to the Middle East situation.	原油価格は中東情勢と密接に関係しています。

288 □ **certain** 多 [sə́ːrtn]	形 確かな；ある～
派 **certainty** [sə́ːrtnti]	名 確実（なこと）；確信
派 **uncertain** [ʌnsə́ːrtn]	形 確信がない；不確実な
289 □ ⇔ **vague** [véɪg]	形（考えなどが）あいまいな；（表情などが）ぼんやりとした
290 □ 関 **inevitable** [ɪnévətəbl] アク	形 避けられない；必然的な
派 **inevitably** [ɪnévətəbli] アク	副 必然的に
291 □ 関 **assure** [əʃúər]	他（人）に保証する；を安心させる
292 □ **rude** [rúːd]	形 無礼な；粗雑な
293 □ **late** [léɪt]	副 遅く 形 遅れた；（ある時期の）終わりに近い
派 **lately** [léɪtli]	副 最近（は）；近頃
派 **latter** [lǽtər]	形 後者の；後半の 名（the ～）（2つのうちの）後者（⇔ **former**）
294 □ **relax** [rɪlǽks]	他 をくつろがせる　自 くつろぐ
295 □ 関 **comfortable** [kʌ́mftəbl]	形 快適な；気楽な
派 **comfort** [kʌ́mfərt] アク	名 安楽；慰め
296 □ 関 **relieve** [rɪlíːv]	他 を取り除く；を安心させる
派 **relief** [rɪlíːf]	名 安心（感）
⇔ **tense** [téns]	形 緊張した；硬直した
派 **tension** [ténʃən]	名 緊張

I'm **certain** of his success.
≒I'm **certain** that he will succeed.

私は彼の成功を確信している。

Jim gave a **vague** answer to my question.

ジムは私の質問に対してあいまいな答えをした。

It seems **inevitable** that cars of the future will drive by themselves.

未来の車が自ら運転するようになるのは必然的なように思える。

I **assure** you that we don't have any homework today.

今日は宿題はないと保証します。

It would be **rude** of me to reject their offer.

私が彼らの申し出を拒否したら失礼になるだろう。

I was **late** for school this morning.

私は今朝学校に遅れた。

The accident happened in the **late** 18th century.

その事故は18世紀の終わりに起きた。

Looking at photos of my cat **relaxes** me.

私のネコの写真を見ることは，私をくつろがせる。

I don't feel **comfortable** with them.

彼らと一緒だと居心地がよくない。

We were **relieved** that the test was easy.

試験は簡単だったので私たちは安心した。

まとめてチェック 5 予定・計画

- 297 □ **schedule** [skédʒuːl] 名スケジュール 他を予定する
- 298 □ **project** 多 名[prɑ́ːdʒekt] 動[prədʒékt] 名（事業）計画 他を計画する；を見積もる；を投影する
- 299 □ **arrangement** [əréɪndʒmənt] 名手配；配置；取り決め

まとめてチェック 6 追い求める

- 302 □ **chase** [tʃéɪs] 自他名追跡（する）
- 303 □ **explore** [ɪksplɔ́ːr] 他自探求する；探検する
- □ 派 **explorer** [ɪksplɔ́ːrər] 名探究者；探検家
- □ 派 **exploration** [èksplərέɪʃən] 名探究；探検

ここで差がつく基本語 6 get「得る」

get は「(何か) を得る」というのが基本的な意味。ここから，第 2 文型では後ろに形容詞〔過去分詞〕がきて，「～の状態を得る」→「～になる」となる。第 5 文型では「～に…させる」という意味で使う点，また自動詞として，go とほぼ同じ意味で使う点にも注意したい。

□「～を得る」

I got a new coat yesterday.（昨日新しいコートを手に入れた。）

□「…になる」（get ＋形容詞〔過去分詞〕）※第 2 文型

He got angry.（彼は怒った。）
Don't get excited.（興奮するな。）

□「～に…させる」（get ＋目的語＋ to *do*）※第 5 文型

I got him to repair my watch. ≒ **I had him repair my watch.**
（彼に私の時計を修理させた。）

284 plan

- □ 派 **arrange** [əréɪndʒ] 他の手はずを整える；を手配する；を配列する
- 300 □ **delay** [dɪléɪ] 名遅延；延期　他を遅らせる；を延期する　自のろのろする
- 301 □ **postpone** [poustpóun] 他を延期する（≒ **put off**）

285 follow

- 304 □ **pursue** [pərs(j)úː] アク 他を追跡する；を追い求める
- □ 派 **pursuit** [pərs(j)úːt] アク 名仕事；追跡；追求
- 305 □ **seek** [síːk] 他を探し求める（≒ **look for, search for**）
  活用 seek - sought - sought

□「(～の方向へ) 行く；到着する」※第1文型

He got out of the bed and went into the bathroom.
（彼はベッドから出て浴室へ入った。）

■get の重要熟語表現

＋ get along「何とかやっていく；仲よくやる」
How are you **getting along?**（いかがお過ごしですか。）

＋ get over ～「～を越える；～を克服する」
The children **got over** the wall.
（その子供たちは塀を乗り越えた。）
I **got over** my cold.（風邪が治った。）

2 15 迷信を信じますか？（1）［文化］

Q. How many superstitions are there in the world?
— More than one (m　　).

1 Do you think that it is bad **luck**[1] to walk under a **ladder**[2] or break a mirror? Do you think that black cats and the number 13 are **unlucky**[3]? Some people don't. Every Friday the 13th, they walk under ladders, break mirrors, and open 5 umbrellas **indoors**[4]. They want to **prove**[5] that they aren't at all **superstitious**[6]. They may be the only people in the **world**[7] who aren't. There are more than one **million**[8] **superstitions**[9], and most people **believe**[10] in at least one or two of them.

(86 words)

重要表現

- □ ℓ.5 not ～ at all
- □ ℓ.8 believe in ～
- □ ℓ.8 at least

Listen! ▸▸▸ □ ① 英文を見ずに聞いてみる □ ② 英文を見ながら聞いてみる
□ ③ 音を聞きながら音読してみる ▸▸▸ 音声

Q. 世界には迷信はどのくらいありますか。
—（　　　）より多く。　　答え：million（100万）

はしご[2]の下を歩いたり鏡を割ったりするのは**縁起**[1]が悪いと思うだろうか。黒猫や数字の13は**不吉**[3]だと思うだろうか。そう思わない人もいる。13日の金曜日のたびに，彼らははしごの下を歩き，鏡を割り，**室内で**[4]傘を開く。彼らは自分たちがまったく**迷信深く**[6]ないことを**証明し**[5]たいのだ。**世界**[7]で迷信深くないのは彼らだけかもしれない。**100万**[8]を超える数の**迷信**[9]があり，たいていの人々は少なくともその（迷信の）1つや2つは**信じている**[10]のである。

□ 少しも〔全然〕～ない　□ ～が正しいと信じる
□ 少なくとも

306 luck [lʌ́k]
名 幸運；運

307 ladder [lǽdər]
名 はしご；(出世の) 階段

308 unlucky [ʌnlʌ́ki]
形 不運な，うまくいかない (⇔ **lucky**)

309 関 **unfortunately** [ʌnfɔ́:rtʃənətli]
副 不幸にも

≒ **unfortunate** [ʌnfɔ́:rtʃənət]
形 不運な；残念な

関 **fate** [féɪt]
名 運命

310 indoors [ɪndɔ́:rz]
副 屋内〔室内〕で
❗ indoor 形 屋内〔室内〕の

311 prove 多 [prú:v] 発
他 を証明する　自 …とわかる

312 superstitious [sù:pərstíʃəs]
形 迷信的な，迷信深い (派 名 **superstition**)

313 world [wɔ́:rld]
名 (the ～) 世界；(the ～) 世間

314 million [míljən]
形 100万の　名 100万
◆ ***millions of*** ～ (何百万もの～；多数の～)

315 関 **billion** [bíljən]
名 10億

316 関 **dozen** [dʌ́zn]
名 形 ダース〔12個〕(の)
◆ ***dozens of*** ～ (多数の～)

317 superstition [sù:pərstíʃən]
名 迷信 (派 形 **superstitious**)

Listen! ▸▸▸ □ ① 単語の発音を確認する　□ ② 例文の音声を聞いてみる
□ ③ 例文の音声を聞きながら音読してみる
▸▸▸ 音声

He has had good **luck** in business.	彼はビジネスの運がある。
There is a **ladder** on the balcony for use in emergencies.	バルコニーには非常時に使うためのはしごがある。
We were **unlucky** to lose the game in the final minute.	最後の瞬間で試合に負けたのは不運だった。
Unfortunately, I dropped my wallet.	不幸にも私は財布を落とした。
Let's go **indoors** and have a cup of coffee.	屋内に入ってコーヒーを飲みましょう。
Jim **proved** that I was wrong.	ジムは私が間違っていることを証明した。
Superstitious people will avoid the number thirteen.	迷信深い人々は数字の 13 を避ける。
Most of the **world**'s surface is covered in water.	世界の表面のほとんどは水でおおわれている。
The project will cost **millions** of dollars.	その事業には何百万ドルとかかるだろう。
The earth's population grew to over 7 **billion** in 2011.	地球の人口は 2011 年には 70 億を超えるまでになった。
Eggs are usually sold by the **dozen**.	卵はふつうダースで売られる。
One popular **superstition** is to avoid walking under a ladder.	一般的な迷信の 1 つははしごの下を歩くのを避けることだ。

318 believe [bɪlíːv]
他自 信じる；思う
◆ *believe in* ～ (～の存在を信じる)
◆ *make believe (that)* ... (…のふりをする)

319 同 **trust** [trʌ́st]
名 信頼；(財産などの) 委託　他 を信頼する

320 同 **faith** [féɪθ]
名 信頼；確信；信仰

派 **faithful** [féɪθfl]
形 忠実な

321 ⇔ **suspect**
動 [səspékt]　名 [sʌ́spekt]
他 だと思う (that)；を疑う　名 容疑者
語法 通例好ましくないことに用いる。

派 **suspicion** [səspíʃən]
名 疑惑；不信感

322 ⇔ **doubt** [dáʊt] 発
名 疑い　自他 疑う

まとめてチェック 7 国際関係

323 abroad [əbrɔ́ːd]
副 外国〔海外〕に〔へ；で〕

324 overseas
形 [óʊvərsíːz]　副 [ˌ-- ˊ]
形 海外の　副 海外へ〔で〕

325 international
[ìntərnǽʃənl]
形 国際的な；国家間の

326 nation [néɪʃən]
名 国家；国民

327 派 **national** [nǽʃənl]
形 国家の；国民の

派 **nationality**
[næ̀ʃənǽləti]
名 国籍；国民 (性)

domestic [dəméstɪk]
形 国内の；家庭の

native [néɪtɪv]
形 出生地の；土着の；固有の　名 ～生まれの人

You should not **believe** everything you hear.	聞いたことすべてを信じるべきではない。
Can I **trust** you to keep this secret?	あなたがこの秘密を守ると信頼できますか。
I have **faith** that you will succeed.	私はあなたが成功すると確信している。
We **suspect** that someone has copied our work.	私たちはだれかが私たちの作品を模倣したのではないかと思う。
There is no **doubt** that you will win.	あなたが勝つのは疑いの余地がない。

⊂313 world

328 ☐	**worldwide** [wə́ːrldwáɪd]	形世界的な　副世界中で〔に〕
329 ☐	**global** [glóʊbl]	形世界的な
☐	派 **globalization** [glòʊbələzéɪʃən]	名世界（標準）化
☐	**border** [bɔ́ːrdər]	名境界；国境
☐	**boundary** [báʊndəri]	名境界（線）；（通例 -ries）限界
☐	**frontier** [frʌntíər]	名未開拓分野；最先端；国境；辺境
☐	**immigrant** [ímɪgrənt]	名（他国からの）移住者（⇔ **emigrant**）
☐	派 **immigration** [ìmɪgréɪʃən]	名（他国からの）移住（⇔ **emigration**）
☐	**refugee** [rèfjʊdʒíː] アク	名難民

2 16 迷信を信じますか？（2）［文化］

Q. What number is thought to be unlucky in Japan?
a. Four.　　b. Thirteen.

Many people are superstitious about numbers. They think that there are **lucky**[1] numbers and unlucky numbers. The number 13 is **often**[2] **thought**[3] to be unlucky. In some parts of the world, buildings have no thirteenth floor and streets have no houses with the number 13. In Japan, the number 4 is thought to be unlucky because in Japanese, the word four is **pronounced**[4] the same as the word ***death***[5]. Japanese never **give**[6] **gifts**[7] of four knives, four napkins, or four of anything.

(82 words)

重要表現

□ ℓ.3 think A to be ～　　□ ℓ.7 the same as ～

Listen! ▸▸▸ □ ① 英文を見ずに聞いてみる　□ ② 英文を見ながら聞いてみる
□ ③ 音を聞きながら音読してみる

▸▸▸ 音声

Q. 日本では何の数字が不吉と考えられていますか。
a. 4。　b. 13。　答え：a

多くの人々は数について迷信深い。彼らは，**幸運な**[1]数字と不吉な数字があると思っている。数字の 13 は**しばしば**[2]不吉と**考え**[3]られている。世界のある地域では，ビルに 13 階がなく，通りには数字の 13 がつく家がない。日本では，数字の 4 が不吉と考えられている。なぜなら，日本語では 4 という語は**死**[5]という語と同じように**発音さ**[4]れるからだ。日本人は，4 本のナイフや 4 枚のナプキン，あるいは何であれ 4 つのものを**贈り物**[7]に**する**[6]ことは決してない。

□ A を～と考える　□ ～と同様に

330 **lucky** [lʌ́ki] 形 幸運な

331 ≒ **fortunate** [fɔ́ːrtʃənət] 形 幸運な

派 **fortunately** [fɔ́ːrtʃənətli] 副 幸いなことに

派 **fortune** [fɔ́ːrtʃən] 名 運；運命；財産

332 **often** [ɑ́ːfn] 副 しばしば

333 **think** [θíŋk] 他 自 (と) 思う；(を) 考える
活用 think - thought [θɔ́ːt] - thought

334 ≒ **guess** [gés] 他 を推測する；と思う　名 推測

335 ≒ **suppose** [səpóuz] 他 と考える

336 ≒ **assume** 多 [əs(j)úːm] 他 と思い込む〔仮定する〕；(責任など) を引き受ける；(表情など) を帯びる

派 **assumption** [əsʌ́mpʃən] 名 仮定

337 ≒ **imagine** [ɪmǽdʒɪn] 他 自 想像する；思う

派 **imagination** [ɪmæ̀dʒənéɪʃən] 名 想像 (力)

派 **imaginative** [ɪmǽdʒənətɪv] 形 想像力に富む

派 **imaginary** [ɪmǽdʒənèri] 形 想像上の

≒ **fancy** [fǽnsi] 多 名 空想；好み　形 高価な；装飾的な
他 を想像する；を好む

≒ **fantasy** [fǽntəsi] 名 空想；幻想

338 **pronounce** [prənáuns] 他 を発音する；を宣言〔宣告〕する

派 **pronunciation** [prənʌ̀nsiéɪʃən] 名 発音
❗ pronounce とのつづり・発音の違いに注意。

339 **death** [déθ] 名 死 (亡)

Listen! ▸▸▸ □ ① 単語の発音を確認する □ ② 例文の音声を聞いてみる
□ ③ 例文の音声を聞きながら音読してみる

▸▸▸ 音声

It's **lucky** that we met here. ここで私たちが会ったのは幸運だ。

You are very **fortunate** to have a lot of good friends. よい友達がたくさんいて君はとても幸運だ。

They **often** fought each other. 彼らはしばしば互いにけんかをした。

What do you **think** of my proposal? 私の提案についてどのように思いますか。

"Is she coming?" "I **guess** so." 「彼女は来ますか」「来ると思いますよ」

I **suppose** he's right. 彼は正しいと思う。

Please don't **assume** that I know the answer. 私が答えを知っていると思い込まないでください。

She can't **imagine** living without music. 彼女は音楽のない生活を想像することができない。

It is sometimes difficult to **pronounce** English words. 英単語を発音するのは時に難しい。

I was surprised at his **death**. 私は彼の死に驚いた。

340 関 **bury** [béri] 発 — 他 (死者・物) を埋める

派 **burial** [bériəl] — 名 埋葬；葬式

341 **give** [gív] — 他 (give A (to B) / B A) (Bに) Aを与える；(パーティーなど) を催す (→p. 32 ここで差がつく基本語)
活用 give - gave [géɪv] - given [gívn]

342 関 **dedicate** [dédɪkèɪt] アク — 他 (研究・活動などに) をささげる

343 関 **devote** [dɪvóʊt] — 他 (～に) をささげる (to)；(～に) を充てる

派 **devotion** [dɪvóʊʃən] — 名 献身；専念

344 関 **donate** [dóʊneɪt] — 自 他 寄付する；提供する

派 **donor** [dóʊnər] — 名 寄付する人；(臓器などの) 提供者，ドナー

345 関 **contribute** [kəntríbjuːt] アク — 自 (～に) 貢献する (to)；一因となる；寄付する
他 を提供する

派 **contribution** [kɑ̀ːntrɪbjúːʃən] — 名 貢献；寄付

346 **gift** [gíft] — 名 贈り物；才能

まとめてチェック 8 頻度を表す副詞

347 **frequently** [fríːkwəntli] — 副 頻繁に

派 **frequent** [fríːkwənt] — 形 頻繁な

派 **frequency** [fríːkwənsi] — 名 頻度；周波数

348 **constantly** [kɑ́ːnstəntli] — 副 絶えず

349 **regularly** [régjələrli] — 副 定期的に

派 **regular** [régjələr] — 形 定期的な；規則的な；通常の

A famous writer is **buried** here. 有名な作家がここに埋葬されている。

Could you **give** me some examples? 例をいくつか挙げていただけますか。

Doctor Jones **dedicated** his life to fighting cancer. ジョーンズ医師は人生をがんとの闘いにささげた。

Before the exams, I usually **devote** two hours a day to study. 試験前，私はふつう勉強に１日２時間を充てる。

Please **donate** old toys to our charity sale. 古いおもちゃを慈善販売に提供してください。

The admission fee **contributes** to the running of the gallery. 入場料は美術館の運営に役立っている。

Please accept this small **gift** as a thank-you. 感謝のしるしにこのささやかな贈り物をお受け取りください。

332 often

- 350 **hardly** [háːrdli] 副 ほとんど…ない
- 351 **rarely** [réərli] 副 めったに…ない
- 派 **rare** [réər] 形（絶対数が少なく）まれな
- 352 **seldom** [séldəm] 副 めったに…（し）ない
- 353 **barely** [béərli] 副 かろうじて（…する）
- 派 **bare** [béər] 形 裸の

2 17 迷信を信じますか？ (3) [文化]

Q. Why do businesses often open on August 8 in China?
— Because the number 8 is (c　　) lucky.

1 **1** What are lucky numbers? Seven is a lucky number in many places, and the number 8 is **considered**[1] lucky in Japan and China. In China, **businesses**[2] often open on August 8, and many **couples**[3] get married at eight minutes 5 **past**[4] eight o'clock on August 8.

2 There are many other **kinds**[5] of superstitions as well as superstitions about numbers. There are superstitions about eating, sleeping, **sneezing**[6], and itching. There are superstitions about animals, **holidays**[7], and horseshoes. 10 There are even superstitions about superstitions. Those superstitions tell people make bad luck good. (89 words)

重要表現

☐ ℓ.4 get married　　☐ ℓ.6 A as well as B

Listen! ▸▸▸ □ ① 英文を見ずに聞いてみる　□ ② 英文を見ながら聞いてみる
□ ③ 音を聞きながら音読してみる　▸▸▸ 音声

Q. なぜ中国では会社はしばしば8月8日に開業するのですか。
— 数字の8は幸運と（　　　）れているから。　答え：considered（みなさ）

1 幸運な数字とは何か。多くの場所で7は幸運な数字であり，数字の8は日本と中国で幸運と**みなさ**[1]れている。中国では，**会社**[2]はしばしば8月8日に開業し，多くの**夫婦**[3]が8月8日の8時を8分**過ぎた**[4]時に結婚する。

2 数字に関する迷信と同様に，他にも多くの**種類**[5]の迷信がある。食べること，眠ること，**くしゃみをする**[6]こと，かゆくなることに関する迷信がある。動物や**祝日**[7]や馬の蹄鉄（ていてつ）に関する迷信がある。迷信に関する迷信さえある。それらの迷信は，人々が悪運を幸運にすると教えてくれるのだ。

□ 結婚する　□ B だけではなく A も

354 **consider** [kənsídər]	他 (consider A B) AをBとみなす；をよく考える
355 派 **considerable** [kənsídərəbl]	形 (数量・程度が) かなりの
派 **considerably** [kənsídərəbli]	副 かなり
派 **consideration** [kənsìdəréɪʃən]	名 考慮；思いやり ◆ ***take ~ into consideration*** (～を考慮に入れる)
356 ≒ **regard** [rɪgɑ́ːrd]	他 (regard A as B) AをBとみなす 名 敬意 ◆ ***as regards ~ = with* 〔*in*〕 *regard to ~*** (～に関して)
派 **regardless** [rɪgɑ́ːrdləs]	形 無頓着な ◆ ***regardless of ~*** (～に関係なく)
357 関 **assess** [əsés]	他 を (～と) 評価〔判断〕する (as)；を (～と) 査定する (at)
派 **assessment** [əsésmənt]	名 査定；判定
358 関 **evaluate** [ɪvǽljuèɪt]	他 を評価する
派 **evaluation** [ɪvæ̀ljuéɪʃən]	名 評価
359 関 **estimate** 動 [éstəmèɪt] 名 [éstəmət]	他 を見積もる；を判断〔評価〕する 名 見積もり (書)；判断
関 **deserve** [dɪzə́ːrv]	他 に値する
360 **business** [bíznəs]	名 商売；会社；仕事
361 **couple** [kʌ́pl]	名 男女の1組，夫婦，恋人同士；1対
362 **past** [pǽst]	名 (the ~) 過去　形 過去の；ここ～ (年月など) の　前 を過ぎて
363 **kind** 多 [káɪnd]	名 種類 形 (～に) 親切な (to) ◆ ***a kind of ~*** (一種の～)

Listen!
□ ① 単語の発音を確認する　□ ② 例文の音声を聞いてみる
□ ③ 例文の音声を聞きながら音読してみる
▸▸▸ 音声

Considering the weather, we should stay home.	天気を考慮すると，私たちは家にいたほうがよい。
A **considerable** amount of water flooded into the town.	その町にかなりの量の水が流れ込んだ。
They **regarded** the situation as serious.	彼らは事態を深刻なものとみなした。
Users are now **assessing** the new update.	利用者は現在，新しいアップデートを評価している。
We can **evaluate** the product by looking at the reviews.	私たちは批評を見て製品を評価することができる。
We **estimate** around 20% of the country will get this virus.	私たちは国民の 20%前後がこのウイルスに感染すると見積もっている。
He started a new **business**.	彼は新しい商売を始めた。
The restaurant is popular with **couples**.	そのレストランはカップルに人気だ。
In the **past**, people communicated mainly by writing letters.	過去には，人々は主に手紙を書くことで連絡を取り合っていた。
This is a new **kind** of rose.	これは新しい種類のバラだ。
It's very **kind** of you to come.	来てくださってとても親切ですね。

364 **sneeze** [sní:z] 自くしゃみをする　名くしゃみ

365 **holiday** [há:lədèɪ] 名休日；祝日

関 **leisure** [lí:ʒər] 名暇；余暇

まとめてチェック 9 ビジネス

366 **commerce** [ká:mərs] 名商業；貿易

merchant [mə́:rtʃənt] 名商人　形商業の

retail [rí:tèɪl] 名小売り　他を小売りする

367 **industry** [índəstri] アク 名産業

派 **industrial** [ɪndʌ́striəl] アク 形産業の

派 **industrious** [ɪndʌ́striəs] 形勤勉な

368 **trade** [tréɪd] 自他取引する；交換する　名貿易；商売

369 **import** 名[ímpɔ:rt] 動[--́] 名輸入（品）　他を輸入する

370 **export** 名[ékspɔ:rt] 動[ɪkspɔ́:rt] 名輸出（品）　他を輸出する

371 **stock** [stá:k] 名株式；蓄え；在庫（品）　他を貯蔵している

372 **invest** [ɪnvést] 自他（～に）(金・時間などを) 投資する (in)

I **sneeze** a lot in spring due to pollen. 私は春には花粉のせいでしょっちゅうくしゃみをする。

What would you like to do over the **holidays**? 休日には何をしたいですか。

↳360 business

□ 派 **investment** [ɪnvéstmənt] 名投資

373 □ **capital** [kǽpətl] 名資本（金）；首都（≒ **capital city**）；大文字　形資本の；主要な；大文字の

□ 派 **capitalism** [kǽpətəlɪ̀zm] 名資本主義

374 □ **budget** [bʌ́dʒət] 名予算；経費

□ **fund** [fʌ́nd] 名基金

375 □ **credit** [krédɪt] 名信用；名誉　他（通例受身で）（～を）の功績だと認める（with）

376 □ **contract** 名[kɑ́ːntrækt] 動[kəntrǽkt] 名契約（書）　他を契約する；（病気）にかかる；を縮める

377 □ **advertisement** [ædvərtáɪzmənt] 名広告（≒ **ad**）

□ **venture** [véntʃər] 名冒険（的事業）　他思い切って…する（to *do*）　自（危険を冒して）行く

2 18 迷信を信じますか？（4）［文化］

Q. When do baseball players sometimes wear their caps backwards?
— When their team is (l　　).

For example, in many parts of the world, **spilling**[1] salt is bad luck. Throwing salt, **however**[2], is good luck. So, people who spill salt throw a little of the spilled salt over their left shoulder. Throwing the spilled salt **reverses**[3] the bad luck. In Japan, to reverse bad luck, people **turn**[4] around three times, turn their pockets inside out, or put their hats on **backwards**[5]. In the **United**[6] States, baseball players sometimes **wear**[7] their caps backwards when their **team**[8] is **losing**[9]. It looks **silly**[10], but the baseball players don't **mind**[11] if it helps them **win**[12] the game.

(97 words)

重要表現

□ ℓ.3 a little of ～
□ ℓ.6 inside out
□ ℓ.6 put on ～

Listen! ▶▶▶ □ ① 英文を見ずに聞いてみる　□ ② 英文を見ながら聞いてみる
□ ③ 音を聞きながら音読してみる
▶▶▶ 音声

Q. 野球選手が時々，帽子を後ろ向きにかぶるのはいつですか。
—自分のチームが（　　　）そうになっているとき。　答え：losing（負け）

たとえば，世界の多くの地域で，塩を**こぼす**[1]のは縁起が悪い。**しかし**[2]，塩をまくのは縁起がいい。それで，塩をこぼした人々は，こぼした塩の少しばかりを自分の左肩越しにまく。こぼした塩をまくことは，縁起が悪いのを**逆転してくれる**[3]のである。日本では，縁起が悪いのを逆転するために，人々は３回**回っ**[4]たり，ポケットを裏返しにしたり，帽子を**後ろ向きに**[5]かぶったりする。**合**[6]衆国では，自分の**チーム**[8]が**負け**[9]そうになっているとき，野球選手が時々，帽子を後ろ向きに**かぶる**[7]。それは**ばかばかしく**[10]見えるが，野球選手は，そのことが試合に**勝つ**[12]のに役立つなら**気にし**[11]ないのである。

□ ～のうちの少し
□ ～を身につける
□ 内側を外側に；裏表に

378 spill [spíl]
他 (液体など) をこぼす　自 こぼれる

379 however 多 [hauévər]
副 しかし；どんなに…でも

関 **nonetheless** [nʌ̀nðəlés]
副 それにもかかわらず

380 reverse [rɪvə́ːrs]
他 を逆にする；を一変させる　名 (the ～) 逆
形 逆の

381 turn [tə́ːrn]
他自 回転する；曲がる；変わる
名 回転；順番；変化
◆ *turn away* ～ ((顔など) をそむける)
◆ *turn down* ～ ((提案など) を拒む)
◆ *turn out to be* ～ (～だと判明する)
◆ *turn in* ～ (～を渡す；～を提出する)
◆ *turn up* (現れる)

382 backward [bǽkwərd]
副 後ろへ　形 後ろ (へ) の；(進歩などが) 遅れた
❗副 は ((英)) では backwards ともつづる

383 ⇔ **forward** [fɔ́ːrwərd]
副 前に；将来に向かって

384 関 **back** [bǽk]
副 後ろへ；戻って　名形 背中 (の)；後ろ (の)
◆ *behind one's back / behind the back of* ～ (～のいない所で)

385 関 **return** [rɪtə́ːrn]
自 戻る　他 を戻す
名 戻り；返却

関 **restore** [rɪstɔ́ːr]
他 を回復させる〔する〕，を修復する；を戻す

386 unite [ju(ː)náɪt]
他自 一体にする〔なる〕

387 wear [wéər]
他 を身につけている；をすり減らす　自 すり減る；(長く) もつ　名 (集合的に) 衣類
活用 wear - wore - worn

Listen! ▸▸▸ □ ① 単語の発音を確認する　□ ② 例文の音声を聞いてみる
□ ③ 例文の音声を聞きながら音読してみる ▸▸▸ 音声

Be careful not to **spill** the water.　水をこぼさないように気をつけなさい。

He is very rich. **However**, I won't marry him.　彼はとてもお金持ちだ。けれど私は彼と結婚しない。

However hard the work is, he will do it.　その仕事がどんなにきつくても彼はやるだろう。

I'm willing to **reverse** my position on climate change.　私は気候変動に対する立場を一変させる用意がある。

Turn your face toward me.　私の方に顔を向けなさい。

Turn right at the next corner, and you can see the city hall.　次の角を右に曲がれば，市役所が見えます。

The wind **turned** to the east.　風が東に変わった。

This idea seems a little **backward**.　この考えは少し遅れているように見える。

Let's move the plan **forward** with a vote.　投票して計画を前に進めよう。

I'll be **back** in a minute.　すぐに戻ってきます。

Ann will **return** to London tonight.　アンは今夜ロンドンに戻るだろう。

He did not **return** the money to me.　彼は私に金を返さなかった。

The two groups **united** to defeat their rivals.　２つのグループはライバルを負かすために団結した。

She was **wearing** a red dress.　彼女は赤いドレスを着ていた。

This battery **wears** out quickly.　このバッテリーは（電気が）すぐに減ってしまう。

388 team [tíːm]
名 チーム

389 関 **crowd** [kráʊd]
名 群衆；(the ～) 大衆　自 群がる　他 に群がる

390 関 **staff** [stǽf]
名 (集合的に) 職員

関 **crew** [krúː]
名 (単複両扱い；集合的に) 乗組〔乗務〕員

391 lose [lúːz]
他 を (見) 失う　自 負ける
活用 lose - lost - lost
◆ *lose one's way* (道に迷う)

派 **loss** [lɔ́(ː)s]
名 紛失；損害　◆ *(be) at a loss* (困って)

関 **sacrifice** [sǽkrəfàɪs]
名 犠牲 (的行為)　他 を犠牲にする

392 silly [síli]
形 愚かな

393 ≒ **foolish** [fúːlɪʃ]
形 愚かな

394 派 **fool** [fúːl]
名 愚か者　他 をばかにする

395 ≒ **stupid** [st(j)úːpəd]
形 ばかな

396 ≒ **ridiculous** [rɪdíkjələs]
形 ばかげた

397 mind 多 [máɪnd]
名 精神；頭脳；意見
自 他 嫌がる；気をつける

398 win [wín]
自 他 (に) 勝つ；(賞など) を勝ち取る
活用 win - won [wʌ́n] - won

399 関 **defeat** [dɪfíːt]
他 名 失敗 (させる)；敗北 (させる)

400 関 **victory** [víktəri]
名 勝利；(困難などの) 克服

関 **award** [əwɔ́ːrd]
名 賞 (金)　他 (審査して) を授与する

It is still possible for our **team** to fight back.	私たちのチームはまだ反撃することができる。
Large **crowds** gathered outside the city hall.	市役所の外に大群衆が集まった。
This company employs a limited number of **staff** at night.	この会社は夜間は限られた人数の職員を雇っている。
He has **lost** his mobile phone.	彼は携帯電話を失くした。
Looking at your phone while walking is a **silly** thing to do.	歩きながら電話を見るのは愚かな行為だ。
You mustn't worry about appearing **foolish**.	愚かに見えるのを気にしてはならない。
A **fool** and his money are soon parted.	(ことわざ) ばかとお金は縁がない。
I'd like to apologize for my **stupid** actions.	私のばかな行動をお詫びしたいと思います。
I'm sorry if you think my idea is **ridiculous**.	私の考えがばかげていると思われているのならすみません。
Tell me what's on your **mind**.	何を考えているのか教えて。
Do you **mind** my staying here?	ここにいてもいいですか。
We only need three more points to **win**.	私たちが勝つにはあと3点だけ必要だ。
The blue team **defeated** the red team by eleven points.	青チームが11点差で赤チームを破った。
The supporters celebrated their **victory** into the night.	サポーターは夜更けまで勝利を祝った。

219 迷信を信じますか？（5）［文化］

Q. In which country is twitching the left eye bad luck?
a. In Germany.　　b. In Malaysia.

Because there are so many superstitions, it is not surprising that some of them are **contradictory**[1]. In Germany, it is good luck when the left eye twitches, and bad luck when the right eye twitches. In Malaysia, it is **exactly**[2] the **opposite**[3]: A twitching left eye **means**[4] bad luck. Putting on **clothes**[5] inside out by **accident**[6] brings good luck in Pakistan but bad luck in Costa Rica. In Chile, unmarried people won't take the **last**[7] piece of food on the **plate**[8] because it means they will never marry. In Thailand, unmarried people take the last piece because it means they will marry someone good-looking. (104 words)

重要表現

□ ℓ.6 by accident

Listen! ▶▶▶ □ ① 英文を見ずに聞いてみる □ ② 英文を見ながら聞いてみる
□ ③ 音を聞きながら音読してみる ▶▶▶ 音声

Q. 左目がぴくぴく動くのが縁起が悪いのはどちらの国ですか。
a. ドイツ。 b. マレーシア。 答え：b

それほど多くの迷信があるのだから，それらのいくつかが**矛盾する**[1]ということは驚くべきことではない。ドイツでは，左目がぴくぴく動くと縁起がよく，右目がぴくぴく動くと縁起が悪い。マレーシアでは，それが**ちょうど**[2] **反対**[3]である。ぴくぴく動く左目は縁起が悪いことを**意味する**[4]。**衣服**[5]を**たまたま**[6]表裏逆に着てしまうことは，パキスタンでは幸運をもたらすが，コスタリカでは悪運をもたらす。チリでは，未婚の人々は**皿**[8]の上の食べ物の**最後の**[7]１切れを取ろうとはしない。なぜなら，それは，彼らが決して結婚しないだろうことを意味するからだ。タイでは，未婚の人々は最後の１切れを取る。なぜなら，それは，見た目のよい人と結婚するだろうことを意味するからだ。

□ たまたま；偶然に；誤って

401 □ **contradictory** [kɑ̀ːntrədíktəri]	形 矛盾している
派 **contradict** [kɑ̀ːntrədíkt]	他 を否定する；と矛盾する
402 □ **exactly** [ɪgzǽktli]	副 ちょうど；正確に
403 □ 言 **precisely** [prɪsáɪsli]	副 正確に
404 □ 関 **definitely** [défənətli]	副 明確に；(否定語とともに) 絶対に
派 **definite** [défənət] アク	形 明確な；一定の
405 □ **opposite** [ɑ́ːpəzɪt]	名 正反対の人〔物事〕　形 反対 (側) の 前 の向かい側に
派 **opposition** [ɑ̀ːpəzíʃən]	名 反対
派 **oppose** [əpóʊz]	他 に反対する
406 □ **mean** [míːn]	他 を意味する；(…する) つもりである (to *do*) 活用 mean - meant [mént] - meant
407 □ 派 **meaning** [míːnɪŋ]	名 意味；意図
派 **meaningful** [míːnɪŋfl]	形 意義のある
408 □ **clothes** [klóʊz] 発	名 衣服
409 □ **accident** [ǽksədənt]	名 事故；偶然 ◆ ***by accident*** (偶然に)
派 **accidental** [æ̀ksədéntl]	形 偶然の (⇔ **deliberate**)
派 **accidentally** [æ̀ksədéntəli]	副 偶然に；うっかり (⇔ **deliberately**)
410 □ **last** 多 [lǽst]	形 最後の；この前の 自 続く；持ちこたえる ◆ ***at last*** (ようやく)
411 □ 関 **initial** [ɪníʃəl]	形 初めの　名 頭文字
派 **initially** [ɪníʃəli]	副 初めに；初めは

Listen! ▸▸▸ □ ① 単語の発音を確認する　□ ② 例文の音声を聞いてみる
□ ③ 例文の音声を聞きながら音読してみる
▸▸▸ 音声

Your arguments are **contradictory**.	あなたの主張は矛盾している。
This is **exactly** why we need to change our leaders.	これがまさに私たちがリーダーを変える必要がある理由だ。
I think that is **precisely** the reason for making a new choice.	それがまさに新しい選択をする理由だと思います。
We **definitely** need to think about how to fix the problem.	私たちは間違いなくどのように問題を解決するかを考える必要がある。
My opinion is just the **opposite** of yours.	私の意見はあなたとはまったく反対だ。
What do you **mean** by that?	それはどういう意味ですか。
I didn't **mean** to hurt you.	君を傷つけるつもりはなかったんだ。
Could you explain the **meaning** of that word?	その言葉の意味を説明していただけますか。
She is wearing fine new **clothes**.	彼女はきれいな新しい服を着ている。
A number of **accidents** have occurred on this road.	いくつかの事故がこの道路で起きている。
This rain has **lasted** for three days.	この雨は３日続いている。
The **initial** interview will last for one hour.	最初の面接は１時間続く予定です。

412 **plate** [pléɪt]　㊔ 皿；（1人分の）料理；板；（地球表面の）プレート

まとめてチェック ⑩ ファッション

413 **fashion** [fǽʃən]　㊔ 流行；やり方；流儀

派 **fashionable** [fǽʃənəbl]　㊒ 流行の；おしゃれな

414 **formal** [fɔ́ːrml]　㊒ 形式（上）の；正式の

415 **informal** [ɪnfɔ́ːrml]　㊒ 形式ばらない；略式の

ここで差がつく基本語 7 put「ある状態に置く」

put の基本的な意味は「～を置く」だが，そこから「ある状態にする」という意味にイメージを広げると put を用いたさまざまな表現の意味をつかみやすくなる。ここから転じて，「～を言葉の状態にする」→「言い表す」という意味にも要注意。

□「ある状態に置く」

She **put** some water in the vase.（彼女は花びんに水を入れた。）

He **put** his new plans **into practice.**（彼は新しい計画を実行に移した。）

She **put an end** to unwanted phone calls.
（彼女は迷惑電話をやめさせた。）

□「言い表す」

To **put it simply**, you are wrong.
（端的に言えば，あなたが間違っているのだ。）

How do you **put it in English**?（英語でそれをどのように言うの？）

Let's place the cookies on this **plate**.　このお皿にクッキーをのせよう。

⤷408 clothes

416 □ **casual** [kǽʒuəl]　形 ふだん着の；何気ない；無頓着な

□ **fur** [fə́ːr]　名 毛；毛皮

□ **leather** [léðər]　名（なめし）革；革製品　形 革製の

□ **wool** [wúl]　名 羊毛；毛織物

■put の重要熟語表現

+ on ～(の上)に
put on ～「～を着る」
Please wait until I **put on** my clothes.
（服を着るまで待ってください。）

+ off ～から離れて
put off ～「～を延期する」
They **put off** the meeting because of the weather.
（天候のため，彼らは会議を延期した。）

+ out 中から外へ
put out ～「～を消す」
She **put out** the candles.
（彼女はロウソクの火を消した。）

+ up ～の上方に
put up ～「～をあげる；～を掲げる」
We **put up** our team's flag.（我々はチームの旗を掲げた。）
(参考) put up with ～「～をがまんする」
I can't **put up with** the noise any longer.
（これ以上騒音にはがまんすることができない。）

1 2 3 4 5 6 7 8 9 10 11 12 13 14 15 16 17 18 19 20 21 22 23 24 25 26 27 28 29 30 31 32 33 34 35 36 37 38 39 40 41 42 43 44 45 46 47 48 49 50 51 52 53 54 55 56 57 58 59 60 61 62 63 64 65 66 67 68

20 迷信を信じますか？（6）［文化］

Q. Today, why do we say "God bless you" when someone sneezes?
— Because it is (p　　) to say so.

Some superstitions have been with us for so long that they have become **customs**[1]. So people who like the customs do not **feel**[2] that they are superstitions. In many parts of the world, it is **polite**[3] to say "God **bless**[4] you" when someone sneezes. People once thought that the **soul**[5] could get away from the **body**[6] during a sneeze. They said "God bless you" to **protect**[7] people from losing their souls. Today, we no longer believe that people who sneeze are in **danger**[8] of losing their souls, but we say "God bless you" **anyway**[9]. We say it not because we are superstitious, but because we are polite.

(107 words)

重要表現

- □ ℓ.6 get away from ～
- □ ℓ.7 protect A from B
- □ ℓ.8 no longer
- □ ℓ.8 be in danger of …ing

Listen! ▶▶▶ □ ① 英文を見ずに聞いてみる　□ ② 英文を見ながら聞いてみる　□ ③ 音を聞きながら音読してみる

▶▶▶ 音声

Q. 今日では，なぜだれかがくしゃみをした時「God bless you」と言うのですか。
—そう言うのが（　　　）から。　答え：polite（礼儀正しい）

迷信の中には，とても長く私たちの身近に存在してきたために，**習慣**[1]になっているものもある。だから，その習慣を気に入っている人々は，それが迷信だとは**感じ**[2]ていない。世界の多くの地域では，だれかがくしゃみをしたとき，「God bless you（神があなたを**祝福し**[4]ますように）」と言うのが**礼儀正しい**[3]。人々はかつて，くしゃみをする間に**魂**[5]が**体**[6]から抜け出てしまう可能性があると考えていた。彼らは，魂を失うことから人々を**守る**[7]ために「God bless you」と言ったのである。今日では，私たちはもう，くしゃみをする人々が魂を失う**危険**[8]に陥っているとは思わないが，**いずれにせよ**[9]「God bless you」と言う。私たちがそれを言うのは，迷信深いからではなく，礼儀正しいからなのだ。

□ ～から逃げ出す；抜け出す　□ A を B から守る
□ もはや～ない　□ …する危険がある

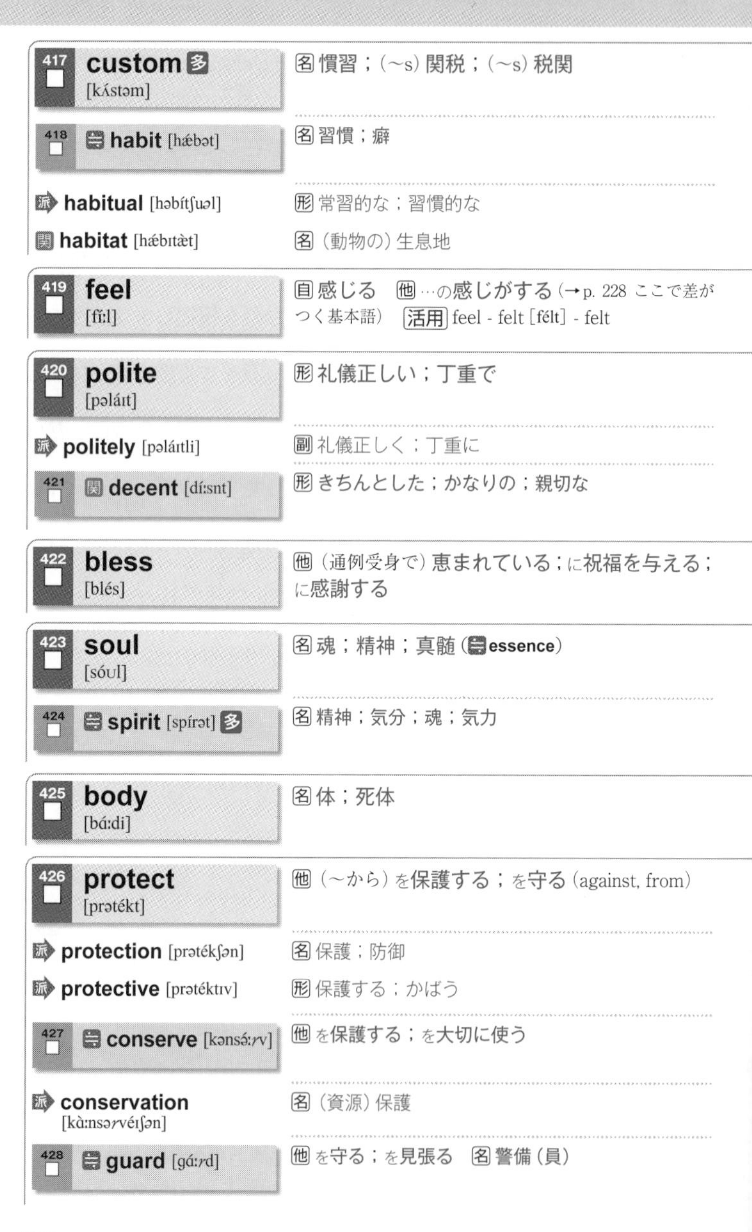

417 **custom** 多 [kʌ́stəm]	名 慣習；(～s) 関税；(～s) 税関
418 同 **habit** [hǽbət]	名 習慣；癖
派 **habitual** [həbítʃuəl]	形 常習的な；習慣的な
関 **habitat** [hǽbɪtæ̀t]	名 (動物の) 生息地
419 **feel** [fíːl]	自 感じる　他 …の感じがする (→ p. 228 ここで差がつく基本語)　活用 feel - felt [félt] - felt
420 **polite** [pəláɪt]	形 礼儀正しい；丁重で
派 **politely** [pəláɪtli]	副 礼儀正しく；丁重に
421 関 **decent** [díːsnt]	形 きちんとした；かなりの；親切な
422 **bless** [blés]	他 (通例受身で) 恵まれている；に祝福を与える；に感謝する
423 **soul** [sóʊl]	名 魂；精神；真髄 (同 **essence**)
424 同 **spirit** [spírət] 多	名 精神；気分；魂；気力
425 **body** [bάːdi]	名 体；死体
426 **protect** [prətékt]	他 (～から) を保護する；を守る (against, from)
派 **protection** [prətékʃən]	名 保護；防御
派 **protective** [prətéktɪv]	形 保護する；かばう
427 同 **conserve** [kənsə́ːrv]	他 を保護する；を大切に使う
派 **conservation** [kὰːnsərvéɪʃən]	名 (資源) 保護
428 同 **guard** [gάːrd]	他 を守る；を見張る　名 警備 (員)

Listen! ▸▸▸ □ ① 単語の発音を確認する　□ ② 例文の音声を聞いてみる
□ ③ 例文の音声を聞きながら音読してみる
▸▸▸ 音声

Custom makes all things easy.	（ことわざ）習慣になると何でもたやすくなる〔習うより慣れろ〕。
My wife makes it a **habit** to walk for a while before breakfast.	私の妻は朝食前にしばらくの間散歩するのを習慣にしている。
How do you **feel** after the win?	勝利を収めてどのように感じていますか。
How **polite** your children are!	あなたの子供たちはなんて礼儀正しいのでしょう。
I think this is a **decent** plan that everyone can agree on.	これはだれもが同意できるきちんとした計画だと思う。
We were **blessed** with good weather this morning.	今朝は私たちは好天に恵まれた。
Relaxing music is good for your **soul**.	くつろげる音楽は精神によい。
He has a gentle **spirit**.	彼は気持ちが優しい。
A sound mind in a sound **body**.	（ことわざ）健全な肉体に健全な精神が宿る。
Parents try to **protect** their children from danger.	親は危険から我が子を守ろうとするものだ。
It is important to **conserve** nature.	自然を保護することは大切です。
It is important to **guard** your own property.	自分の財産を守ることは大切です。

429 ☐ 多 **preserve** [prɪzə́ːrv] 他 を保存する；を維持する；を守る

派 **preservation** [prèzərvéɪʃən] 名 保存；保全；存続

多 **shelter** [ʃéltər] 名 住まい；避難（所） 他 を保護する

430 ☐ **danger** [déɪndʒər] 名 危険；脅威
- ◆ *in danger of* ～（～の恐れがあって）
- ◆ *in danger*（危険に陥って）

431 ☐ 関 **endangered** [ɪndéɪndʒərd] 形 絶滅の危機に瀕した

432 ☐ 多 **risk** [rísk] 名 危険（性） 他 を危険にさらす；あえて…する（…ing）
- ◆ *at the risk of* ～（～の危険を冒して）

派 **risky** [ríski] 形 危険な

433 ☐ 関 **crisis** [kráɪsɪs] 名 危機
- ❗ 複数形は crises

関 **emergency** [ɪmə́ːrdʒənsi] 名 緊急事態

434 ☐ **anyway** [éniwèɪ] 副（肯定文で）とにかく；（否定文で）どうしても（…できない）

まとめてチェック ⑪ 体

435 ☐ **brain** [bréɪn] 名 脳；（通例～s）頭脳；優秀な人

436 ☐ **organ** [ɔ́ːrgn] 名 器官；組織；臓器

☐ 派 **organic** [ɔːrgǽnɪk] 形 有機（栽培）の；器官の

☐ **lung** [lʌ́ŋ] 名 肺

437 ☐ **breath** [bréθ] 名 息；呼吸

We must find new ways of **preserving** our resources.	私たちは資源を保存する新しい方法を見つけなければなりません。
The doctor says that she is out of **danger** now.	その医師は，彼女は今では危機を脱していると言っている。
The organization provided a list of **endangered** animals.	その団体は絶滅の危機にある動物のリストを提供した。
Sometimes it is important to take **risks**.	時には危険を冒すことも大切だ。
The banking **crisis** of 2008 affected many people.	2008 年の金融危機は多くの人に影響を与えた。
Anyway, I think we should try this idea.	とにかく，私たちはこの案を試してみるべきだと思う。

→425 body

- ☐ 派 **breathe** [brí:ð] 発 — 自 他 呼吸する
- 438 ☐ **stomach** [stʌ́mək] — 名 胃；腹（部）
- ☐ **protein** [próʊti:n] 発 — 名 タンパク質
- 439 ☐ **thumb** [θʌ́m] — 名 親指

1 2 3 4 5 6 7 8 9 10 11 12 13 14 15 16 17 18 19 20 21 22 23 24 25 26 27 28 29 30 31 32 33 34 35 36 37 38 39 40 41 42 43 44 45 46 47 48 49 50 51 52 53 54 55 56 57 58 59 60 61 62 63 64 65 66 67 68

21 迷信を信じますか？（7）［文化］

Q. According to a woman's aunt, what will happen if we use purple towels? — Our (m　　) will end.

Even people who say they aren't superstitious would **probably**[1] not do what some other people do — **intentionally**[2] walk under ladders and break mirrors. **Almost**[3] everyone is at least a little superstitious. One woman says that when she got married, her aunt gave her white **bath**[4] towels. "Never buy purple towels," her aunt said, "If you **use**[5] purple towels, your **marriage**[6] will **end**[7]." Does the woman believe that superstition? "No, of course not," she says. "It's silly." Does she use purple towels? "Well, no," she answers. "Why take **chances**[8]?" (89 words)

重要表現

- □ ℓ.8 of course not
- □ ℓ.10 take chances

Listen! ▶▶▶ □ ① 英文を見ずに聞いてみる　□ ② 英文を見ながら聞いてみる
□ ③ 音を聞きながら音読してみる

▶▶▶ 音声

Q. 女性のおばによると，紫色のタオルを使ったら何が起こりますか。
—（　　　）が終わる。　答え：marriage（結婚）

自分は迷信深くないと言う人々でさえ，**おそらく**[1]，他の一部の人々がすること——**わざと**[2]はしごの下を歩いたり，鏡を割ったりすること——をしようとはしないだろう。**ほとんど**[3]だれもが，少なくともわずかばかりは迷信深いのである。ある女性は，彼女が結婚したとき，おばさんが白い**バス**[4]タオルをくれたと言う。「決して紫色のタオルを買ってはいけません」とおばさんは言った，「紫色のタオルを**使っ**[5]たら，あなたの**結婚**[6]は**終わっ**[7]てしまいますよ」。その女性はそんな迷信を信じるだろうか。「いいえ，もちろん信じません」と彼女は言う，「それはばかばかしいものです」。彼女は紫色のタオルを使うだろうか。「ええと，使いません」と彼女は答える，「なぜわざわざ**冒険**[8]をしてみる必要があるのでしょうか」

□ もちろん違う　□ 思い切って〔一か八か〕やってみる

440 □ **probably** [prɑ́:bəbli] — 副 おそらく，たぶん

派 **probability** [prɑ̀:bəbíləti] — 名 見込み；確率

派 **probable** [prɑ́:bəbl] — 形 ありそうな，起こりそうな

441 □ 同 **maybe** [méɪbi] — 副 もしかしたら，おそらく

442 □ **intentionally** [ɪnténʃənəli] — 副 意図的に

派 **intention** [ɪnténʃən] — 名 意図

443 □ 派 **intend** [ɪnténd] — 他 (…する) つもりだ (to *do*)

444 □ 同 **deliberately** [dɪlíbərətli] — 副 故意に

派 **deliberate** [dɪlíbərət] — 形 故意の；慎重な

445 □ **almost** [ɔ́:lmoʊst] — 副 ほとんど

446 □ **bath** [bǽθ] — 名 入浴；ふろ

派 **bathe** [béɪð] 発 — 自 他 入浴する〔させる〕

447 □ **use** 動 [jú:z] 名 [jú:s] — 他 自 (を) 使う　名 使用

派 **usage** [jú:sɪdʒ] — 名 語法；使用 (法)

448 □ 関 **borrow** [bɑ́:roʊ] — 他 を借りる

449 □ 関 **lend** [lénd] — 他 (lend A (to B) / B A) (Bに) Aを貸す
活用 lend - lent - lent

450 □ 関 **rent** [rént] — 他 を賃貸〔賃借〕する　名 賃貸〔賃借〕料

関 **hire** [háɪər] — 他 を雇う

451 □ 関 **owe** [óʊ] — 他 に借金がある；に恩を受けている
◆ *owing to* ～ (～のために)

Listen! ▸▸▸ □ ① 単語の発音を確認する □ ② 例文の音声を聞いてみる
□ ③ 例文の音声を聞きながら音読してみる
▸▸▸ 音声

He will **probably** pass the examination.	彼はおそらく試験に合格するだろう。
Maybe he will come soon.	おそらくすぐに彼は来るだろう。
You have **intentionally** lied to us.	あなたは意図的に私たちにうそをつきましたね。
We **intend** to end this unfair system.	私たちはこの不公平な制度を終わらせるつもりだ。
Country A has **deliberately** attacked Country B.	A 国は故意に B 国を攻撃している。
Almost all the leaves have fallen.	ほとんどすべての葉が散ってしまった。
I usually take a **bath** rather than a shower.	私はふつうシャワーよりもふろに入る。
How will you **use** this new information?	あなたはこの新しい情報をどのように使いますか。
Can I **borrow** your bicycle next Sunday?	今度の日曜日に君の自転車を借りていいかな？
Please **lend** me your car.	君の車を貸してください。
I **rented** an apartment near the station.	私は駅の近くにアパートを借りた。
I **owe** you $20 from last night.	私は昨夜からあなたに 20 ドル借りている。

452 関 **debt** [dét] 発	名 借金
関 **loan** [lóʊn]	名 借金；ローン　他 を貸し付ける
453 **marriage** [mérɪdʒ]	名 結婚
関 **wedding** [wédɪŋ]	名 結婚式
⇔ **divorce** [dɪvɔ́ːrs]	名 離婚　他 自 離婚する
454 **end** [énd]	名 最後；(末) 端；目的　自 終わる　他 を終わらせる
派 **endless** [éndləs]	形 無限の
455 ≒ **tail** [téɪl]	名 しっぽ；(通例 the ～) 後部
関 **edge** [édʒ]	名 端；ふち；刃 (先)
456 関 **retire** [rɪtáɪər]	自 (～から) 退職〔引退〕する (from)
派 **retirement** [rɪtáɪərmənt]	名 退職, 引退
457 関 **quit** [kwít]	他 (仕事など) をやめる 活用 quit - quit - quit
458 関 **graduate** 動 [grǽdʒuèɪt] 名 [grǽdʒuət]	自 (～を) 卒業する (from)　名 卒業生；大学院生
派 **graduation** [grædʒuéɪʃən]	名 卒業 (式)
459 関 **cease** [síːs]	自 やむ, 終わる　他 をやめる, を終える
460 **chance** 多 [tʃǽns]	名 見込み；機会；偶然；冒険

He cleared his **debt**.	彼は自分の借金を清算した。
They have a happy **marriage**.	彼らは幸せな結婚生活を送っています。
They are trying to achieve the same **ends**.	彼らは同じ目的を達成しようとしている。
Many animals use their **tails** for balance.	多くの動物はバランスをとるのにしっぽを使う。
Our homeroom teacher will **retire** next year.	私たちの担任の先生は来年退職します。
If I won a lot of money, I would **quit** my job.	もし大金を手に入れたら，仕事をやめるだろう。
What are your plans after you **graduate**?	卒業したあとは何をするつもりですか。
The earthquake **ceased** after a short while.	少しすると地震は収まった。
Is there any **chance** of her success?	彼女が成功する見込みはありますか。

3 22 凧の歴史（1）［歴史］

Q. What were the first kites in China probably made of?
a. Paper. b. Wood.

1 **1** No one knows for **sure**[1] just how old kites are. But we know that they were used a long time ago. Greek **stories**[2] tell of kites four centuries before Christ. In Korean **legend**[3], they were used in the **war**[4]. It is said that a general put a 5 **light**[5] on a kite and it looked like a new star to his **army**[6]. This star was a **sign**[7] of good luck from the **heavens**[8].

2 Twenty-five centuries ago, kites were well known in China. Probably these first kites were made of **wood**[9]. Or they were **covered**[10] with **silk**[11] because silk was in use at that 10 time. About five centuries **later**[12], the Chinese **learned**[13] how to make **paper**[14] from **vegetables**[15]. This was used as a cover for early kites, too. (126 words)

重要表現

- ☐ ℓ.1 for sure
- ☐ ℓ.3 tell of ～
- ☐ ℓ.4 It is said that ...
- ☐ ℓ.5 look like ～
- ☐ ℓ.8 be made of ～
- ☐ ℓ.9 be in use

Listen! ▸▸▸ □ ① 英文を見ずに聞いてみる　□ ② 英文を見ながら聞いてみる
□ ③ 音を聞きながら音読してみる
▸▸▸ 音声

Q. 中国の最初の凧はおそらく何で作られていましたか。
a. 紙。　b. 木。
答え：b

1 凧が正確にどれくらい古いものなのか，だれも**はっきりと**[1]は知らない。しかし，私たちはそれらが遠い昔に使われていたことを知っている。ギリシャの**物語**[2]は，紀元前 4 世紀の凧について伝えている。朝鮮の**伝説**[3]には，それらは**戦争**[4]で使われたとある。1 人の将軍が凧に**明かり**[5]をつけ，彼の**軍隊**[6]には，それが新しい星のように見えたと言われている。この星は，**天空**[8]からのよい運勢の**合図**[7]だったのだ。

2 25 世紀前には，凧は中国でよく知られていた。おそらく，これらの最初の凧は，**木**[9]で作られていた。あるいは，当時**絹**[11]が使われていたので，凧は絹で**覆われて**[10]いた。それから約 5 世紀**が経過する**[12]と，中国人は**野菜**[15]から**紙**[14]を作る方法**を学んだ**[13]。これも，初期の凧のための覆いとして使われていた。

□ はっきりと
□ …と言われている
□ 〜で作られている
□ 〜について伝える，述べる
□ 〜のように見える
□ 使われている

22 凧の歴史（1）［歴史］

461 □ **sure** [ʃúər]	形 確信して；確かな 副（依頼や質問の返事で）もちろん
派 **ensure** [ɪnʃúər] アク	他 を確実にする；を保証する
462 □ **story** [stɔ́:ri]	名 物語；話
≒ **tale** [téɪl]	名 話；うそ
関 **myth** [míθ]	名 作り話；神話；誤った考え
関 **proverb** [prɑ́:vəːrb] アク	名 ことわざ（≒ **saying**）
463 □ **legend** [lédʒənd]	名 伝説；伝承文学
派 **legendary** [lédʒəndèri]	形 伝説の；有名な
464 □ **war** [wɔ́:r] 発	名 戦争
465 □ **light** 多 [láɪt]	名 光；明かり；（the 〜）日光 形 明るい；軽い；ささいな　副 軽く
≒ **flash** [flǽʃ]	名 ひらめき；閃光　自 ひらめく；ぴかっと光る
≒ **ray** [réɪ]	名 光線
466 □ ≒ **shine** [ʃáɪn]	自 輝く　他 を照らす　名 光 活用 shine - shone - shone
467 □ ⇔ **dark** [dɑ́:rk]	形 暗い　名（the 〜）暗やみ
派 **darkness** [dɑ́:rknəs]	名 暗さ
468 □ **army** [ɑ́:rmi]	名 軍隊；陸軍
⇔ **navy** [néɪvi]	名 海軍
469 □ 関 **military** [mílətèri]	形 軍隊〔軍人〕の　名（the 〜）軍隊
470 □ 関 **weapon** [wépən] 発	名 武器

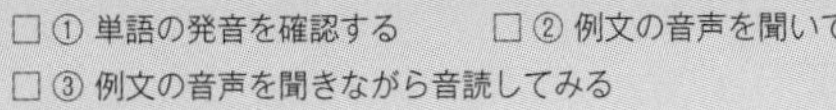

Are you **sure** that your idea is the best one?	あなたの考えが最善のものだと確信していますか。
Parents often tell their children **stories** at bedtime.	両親はしばしば寝る時に子供たちにお話をする。
Do you know the **legend** in this book?	この本にある伝説を知っていますか。
The two countries have been at **war** for decades.	その２つの国は何十年も戦争中である。
I had a **light** breakfast.	軽い朝食をとった。
He felt **lighter** at heart when he saw her.	彼は彼女に会って気分がより明るくなった。
The sun is **shining** brightly.	太陽が明るく輝いている。
What time does it get **dark** in winter?	冬は何時に暗くなりますか。
My father was in the **army** for 30 years.	父は 30 年間軍隊にいました。
I believe we should reduce the money we spend on the **military**.	私は軍隊に費やすお金を削減すべきだと信じています。
The world should work hard to eliminate nuclear **weapons**.	世界は核兵器を排除するために努力しなければならない。

22 凧の歴史 (1) [歴史]

471 **sign** 多 [sáɪn]
名 標識；徴候；合図
他自 署名する；合図する

派 **signature** [sígnətʃər] アク
名 (書類などへの) 署名

472 ≒ **mark** [mɑ́ːrk]
名 記号；印；点数　他 に印をつける

473 **heaven** [hévn]
名 天国；(the ～s) 天

474 **wood** [wúd]
名 木材；(しばしば～s) 森

475 **cover** [kʌ́vər]
他 を覆う；(範囲・問題など) にわたる〔を含む〕
名 覆うもの

476 関 **hide** [háɪd]
他 を隠す　自 隠れる
活用 hide - hid - hidden

関 **wrap** [rǽp]
他 を包む；を巻きつける

関 **decorate** [dékərèɪt]
他 を飾る，を装飾する

477 **silk** [sílk]
名 絹

478 **later** [léɪtər]
副 あとで　形 もっと遅い

479 **learn** [lə́ːrn]
他自 学ぶ；知る；を身につける
活用 learn - learned〔learnt〕[lə́ːrnt] - learned〔learnt〕

480 ≒ **master** [mǽstər]
名 主人；名人　他 を支配する；を習得する

Black clouds are a **sign** of rain. 黒い雲は雨の前触れだ。

Mark the words you don’t understand. 意味のわからない語に印をつけなさい。

It was like I was in **heaven**. まるで天国にいるようでした。

My desk is made of **wood**. 私の机は木でできている。

The land is **covered** with snow. 地面は雪で覆われている。

People often **hide** their true feelings. 人はしばしば本心を隠す。

She is dressed in **silk**. 彼女は絹の服を着ている。

I usually stay up **later** on Friday and Saturday nights. 私は金曜と土曜の夜はたいていいつもより遅くまで起きている。

What have you **learned** in this class? この授業では何を学んでいますか。

It took her two years to **master** the language. 彼女はその言語を習得するのに2年かかった。

481 **paper** [péɪpər]	名 紙；新聞；(~s) 書類；論文
482 関 **sheet** [ʃíːt]	名 1枚の紙；シーツ
関 **strip** [stríp] 多	他 を奪う；を取り除く 名（紙などの）細長い一片
483 関 **document** [dάːkjəmənt]	他 を記録する 名 文書；記録
派 **documentary** [dὰːkjəméntəri]	形 事実を記録した 名 記録作品〔番組〕
484 **vegetable** [védʒtəbl] 発	名 野菜

まとめてチェック ⑫ 戦闘

485 **battle** [bǽtl]	名 戦闘 自他 戦う
486 **fight** [fáɪt]	名 けんか；（競技などの）戦い 他自 戦う 活用 fight - fought - fought
487 **attack** [ətǽk]	名 攻撃；非難 他 を攻撃する；を非難する
488 **shoot** [ʃúːt]	自他 撃つ 活用 shoot - shot - shot
489 **conflict** [kάːnflɪkt]	名 闘争；衝突 自（～と）対立する (with)
strategy [strǽtədʒi]	名 戦略；方策
490 **defend** [dɪfénd]	他自 守る

She presented a **paper** on physics. 彼女は物理学に関する論文を発表した。

Could I have a **sheet** of paper, please? 紙を 1 枚いただけますか。

Please look carefully at this **document**. この文書を注意深くご覧ください。

Today there are many **vegetables** that are easy to grow at home. 今日では家庭で育てるのが簡単な野菜がたくさんある。

464 war

- ☐ 派 **defense** [dɪféns] 名防衛 ❗((英))では defence とつづる。
- 491 ☐ **invade** [ɪnvéɪd] 他 (国など) に侵入する；を侵害する
- ☐ 派 **invasion** [ɪnvéɪʒən] 名侵入；侵略；侵害
- ☐ **colony** [ká:ləni] 名植民地；群棲，群生
- ☐ **terrorism** [térərìzm] ア 名テロ（リズム）
- ☐ 派 **terrorist** [térərìst] ア 名テロリスト
- ☐ 派 **terror** [térər] 名恐怖

3 23 凧の歴史 (2) [歴史]

Q. Why did the enemy run away when they heard the sounds of kites?
— Because they believed the sounds were the (w　　) of angels.

1 Early kites were made for many **purposes**[1]. In China, they were used to carry ropes across rivers. Then the ropes were **tied**[2] down and bridges were **hung**[3] from them. Legend tells of one general who **flew**[4] **musical**[5] kites over the 5 **enemy**[6]. The enemy **ran**[7] away because they believed the **sounds**[8] were the **warning**[9] of **angels**[10]. Legend tells of kites which carried men, too. These were used to carry men behind the enemy or to spy* on the enemy. (78 words)

* spy「密かに探る」

重要表現

- □ ℓ.3 tie down ～
- □ ℓ.3 hang A from B
- □ ℓ.5 run away

Listen! ▸▸▸ □ ① 英文を見ずに聞いてみる　□ ② 英文を見ながら聞いてみる
□ ③ 音を聞きながら音読してみる
▸▸▸ 音声

Q. 凧の音を聞いた時，敵はなぜ逃げだしたのですか。
—その音が天使からの（　　　）だと信じたから。　答え：warning（警告）

初期の凧は，多くの**目的**[1]のために作られた。中国では，それらは縄を川の向こう岸に運ぶために使われた。それから，縄は**縛りつけ**[2]られ，それらから橋が**架け**[3]られた。伝説は，**音を出す**[5]凧を**敵**[6]の頭上に**飛ばした**[4]，ある1人の将軍について伝えている。敵は**逃げ出した**[7]のだが，それは，その**音**[8]が**天使**[10]からの**警告**[9]であると彼らが信じたからだった。伝説は，人間を運んだ凧についても伝えている。これらは，敵の背後に人間を運んだり，あるいは敵を偵察したりするために使われた。

□ ～を縛りつける　□ B から A をつるす
□ 逃げ出す

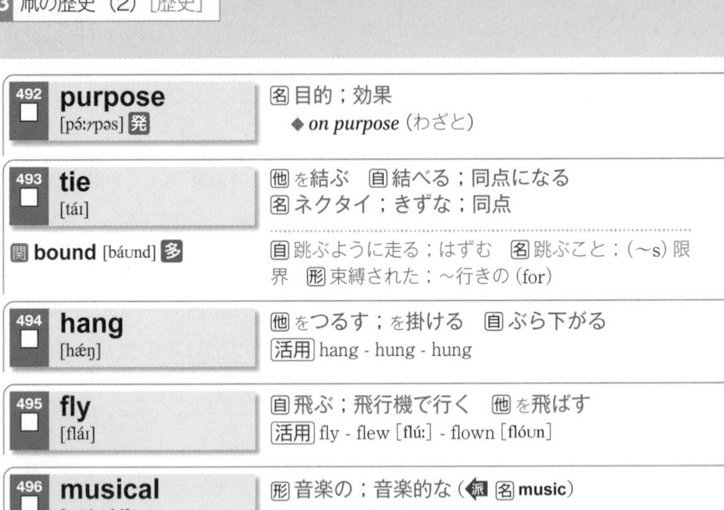

492 purpose [pə́ːrpəs] 発

名 目的；効果

◆ *on purpose*（わざと）

493 tie [táɪ]

他 を結ぶ　自 結べる；同点になる
名 ネクタイ；きずな；同点

関 **bound** [báʊnd] 多

自 跳ぶように走る；はずむ　名 跳ぶこと；(〜s) 限界　形 束縛された；〜行きの (for)

494 hang [hǽŋ]

他 をつるす；を掛ける　自 ぶら下がる
活用 hang - hung - hung

495 fly [fláɪ]

自 飛ぶ；飛行機で行く　他 を飛ばす
活用 fly - flew [flúː] - flown [flóʊn]

496 musical [mjúːzɪkl]

形 音楽の；音楽的な（派 名 **music**）
名 ミュージカル

497 enemy [énəmi]

名 敵（軍）

≒ **opponent** [əpóʊnənt]

名 反対者；（試合の）相手

≒ **rival** [ráɪvl]

名 競争相手　他 に劣らない；と競争する

498 run 多 [rʌ́n]

自 走る；（〜に）立候補する (for)
他 を経営する

499 sound 多 [sáʊnd]

名 音　自 〜に思われる　他 を鳴らす；を知らせる　形 確かな；健全な

500 warning [wɔ́ːrnɪŋ] 発

名 警告

501 関 **attention** [əténʃən]

名 注意；注目

◆ *pay attention to* 〜（〜に注意を払う）

502 関 **care** [kéər]

名 世話；注意；心配　自（通例否定文・疑問文で）(〜のことを) 心配する (about)　他（通例否定文・疑問文で）か（どうか）気にする；（…したい）と思う (to *do*)

◆ *take care of* 〜（〜の世話をする；〜を大事にする）

Listen! ▸▸▸ □ ① 単語の発音を確認する □ ② 例文の音声を聞いてみる
□ ③ 例文の音声を聞きながら音読してみる ▸▸▸ 音声

What's your **purpose** in doing that?	そんなことをするのは何が目的ですか。
She **tied** her hair back for a change.	彼女は気分転換に後ろで髪を縛った。
She **hung** a new picture on the wall.	彼女は壁に新しい絵を掛けた。
It is faster to **fly** than take the train.	列車に乗るよりも飛行機で行くほうが速い。
He has great **musical** talent.	彼はすばらしい音楽の才能を持っている。
I have a lot of **enemies** here.	ここには敵がたくさんいる。
Mr. Smith **runs** a small publishing company.	スミスさんは小さな出版社を経営している。
Not a **sound** was heard.	物音1つ聞こえなかった。
Sounds like fun.	おもしろそうだね。
My son has **sound** ideas about his future.	私の息子は自分の将来に関してしっかりした考えを持っている。
We received a **warning** from the teacher for talking too much.	私たちはおしゃべりをしすぎて先生から注意を受けた。
You need to **pay attention to** other drivers when driving a car.	車を運転するときには他の運転者に注意を払う必要がある。
I don't **care** what they say about me.	彼らが私について何と言っても気にしない。
Jim **took care of** his child yesterday.	ジムは昨日子供の世話をした。

- 503 □ 派 **careful** [kéərfl] — 形 注意深い；（命令文で）気をつけて
- 504 □ 派 **carefully** [kéərfəli] — 副 注意深く
- 派 **careless** [kéərləs] — 形 不注意な；無頓着な
- 505 □ 関 **caution** [kɔ́ːʃən] — 名 用心；警告
- 派 **cautious** [kɔ́ːʃəs] — 形 用心深い，注意深い
- 506 □ **angel** [éɪndʒəl] — 名 天使（のような人）

ここで差がつく基本語 8　bring「持って〔連れて〕くる」

bring は「話し手〔聞き手〕がいる場所（＝話題の中心）に人を連れてくる；物を持ってくる」というのが基本的な意味。そこから，「もたらす」「ある状態に至らせる」という意味でも使われる。主に，第３文型～第５文型で使われる。

□「～を持って〔連れて〕くる」

Bring your essay to me as soon as possible.
（できるだけ早くレポートを持ってきなさい。）

□「～に…を持って〔連れて〕くる」

Money can't **bring you happiness.**（お金があなたに幸せをもたらすことはできない〔お金で幸せになるわけではない〕。）

□「～に…するようにさせる」（← ～を…する状況に連れてくる）

※第５文型

She couldn't **bring herself to speak** about the accident.
（彼女はその事故のことを話す気になれなかった。）

He is very **careful** about his health. 彼は健康にとても注意している。

Take the computer out of the box **carefully**. 箱からコンピューターを注意深く取り出しなさい。

Use **caution** when pouring a hot drink. 熱い飲み物を注ぐときは用心しなさい。

I often dream of an **angel**. 私はよく天使の夢を見る。

■bring の重要熟語表現

+ about ～の周りに

bring about ～「～を引き起こす」

The Internet has **brought about** a great change in our lives.

（インターネットは我々の生活に大きな変化をもたらした。）

+ up ～の上方に

bring up ～「～を育てる；～（話，提案など）を持ち出す」

He was **brought up** by his grandparents.

（彼は祖父母に育てられた。）

Don't **bring** the subject **up** here.

（ここでそんな話を持ち出すなよ。）

3 24 凧の歴史 (3) [歴史]

Q. What did Benjamin Franklin use a kite for?
— To prove that lightning is (e   ).

1 **1** Later people flew kites for **fun**[1] in China. In the first and second centuries, kites of different **shapes**[2] were made. Kites were made to look like men, birds, and **animals**[3]. Some were very beautiful.

5 **2** When we hear the word, kite, we **remember**[4] great names and **events**[5]. For example, Benjamin Franklin used a kite to prove that **lightning**[6] is **electricity**[7].

3 With such a great **history**[8], we will **continue**[9] to enjoy flying kites.

(71 words)

重要表現

□ ℓ.6 for example

□ ℓ.8 enjoy …ing

Listen! ▶▶▶ □ ① 英文を見ずに聞いてみる　□ ② 英文を見ながら聞いてみる
□ ③ 音を聞きながら音読してみる　▶▶▶ 音声

Q. ベンジャミン・フランクリンは何のために凧を使いましたか。
—稲妻が（　　　）であることを証明するため。　答え：electricity（電気）

1 のちに，中国では人々が凧を**楽しみ**[1]のために飛ばした。1～2世紀には，さまざまな**形**[2]の凧が作られた。凧は，人や鳥，そして**動物**[3]に見えるように作られた。中にはとても美しいものもあった。

2 私たちが凧という言葉を聞く時，偉大な名前や**出来事**[5] **を思い出す**[4]。たとえば，ベンジャミン・フランクリンは，**稲妻**[6]が**電気**[7]であることを証明するために，凧を使ったのである。

3 そのような偉大な**歴史**[8]とともに，私たちは凧揚げを楽しむことを**続ける**[9]だろう。

□ たとえば　□ …することを楽しむ

507	**fun** [fʌ́n]	名 楽しみ
508	**shape** 多 [ʃéɪp]	名 形；体形；状態（≒condition, state）
509	関 **form** [fɔ́ːrm] 多	名 形（態）；（申込）用紙 他 を形作る
	派 **formation** [fɔːrméɪʃən]	名 形成；設立
510	**animal** [ǽnəml]	名 動物
511	**remember** [rɪmémbər]	他 を覚えている（that, …ing）；忘れずに…する（to *do*）；を思い出す　自 覚えている
512	≒ **memorize** [méməràɪz]	自 他 記憶する
	派 **memorable** [mémərəbl]	形 記憶すべき，忘れられない
513	派 **memory** [méməri] アク	名 記憶（力）；思い出
514	≒ **remind** [rɪmáɪnd]	他（remind A of〔about〕B）AにBを思い出させる
515	⇔ **forget** [fərgét]	他 を（置き）忘れる，（…するのを／…したことを）忘れる（to *do*/…ing）　自 忘れる 活用 forget - forgot - forgotten
516	**event** [ɪvént] アク	名 出来事；行事
517	**lightning** [láɪtnɪŋ]	名 稲光；稲妻；雷
518	**electricity** [ɪlèktrísəti] アク	名 電気；電力
	派 **electric** [ɪléktrɪk] アク	形 電気の
	派 **electrical** [ɪléktrɪkl] アク	形 電気に関する
	派 **electronic** [ɪlèktrɑ́ːnɪk] アク	形 電子（工学）の

Listen! ▸▸▸ □ ① 単語の発音を確認する □ ② 例文の音声を聞いてみる
□ ③ 例文の音声を聞きながら音読してみる
▸▸▸ 音声

It's **fun** to sing with you.	あなたと一緒に歌うのは楽しい。
Italy is like a boot in **shape**.	イタリアは形が長靴に似ている。
The **form** of the earth is nearly round.	地球の形はほぼ球形だ。
Do you think it is acceptable for humans to eat **animals**?	人間が動物を食べることは容認できると思いますか。
I **remember** seeing her before.	私は以前彼女に会ったことを覚えている。
Remember to mail this letter.	忘れずにこの手紙を出してね。
I **memorized** the vocabulary list for the test.	私は試験のために語いリストを覚えた。
Looking at this photo always brings back **memories**.	この写真を見るといつも思い出がよみがえる。
The song **reminded** me of my childhood.	その歌は私に子供の頃のことを思い出させた。
Don't **forget** to write.	忘れずに手紙を書いてね。
I will never **forget** visiting France last summer.	去年の夏フランスへ行ったことを決して忘れないだろう。
We have many **events** in the fall.	秋には行事がたくさんある。
Lightning struck the clock tower and caused a lot of damage.	雷が時計塔を直撃し，大きな被害が出た。
The **electricity** was out yesterday.	昨日は電気が消えていた。

519 **history** [hístəri] 名 歴史（学）

派 **historic** [hɪstɔ́(ː)rɪk] アク 形 歴史上有名な

派 **historical** [hɪstɔ́(ː)rɪkl] アク 形 歴史の

派 **historian** [hɪstɔ́ːriən] アク 名 歴史家

520 **continue** [kəntínjuː] 他 を続ける；…し続ける（to *do*, …ing） 自 続く

≒ **proceed** [prəsíːd] 自 進む；続ける

まとめてチェック ⑬ 生物

521 **creature** [kríːtʃər] 発 名（植物を除いた）生き物

522 **species** [spíːʃiːz] 発 名（共通の特性を持った）種（類） ❗単複同形。

523 **mammal** [mǽml] 名 哺乳動物

ape [éɪp] 名 類人猿

まとめてチェック ⑭ 行事

524 **ceremony** [sérəmòuni] 名（儀）式；礼儀

525 **celebrate** [séləbrèɪt] アク 他自（特別な日・事）を祝う

派 **celebration** [sèləbréɪʃən] 名 祝賀（会）；称賛

This is a place which is famous in **history**. ここは歴史上有名な場所だ。

Prices **continued** rising. 物価は上昇し続けた。

I **continued** to read after dinner. 夕食後も私は読書し続けた。

⊂510 animal

- ☐ **cattle** [kǽtl] 名（集合的に）ウシ
- ☐ **bull** [búl] 名雄牛
- ☐ **dinosaur** [dáinəsɔ̀ːr] 発 名恐竜

⊂516 event

- ☐ **reception** [rɪsépʃən] 名接待；反応；宴会
- ☐ **ritual** [rítʃuəl] 名（宗教的）儀式；日常の習慣

25 大気汚染とミツバチ（1）［環境］

Q. What makes the scents of flowers weak or confusing?
— Air (p　　).

1 **1** Bees and other **insects**[1] use **scents**[2] to follow **fresh**[3] flowers, but those scents become **weak**[4] or **confusing**[5] because of air **pollutants**[6]. Scientists worried that because of this, it might be harder for some insects to find a **meal**[7].
5 And **indeed**[8], a new study **shows**[9] that in some **cases**[10] it can make the insects' **effort**[11] four times bigger.

2 Many insects help carry pollen. They do this by bringing it from one **plant**[12]'s **male**[13] parts to the **female**[14] parts of another plant. But for many **reasons**[15], the number of the
10 insects which help plants in this way has been **decreasing**[16]. Scientists think that those **carriers**[17] are losing good places to **live**[18] in or may have become sick. (115 words)

Lindsey Konkel, *Science News for Students*, August 10, 2016.

重要表現

□ ℓ.3 because of ～
□ ℓ.7 help (to) *do*
□ ℓ.7 by …ing

Listen! ▶▶▶ □ ① 英文を見ずに聞いてみる □ ② 英文を見ながら聞いてみる
□ ③ 音を聞きながら音読してみる

▶▶▶ 音声

Q. 何が花のにおいを弱くてまぎらわしくしていますか。
—大気（　　　）。 **答え**：pollutants（汚染物質）

1 ミツバチや他の**昆虫**[1]は，**新鮮な**[3]花にたどり着くために**におい**[2]を使うが，それらのにおいは，大気**汚染物質**[6]のために**弱く**[4]て**まぎらわしく**[5]なる。このために，一部の昆虫にとって**食事**[7]を見つけるのがより難しくなるかもしれないと，科学者たちは心配していた。そして**実際**[8]，ある**場合**[10]においては，そのために昆虫の**労力**[11]が4倍にも大きくなる可能性があるということを，新しい研究が**示している**[9]。

2 多くの昆虫は花粉を運ぶ手助けをする。彼らは，1つの**植物体**[12]の**雄の**[13]部分から，別の植物体の**雌の**[14]部分へと花粉を運ぶことによって，この働きをする。しかし，多くの**理由**[15]により，この方法で植物を手助けする昆虫の数が**減少して**[16]きている。それらの**運搬者**[17]たちは，**住む**[18]のに適切な場所を失いつつあるか，病気になった可能性があると，科学者たちは考えている。

□ 〜のために；〜の理由で
□ …する手助けをする；…するのに役立つ
□ …することによって

526 □ **insect** [ínsekt] アク	名 昆虫
527 □ **scent** [sént] 発	名 香り，におい
528 □ **fresh** [fréʃ]	形 新鮮な
529 □ **weak** [wí:k]	形 弱い（⇔ **strong**）
派 **weakness** [wí:knəs]	名 弱さ
530 □ 関 **subtle** [sʌ́tl] 発	形（違いなどが）微妙な
531 □ 関 **delicate** [délɪkət] 発 アク	形 繊細な；精巧な
532 □ **confuse** 多 [kənfjú:z]	他 を当惑させる；を混同する
派 **confusion** [kənfjú:ʒən]	名 混乱；混同
533 □ 関 **embarrass** [ɪmbérəs]	他 を当惑させる
派 **embarrassment** [ɪmbérəsmənt]	名 当惑（させるもの）
関 **puzzle** [pʌ́zl]	他 を困らせる　名 わからないこと；パズル
関 **awkward** [ɔ́:kwərd] 発	形 気まずい，落ち着かない；やっかいな
534 □ **pollutant** [pəlú:tənt]	名 汚染物質
関 **acid** [ǽsɪd]	名 酸　形 酸性の；酸味の；批判的な
関 **dioxide** [daɪɑ́:ksaɪd]	名 二酸化物
535 □ **meal** [mí:l]	名 食事
536 □ **indeed** [ɪndí:d]	副 実際は；本当に；実に

Listen! ▶▶▶ □ ① 単語の発音を確認する　□ ② 例文の音声を聞いてみる
□ ③ 例文の音声を聞きながら音読してみる

▶▶▶ 音声

The warm weather led to a large number of **insects**.	暖かい気候になり，たくさんの昆虫が出てきた。
I love the **scent** of flowers in the spring.	私は春の花のにおいが大好きだ。
Eating **fresh** fruit for breakfast is a healthy way to start the day.	朝食に新鮮な果物を食べるのは1日を始める健康的な方法です。
My mother is **weak** in the legs.	母は脚が弱い。
There is a **subtle** difference between our ideas.	私たちの考えには微妙な違いがある。
Be careful with the **delicate** artwork.	その精巧な芸術作品は慎重に扱いなさい。
I often **confuse** my brother's voice with my father's.	私はしばしば兄の声を父の声と混同する。
I'll speak carefully and try not to **embarrass** myself.	私は慎重に話し，困惑しないようにしたい。
Many **pollutants** that damage the atmosphere have been banned.	大気に害を与える汚染物質の多くが禁止されている。
Are **meals** included in the hotel charge?	ホテルの料金に食事は含まれていますか。
This is a very expensive computer **indeed**.	これは本当に非常に高価なコンピューターだ。

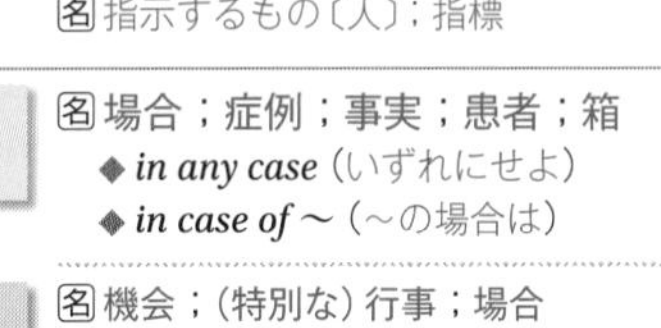

537 show [ʃóʊ]
他 を示す；を見せる；を明らかにする　自 見える；現れる　名 ショー
活用 show - showed - shown
◆ *show off* ～（～を見せびらかす）
◆ *show up*（現れる）

538 関 **reveal** [rɪvíːl]
他 を明らかにする；を示す

539 関 **expose** [ɪkspóʊz]
他 を露出する；をさらす；を暴露する

派 **exposure** [ɪkspóʊʒər]
名（日光・危険などに）さらされること；暴露

540 ≒ **indicate** [índəkèɪt] アク
他 を示唆する；を指し示す

派 **indicator** [índɪkèɪtər]
名 指示するもの〔人〕；指標

541 case 多 [kéɪs]
名 場合；症例；事実；患者；箱
◆ *in any case*（いずれにせよ）
◆ *in case of* ～（～の場合は）

542 ≒ **occasion** [əkéɪʒən]
名 機会；（特別な）行事；場合
◆ *on occasion(s)*（時々）

派 **occasionally** [əkéɪʒənəli]
副 時々

543 関 **affair** [əféər]
名 問題；事態；用事；事件

544 effort [éfərt] アク
名 努力

545 plant [plǽnt]
名 植物；工場　他 を植える

関 **root** [rúːt]
名 根；根拠；源
他（受身で）定着して；を根付かせる

関 **bush** [búʃ]
名 低木；茂み

546 male [méɪl]
形 男性の；雄の　名 男性；雄

547 female [fíːmeɪl] アク
形 女性の；雌の　名 女性；雌

Will you **show** me where to park my car?	車をどこに駐車したらよいかを教えてくれますか。
Many studies **revealed** that onions are a healthy food.	多くの研究が，タマネギは健康的な食物だということを明らかにした。
We need to **expose** our bodies to sunlight in order to make vitamin D.	ビタミンＤを作るために，私たちは日光に身体をさらす必要がある。
Are you **indicating** that you will support me?	あなたは私を支持するとほのめかしているのですか。
In either **case**, I must go there.	いずれの場合も，私はそこへ行かねばならない。
On this **occasion**, I think we should work together.	今回の場合は，私たちは一緒に働くべきだと思う。
What do you know about that political **affair**?	その政治問題について何を知っていますか。
It takes a lot of **effort** to prepare for an examination.	試験の準備をするには多くの努力が必要だ。
He waters the **plant** every week.	彼は植物に毎週水をやる。
I'm going to **plant** peas this year.	今年はエンドウ豆を植えるつもりだ。
A **male** lion has long hair around the face.	オスのライオンは長い毛が顔のまわりにある。
I didn't know the name of the **female** doctor.	その女性医師の名前を知らなかった。

548 □ **reason** 多 [ríːzn]	名 理由；道理；理性
派 **reasonable** [ríːznəbl] 多	形 道理に合った；（価格が）手頃な；適切な
549 □ 関 **cause** [kɔ́ːz]	他 を引き起こす　名 原因；根拠
550 □ 関 **logic** [lɑ́ːdʒɪk]	名 論理（学）；必然性
派 **logical** [lɑ́ːdʒɪkl]	形 論理的な（⇔ **illogical**）

551 □ **decrease** [dìːkríːs]	自 減少する　他 を減らす　名 減少
552 □ 同 **reduce** [rɪd(j)úːs]	他 を減らす
派 **reduction** [rɪdʌ́kʃən]	名 減少；割引
553 □ 同 **diminish** [dɪmínɪʃ]	自 他 減少する〔させる〕
554 □ 同 **lessen** [lésn]	他 を減らす　自 減る
555 □ 関 **fall** [fɔ́ːl] 多	自 落ちる；降る；倒れる　名 落下；転倒；秋 活用 fall - fell - fallen
556 □ 関 **drop** [drɑ́ːp]	他 を落とす；をやめる　自 落ちる；立ち寄る 名 一滴；少量；減少

557 □ **carrier** [kǽriər]	名 運送業者；運ぶ人；保菌者；通信会社
558 □ 関 **career** [kəríər] アク	名 職業（同 **occupation**）；経歴

559 □ **live** [lív]	自 住む；生きる 形 [láɪv] 生きている
560 □ 関 **survive** [sərváɪv]	自 生き残る　他 から生きのびる
派 **survival** [sərváɪvl]	名 生き残ること

Please tell me the **reason** for your success.	あなたの成功の理由を教えてください。
The accident was **caused** by speeding.	その事故はスピードの出しすぎで引き起こされた。
I don't understand the **logic** behind your argument.	あなたの主張の背後にある論理がわかりません。
Most countries need to **decrease** the amount of CO_2 they produce.	ほとんどの国が二酸化炭素の排出量を減らす必要があります。
You should try to **reduce** your body fat.	あなたは体脂肪を減らすよう努力すべきだ。
If you take this medicine, the pain will **diminish**.	この薬を飲めば痛みがやわらぐでしょう。
You can **lessen** the risk by planning carefully.	慎重に計画することでリスクを減らすことができます。
Temperatures will **fall** during the night.	夜の間に気温は下がるだろう。
The apple **dropped** to the ground.	リンゴが地面に落ちた。
I'm thinking of changing my phone **carrier**.	私は電話の通信会社を変えようと思っている。
My brother is aiming for a **career** in software design.	私の兄はソフトの設計の職をめざしている。
How long will you **live** overseas?	あなたはどのくらい海外に住みますか。
The man **survived** one year due to the treatment.	その治療のおかげでその男は1年間生きのびた。

3 26 大気汚染とミツバチ (2) [環境]

Q. According to an earlier study, what could some air pollutants do?
— They could (d　　) scents of flowers.

1 One **group**[1] of scientists has been looking into the **possible**[2] **role**[3] of air pollution. In an earlier study, they showed that some air pollutants could **weaken**[4] or **destroy**[5] scents of flowers. If the insects can't **smell**[6] the flowers, they 5 may have to **search**[7] for lunch longer. Looking for a meal **leaves**[8] insects in danger of becoming some other animals' lunch. When they are **hunting**[9] food, they cannot protect their home.

(70 words)

重要表現

□ ℓ.1 look into ～
□ ℓ.5 search for ～
□ ℓ.6 in danger of ～

Listen!

□ ① 英文を見ずに聞いてみる　□ ② 英文を見ながら聞いてみる

□ ③ 音を聞きながら音読してみる

▶▶▶ 音声

Q. 以前の研究によると，一部の大気汚染物質は何をする可能性がありますか。

—花のにおいを（　　　）可能性がある。　答え：destroy（破壊する）

ある科学者の**グループ**[1]が，大気汚染が果たしている**かもしれない**[2] **役割**[3]を調査している。以前の研究で，彼らは，一部の大気汚染物質が花のにおいを**弱め**[4]たり**破壊し**[5]たりする可能性があることを示した。昆虫が花の**においをかぐ**[6]ことができなければ，彼らは，より長時間，昼食を**探さ**[7]なければならないかもしれない。食事を探すことによって，昆虫は，他の動物の昼食になってしまう危険にさらされる**ことになる**[8]。食べ物を**探し求め**[9]ている時には，彼らは自分たちの住みかを守ることができない。

□ ～を調査する　□ ～を探し求める

□ ～の危険にさらされて

561 □ **group** [grú:p]	名 グループ；集団
562 □ 関 **category** [kǽtəgɔ̀:ri] アク	名 範疇；部類 (≒ **class**)
563 □ 関 **classify** [klǽsəfàɪ]	他 を分類する
564 □ **possible** [pá:səbl]	形 (事が) 可能な；あり得る 語法 人を主語にとることはできない。
派 **possibility** [pà:səbíləti]	名 可能性
派 **possibly** [pá:səbli]	副 (文修飾) ひょっとしたら；何とか；(否定文で, can を伴って) とても…ない
565 □ ⇔ **impossible** [ɪmpá:səbl]	形 不可能な
566 □ **role** [róʊl]	名 役割 (≒ **part**) ◆ *play a ~ role* (~な役割を果たす)
567 □ **weaken** [wí:kən]	他 を弱める (⇔ **strengthen**)
568 □ **destroy** [dɪstrɔ́ɪ]	他 を破壊する (⇔ **construct**)
派 **destruction** [dɪstrʌ́kʃən]	名 破壊 (行為)；破滅 (⇔ **construction**)
派 **destructive** [dɪstrʌ́ktɪv]	形 破壊的な (⇔ **constructive**)
569 □ 関 **ruin** [rú:ɪn]	他 を破滅させる　名 破滅；廃墟；(~s) 遺跡
570 □ 関 **spoil** [spɔ́ɪl]	他 を台なしにする；を甘やかす
571 □ **smell** [smél]	他 のにおいをかぐ　自 においを発する；においがわかる　名 におい
572 □ **search** [sə́:rtʃ]	自 (~を) 探す (for)　他 を探す　名 捜査；追求 ◆ *in search of ~* (~を探し求めて)

Listen! ▶▶▶ □ ① 単語の発音を確認する　□ ② 例文の音声を聞いてみる
□ ③ 例文の音声を聞きながら音読してみる
▶▶▶ 音声

We should make small **groups** and discuss this problem.	小さなグループを作ってこの問題を議論しましょう。
Which **category** does this question belong to?	この問題はどの範疇に入りますか。
At this school classes are **classified** into the arts and science courses.	この学校では，クラスは芸術コースと科学コースに分かれる。
It is **possible** for him to build the house in four weeks.	彼なら４週間でその家を建てることは可能だ。
It is **impossible** to finish this work by six.	６時までにこの仕事を終えるのは不可能です。
He **played an important role** in solving the problem.	彼は問題を解決するのに重要な役割を果たした。
The roof was **weakened** by the storm.	嵐のせいで屋根がもろくなった。
The bridge was **destroyed** in an earthquake.	地震で橋が破壊された。
I spilt coffee and **ruined** my new pants.	私はコーヒーをこぼして新しいズボンをだめにした。
The rain **spoiled** our sports day.	雨のせいで運動会が台なしになった。
I cannot **smell** because I have a cold.	私は風邪を引いているのでにおいがわからない。
We should **search** for the answer online.	私たちはインターネットで答えを探すべきだ。

573 leave [líːv]
他自 去る；残す；を…の状態（のまま）にしておく（→p. 370 ここで差がつく基本語）
活用 leave - left [léft] - left

574 depart [dɪpɑ́ːrt]
自 出発する　他 から出発する

派 **departure** [dɪpɑ́ːrtʃər]
名 出発（便）

575 hunt [hʌ́nt]
自他 狩る；探す　名 狩り；探索

まとめてチェック ⑮ 集まり

576 organization [ɔ̀ːrgənəzéɪʃən]
名 組織（化）；団体

派 **organize** [ɔ́ːrgənàɪz] アク
他 を組織する；（行事など）を準備する

577 association [əsòʊsiéɪʃən] 発
名 連想；連合；協会

派 **associate** 多 [əsóʊʃièɪt]
他 を結び付ける；を連想する　自（～と）交際する（with）　名 仲間

committee [kəmíti]
名（集合的に）委員会；（全）委員

commission [kəmíʃən]
名 委任；委員会

What time did you **leave** the party last night?
昨夜，何時にパーティーを去りましたか。

The train for Fukuoka **departs** at 8:30.
福岡行きの列車は８時半に出発します。

Wolves were **hunted** until there were none remaining in this country.
オオカミはこの国からいなくなるまで狩られてしまった。

561 **group**

578 □ **council** [káunsl] 名（地方自治体の）議会（英 **local authority**）；会議

579 □ **union** [júːnjən] 名連合；組合

□ **panel** [pǽnl] 名（公開討論会の）出席者；専門家集団；委員会；羽目板，パネル

580 □ **agency** [éɪdʒənsi] 名代理（店）；（政府などの）機関

□ 派 **agent** [éɪdʒənt] 多 名代行業者；代理人；（反応・変化などを起こす）力

581 □ **unit** [júːnɪt] 名１個；１人；（構成などの）単位

27 大気汚染とミツバチ (3) [環境]

Q. What do gases that flowering plants emit do?
— They make the smell of the air (p　　).

1 **1** These scientists decided to **examine**[1] how pollution might **affect**[2] insects' lunches. The group used a computer to **model**[3] scent changes in **response**[4] to **various**[5] pollutants in the **air**[6]. Their **data**[7] now show that bees and other insects 5 could take much longer to find and follow scents to a meal.

2 Flowering plants **emit**[8] **gases**[9] that make the smell of the air **pleasant**[10]. The sweet **molecules**[11] spread in the air. Bees and other insects use their antennae to follow the **density**[12] of the gases and look for where the scent is **strong**[13]. A 10 strong scent means that they are getting close to a flower.

(102 words)

重要表現

- □ ℓ.3 in response to ～
- □ ℓ.5 take ～ to *do*

Listen! ▶▶▶ □ ① 英文を見ずに聞いてみる □ ② 英文を見ながら聞いてみる
□ ③ 音を聞きながら音読してみる

▶▶▶ 音声

Q. 花を咲かせる植物が放出するガスは何をしますか。
—空気のにおいを（　　　）する。 答え：pleasant（快適に）

1 これらの科学者たちは，汚染が昆虫の昼食にどのように**影響を与える**[2]可能性があるかを**調べ**[1]ようと決めた。そのグループは，**空気**[6]中の**さまざまな**[5]汚染物質に**応じ**[4]たにおいの変化を**モデル化する**[3]ためにコンピュータを使った。彼らの**データ**[7]は今や，ミツバチや他の昆虫が食事につながるにおいを見つけてたどっていくのに，はるかに長い時間がかかりかねないということを示している。

2 花を咲かせる植物は，空気のにおいを**快適に**[10]する**ガス**[9]を**放出する**[8]。甘い**分子**[11]が空気中に広がる。ミツバチや他の昆虫は，ガスの**濃度**[12]をたどってにおいの**強い**[13]場所を探すために，触角を使う。強いにおいは，彼らが花に近づいていることを意味するのだ。

□ ～に応じて；～に答えて
□ …するのに～（の時間）がかかる

582 **examine** [ɪgzǽmən]	他 を調べる；を検査〔調査〕する
派 **examination** [ɪgzæ̀mənéɪʃən]	名 試験（= exam）；検査；調査
583 多 **investigate** [ɪnvéstəgèɪt]	他 （事件など）を調査する
派 **investigation** [ɪnvèstəgéɪʃən]	名 調査
584 **affect** [əfékt]	他 に影響する
派 **affection** [əfékʃən]	名 愛着
585 **model** [mɑ́:dl] アク	名 模型；手本；モデル 他 の模型を作る；をモデル化する
586 **response** [rɪspɑ́:ns] アク	名 反応；答え ◆ ***in response to ～*** （～に応じて）
派 **respond** [rɪspɑ́:nd]	自 （～に）反応する；（～に）答える（to）
587 **various** [véəriəs] 発	形 多様な
派 **variety** [vəráɪəti] アク	名 （a variety of ～）いろいろな～；変化；種類
派 **variation** [vèəriéɪʃən]	名 変異；変化；差異
派 **vary** [véəri] 発	自 異なる；変わる　他 に変化を与える；を変える
同 **diverse** [dəvə́:rs]	形 さまざまな
派 **diversity** [dəvə́:rsəti] 発	名 多様性；相違
関 **range** [réɪndʒ]	名 範囲　自 （範囲が）及ぶ　他 を並べる
588 **air** [éər]	名 空気；空中；空 ◆ ***by air*** （飛行機で） ◆ ***on (the) air*** （放送（中）で）
589 **data** [déɪtə]	名 （単複両扱い）情報；データ ❗ 単数形は datum
590 **emit** [ɪmít]	他 （光・ガスなど）を出す
派 **emission** [ɪmíʃən]	名 （光・ガスなどの）放出（量）

Listen! ▸▸▸ □ ① 単語の発音を確認する　□ ② 例文の音声を聞いてみる
□ ③ 例文の音声を聞きながら音読してみる
▸▸▸ 音声

They **examined** ancient records about food.
彼らは食べ物に関する古代の記録を調べた。

Police will **investigate** the robbery.
警察はその強盗事件を調査するだろう。

The environment around children can **affect** their growth.
まわりの環境は子供の成長に影響を与えます。

This **model** shows the design for the new city.
この模型は新しい街の設計を示している。

What is your **response** to my question?
私の質問に対するあなたの答えは何ですか。

We'd like to receive **various** opinions on this topic.
私たちはこの話題についてさまざまなご意見をいただきたいと思っています。

The balloon went high up in the **air**.
風船は空高く昇っていった。

We have prepared **data** on the latest tests.
私たちは最新の実験についてのデータを用意している。

Modern cars **emit** less pollution than older models.
最新の車は古い車種に比べて排出する汚染物質が少ない。

591 □ **gas** [gǽs] — 名 気体；ガス

関 **solid** [sá:ləd] — 名 固体　形 固体の；固い；しっかりした

関 **liquid** [líkwɪd] — 名形 液体（の）

592 □ 関 **freeze** [frí:z] — 自 凍る；動きを止める　他 を凍らせる
活用 freeze - froze - frozen

593 □ 関 **melt** [mélt] — 自 溶ける；和らぐ　他 を溶かす

関 **fuel** [fjú:əl] — 名 燃料

関 **fossil** [fá:sl] — 名形 化石（の）

594 □ **pleasant** [pléznt] — 形 心地よい；楽しい

595 □ 派 **please** [plí:z] — 他 を喜ばせる　自 好む　間 どうか；どうぞ

派 **pleasure** [pléʒər] — 名 喜び；楽しさ　◆ ***with pleasure*** (喜んで)

596 □ 関 **satisfy** [sǽtəsfàɪ] アク — 他 を満たす；を満足させる

597 □ 関 **content** 多
名 [ká:ntent]
形 [kəntént]
— 名 中身；内容；(～s) 目次
形 満足して

598 □ **molecule** [má:ləkjù:l] — 名 分子

599 □ **density** [dénsəti] — 名 密度；密集；(霧などの) 濃さ

600 □ 派 **dense** [déns] — 形 (人や物が) 密集した；(霧などが) 濃い

601 □ **strong** [strɔ́(:)ŋ] — 形 (力) 強い；丈夫な (⇔ **weak**)

602 □ ≒ **intense** [ɪnténs] — 形 (熱などが) 強烈な；(感情・行動などが) 激しい

派 **intensive** [ɪnténsɪv] — 形 集中的な；徹底的な

They are doing research on various **gases**.	彼らはさまざまな気体についての研究をしている。
If you **freeze** the sauce, you can use it again later.	ソースを凍らせておけば，後でもう一度使うことができます。
Snow on the mountain begins to **melt** in early spring.	早春になると山の雪は溶け始める。
I had a **pleasant** time at the party.	パーティーで楽しい時を過ごした。
I'm **pleased** to meet you.	お会いできてうれしいです。
It is difficult to fully **satisfy** both sides.	両方を完全に満足させるのは難しい。
Could you explain the **content** of the story again?	その話の内容をもう一度説明していただけますか。
We're pretty **content** with our new smartphones.	私たちは新しいスマホにとても満足している。
This device measures CO_2 **molecules** in the air.	この装置は空気中の二酸化炭素の分子を計測する。
Iron has a higher **density** than water.	鉄は水よりも密度が高い。
The **dense** fog created a dangerous situation for drivers.	濃い霧が運転手にとって危険な状況を作り出した。
Garlic has a **strong** flavor.	ニンニクには強烈な風味がある。
The artist uses **intense** colors to show the power of the storm.	その芸術家は嵐の威力を表すために強烈な色を使う。

3 28 大気汚染とミツバチ (4) [環境]

Q. What is ozone?
— It is one of the (m　　) pollutants in city smog.

1 **1** The group **focused**[1] on five scent molecules. A lot of flowers emit one of those five molecules into the air. **Normally**[2], this gas can travel 800 meters from its flower. But in polluted air, this same molecule could travel only half 5 as far. Because of air pollution, insects have to **spend**[3] longer in search of a meal.

2 Insects searching for this gas can smell the sweet scent in 15 minutes if the air is **clean**[4]. But the same insects could take an hour when air is polluted with ozone. Ozone is one 10 of the **main**[5] pollutants in **city**[6] smog. This smog often **happens**[7] in big U.S. cities on a hot summer day. (112 words)

重要表現

□ ℓ.6 in search of ～

Listen! ▶▶▶ □ ① 英文を見ずに聞いてみる □ ② 英文を見ながら聞いてみる
□ ③ 音を聞きながら音読してみる

▶▶▶ 音声

Q. オゾンとは何ですか。
—都市のスモッグの中の（　　　）汚染物質の１つ。　答え：main（主要な）

1 そのグループは，５つのにおい分子に**注目した**[1]。多くの花が，それら５つの分子のうちの１つを空気中に放出する。**通常**[2]，このガスは花から800メートル先まで伝わる。しかし汚染された空気中では，この同じ分子は半分の距離しか伝わらない。大気汚染のせいで，昆虫は食事を探して，より長時間を**費やさ**[3]なければならないのだ。

2 このガスを探し求める昆虫は，もし空気が**きれい**[4]であれば，15分でその甘いにおいをかぎ取ることができる。しかし，同じ昆虫でも，空気がオゾンで汚染されていると，１時間かかってしまう可能性がある。オゾンは**都市**[6]のスモッグの中の**主要な**[5]汚染物質の１つである。このスモッグは，暑い夏の日に，アメリカの大都市でしばしば**発生する**[7]。

□ ～を探して

603	**focus** [fóʊkəs]	自 (〜に) 集中する (on)　他 の焦点を (〜に) 合わせる (on)；を集中させる　名 焦点；重点
604	**normally** [nɔ́ːrməli]	副 標準的に；普通は
605	派 **normal** [nɔ́ːrml]	形 標準の；正常な (⇔ **abnormal**)　名 標準
606	**spend** [spénd]	他 を費やす；(〜に／〜するのに) を過ごす (on / on〔in〕…ing)　活用 spend - spent - spent
607	関 **waste** [wéɪst] 多	自 他 浪費する　名 浪費；荒れ地；廃棄物
608	**clean** [klíːn]	形 清潔な　他 をきれいにする；を掃除する
609	⇔ **dirty** [dɔ́ːrti]	形 汚い
	関 **sweep** [swíːp]	他 名 一掃 (する)；掃除 (する)　活用 sweep - swept - swept
	関 **polish** [pɑ́ːlɪʃ]	他 (物・技量) を磨く
610	**main** [méɪn]	形 主要な
611	**city** [síti]	名 都市；市
612	関 **citizen** [sítəzn] アク	名 市民
613	関 **mayor** [méɪər]	名 (しばしば the M-) 市長；(自治体の) 長
614	関 **urban** [ɔ́ːrbən]	形 都市〔都会〕の

Listen! □ ① 単語の発音を確認する □ ② 例文の音声を聞いてみる
□ ③ 例文の音声を聞きながら音読してみる ▶▶▶ 音声

Try to **focus** your attention on this point. — この点に注意を集中させるよう努めなさい。

We **normally** meet for ten minutes before class. — 私たちは普通は授業前に 10 分間会います。

What is the **normal** way to greet people in your language? — あなたの言語では，人にあいさつする標準的な方法は何ですか。

He **spent** his life in the country. — 彼は田舎で一生を送った。

You have **wasted** your chance to enter that university. — あなたはあの大学に入るチャンスをむだにしている。

You can find **clean** plates under the sink. — 流しの下にきれいなお皿がありますよ。

Is somebody going to **clean** this table before the meeting? — 会議の前にだれかがこのテーブルを掃除しますか。

This basket is for **dirty** clothes. — このかごは汚れた衣服を入れるためのものです。

The **main** language in the country is English. — その国の主要言語は英語だ。

A number of **cities** grew from large towns in the twentieth century. — 20 世紀に大きな町からいくつかの都市が成長した。

All **citizens** must pay their taxes. — すべての市民は税金を払わなければならない。

Our city elected its first ever female **mayor**. — 私たちの市は史上初の女性市長を選んだ。

Urban areas of the country have higher crime rates. — その国の都市部は犯罪率が高い。

615 □ 関 **suburb** [sʌ́bəːrb]
名（the ～s）郊外

関 **civil** [sívl] 多
形 市民の；民間（人）の；国内の

⇔ **rural** [rúərəl]
形 田舎の

616 □ **happen** [hǽpən]
自 起こる
◆ *happen to do*（たまたま…する）

617 □ ≒ **occur** [əkə́ːr] アク
自 起こる

派 **occurrence** [əkə́ːrəns]
名 出来事

≒ **arise** [əráɪz]
自（～から）起きる；（～に）起因する（from）
活用 arise - arose - arisen

618 □ 関 **phenomenon** [fɪnɑ́ːmənɑ̀ːn]
名 現象
❗ 複数形は phenomena

ここで差がつく基本語 9 keep「同じ状態を続かせる」

keep は「(何か) をある状態のまま保つ」というのが基本的な意味。ここから，第３文型では「～を保持する」，第２文型·第５文型では「～の状態を続かせる」という意味となる。

□「～を保持する」 ※第３文型

You should **keep food** in the refrigerator.
（冷蔵庫に食べ物を置いておく〔保存しておく〕べきだ。）
Keeping a diary demands patience.（日記をつけるには忍耐がいる。）
You have to **keep your promise**.（約束を守らなければならない。）
※目的語に「秘密」などの抽象的な語が来る場合もある。

□「～の状態を続かせる」

The phone **kept ringing**.（電話は鳴り続けた。）※第２文型
The noise **kept me awake** all night.
（騒音は一晩中私を目が覚めたままにした〔騒音で一晩中起きたままだった〕。）※第５文型

The **suburbs** are popular with families.	郊外は家族持ちに人気がある。

The fire **happened** on Monday morning.	その火事は月曜日の朝に起こった。
Jim **happened** to drop in.	ジムがたまたま訪ねてきた。
When did the accident **occur**?	事故はいつ起こったの？

Smartphone addiction is a modern **phenomenon**.	スマホ中毒は現代的な現象です。

■keep の重要熟語表現

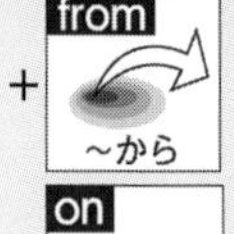

keep ～ from …ing「～に…させない」
The heavy rain **kept** us **from** going out.
（大雨のため私たちは外出できなかった。）

on ～(の上)に

keep on …ing「…し続ける」
She **kept on** talking.（彼女はしゃべり続けた。）

keep out (～) 他「～を入らせない」 自「立入禁止」
This jacket will **keep out** the cold.
（この上着は寒さを防ぐだろう。）

up ～の上方に

keep up ～「～を維持する」
He **kept up** a rapid pace.（彼は速い歩調を保っていた。）
(参考) keep up with ～「～に遅れないようについて行く」
He did his best to **keep up with** the times.
（彼は時代に遅れないように最大限努力をした。）

3 29 大気汚染とミツバチ（5）［環境］

Q. What may change the flowers' scents and create new ones?
a. Air pollutants.　　b. Insects.

1 **1** Also, air pollution might do more than just weaken scents. Air pollutants may change the flowers' scents and **create**[1] new ones. Bees and other insects might not be able to follow those scents.

5 **2** That is **certainly**[2] the thing scientists are worried about. So, they say that their **next**[3] study will be to look at how insects **deal**[4] with any new floral scent. "It is possible that some insects will **evolve**[5] ways to **detect**[6] and use these new molecules to find food."

(81 words)

重要表現

□ ℓ.7 It is possible that ～　　□ ℓ.8 ways to *do*

Listen! ▸▸▸ □ ① 英文を見ずに聞いてみる　□ ② 英文を見ながら聞いてみる
□ ③ 音を聞きながら音読してみる
▸▸▸ 音声

Q. 何が花のにおいを変化させ新しいにおいを作り出す可能性がありますか。
a. 大気汚染物質。　b. 昆虫。　答え：a

1 そしてまた，大気汚染は単ににおいを弱める以上のことをする可能性がある。大気汚染物質は花のにおいを変化させて新しいにおいを**作り出す**[1]可能性があるのだ。ミツバチや他の昆虫は，それらのにおいをたどることができないかもしれない。

2 それこそが，**まさに**[2]科学者たちが懸念していることだ。そこで，彼らの**次の**[3]研究は新しい花のにおいを昆虫がどう**扱う**[4]かを調べることになるだろうと，科学者たちは言う。「一部の昆虫は，食べ物を見つけるためにこれらの新しい分子を**検知し**[6]て利用する方法を**進化させる**[5]こともありえます」

□ 〜ということがありうる　□ …する方法

619 □ **create** [kriéɪt]	他 を創造する
620 □ 派 **creative** [kriéɪtɪv]	形 創造力のある
派 **creativity** [krìːeɪtívəti]	名 独創性
621 □ 関 **invent** [ɪnvént]	他 を発明する
派 **invention** [ɪnvénʃən]	名 発明
派 **inventor** [ɪnvéntər]	名 発明家
622 □ 関 **generate** [dʒénərèɪt] アク	他 を生み出す
623 □ 関 **compose** [kəmpóuz]	他 を構成する；を作曲する
派 **composer** [kəmpóuzər]	名 作曲家
派 **composition** 多 [kàːmpəzíʃən]	名 構成；（音楽などの）作品；作文
624 □ **certainly** [sə́ːrtnli]	副 確かに；（返答）もちろん
625 □ **next** [nékst]	形 次の；隣の　副 次に
626 □ 関 **neighbor** [néɪbər]	名 近所の人
派 **neighborhood** [néɪbərhùd]	名 近所
627 □ **deal** 多 [díːl]	自 （～を）扱う；（～と）取引する（with） 名 程度；量；取引　活用 deal - dealt - dealt
628 □ 関 **cope** [kóup]	自 （～を）うまく処理する（with）
629 □ 等 **treat** [tríːt] 多	他 を扱う；を治療する；におごる 名 おごり；もてなし
派 **treatment** [tríːtmənt]	名 取り扱い；治療

Listen! ▸▸▸ □ ① 単語の発音を確認する □ ② 例文の音声を聞いてみる
□ ③ 例文の音声を聞きながら音読してみる ▸▸▸ 音声

This will **create** a lot of new jobs.	これはたくさんの新たな仕事を生み出すだろう。
He produces a lot of **creative** ideas.	彼はたくさんの独創的なアイデアを生み出している。
Watt **invented** a new form of the steam engine.	ワットは新しい形の蒸気機関を発明した。
Solar panels **generate** electricity from sunlight.	ソーラーパネルは太陽光から電気を生み出す。
Do you know who **composed** this piece of music?	だれがこの楽曲を作曲したか知っていますか。

Japan is **certainly** becoming a more global society.	日本は確かにこれまで以上にグローバルな社会になっている。

Next, I'd like to talk about the impact of pollution.	次に，汚染の影響についてお話ししたいと思います。
Our new **neighbor** brought a gift to our house.	新しい隣人が私の家に贈り物を持ってきてくれた。

We don't **deal** with that company.	私たちはあの会社とは取引しておりません。
I'm **coping** well with the busy schedule.	私は忙しいスケジュールにうまく対処している。
Unfortunately, not all parents **treat** their children well.	不幸なことに，すべての親が子供をうまく扱っているわけではない。

630 ≒ **handle** [hǽndl]　名 取っ手；つまみ　他 をうまく扱う；を操縦する

関 **negotiate** [nəgóuʃièɪt]　自 交渉する　他 を交渉して取り決める

関 **exploit** [ɪksplɔ́ɪt] 多　他 を開発する；を（不当に）利用する；につけこむ

631 **evolve** [ɪvɑ́:lv]　他自 発展〔進化〕する〔させる〕

632 派 **evolution** [èvəlú:ʃən]　名 進化（論）；発展

派 **evolutionary** [èvəlú:ʃənèri]　形 進化の

633 ≒ **innovation** [ìnəvéɪʃən]　名 革新

派 **innovative** [ínəvèɪtɪv] アク　形 革新的な

634 **detect** [dɪtékt]　他 を検出する；を見抜く

派 **detective** [dɪtéktɪv]　名 刑事；探偵　形 探偵の；探知用の

I can't **handle** this much homework in one evening.	私はこんなにたくさんの宿題を一晩で処理することはできない。
We have **evolved** to walk on two legs.	私たちは進化して２本足で歩くようになった。
The **evolution** of video games over the past forty years has been remarkable.	過去40年にわたるテレビゲームの進化は驚くべきものだ。
The touch screen is one of the greatest **innovations** of the 21st century.	タッチスクリーンは21世紀の最も偉大な革新の１つだ。
The sensor can **detect** movement and sound.	そのセンサーは動きと音を検出することができる。

4 30 グレート・ソルト・レイク (1) [自然]

Q. What happens when we try to stand in the Great Salt Lake?
— We can't stand on the (b　　).

1 **1** One of my most interesting **experiences**[1] was swimming in the Great Salt Lake. The lake covers an **area**[2] larger than the **state**[3] of Rhode Island. The surprising **fact**[4] is that, **although**[5] the lake is far from any **ocean**[6], and although it 5 gets its water from rivers which have so little salt as to **taste**[7] sweet, the lake is about six times as salty as the ocean.

2 For a while I **floated**[8] around, but soon I wanted to **stand**[9]. Then I was surprised. I couldn't stand on the **bottom**[10]! The brine* was very **heavy**[11] and **holding**[12] me up.

(97 words)

* brine「塩水」

重要表現

- □ ℓ.5 so ～ as to *do*
- □ ℓ.6 ～ times as ... as A
- □ ℓ.7 for a while

Listen! ▸▸▸ □ ① 英文を見ずに聞いてみる　□ ② 英文を見ながら聞いてみる
□ ③ 音を聞きながら音読してみる
▸▸▸ 音声（要パスワード；→ p.11）

Q. グレート・ソルト・レイクで立とうとすると何が起こりますか。
—（　　）に立つことができない。　答え：bottom（底）

1 私の最もおもしろかった**経験**[1]の中の1つは，グレート・ソルト・レイクで泳いだことである。その湖は（米国の）ロードアイランド**州**[3]よりも広い**面積**[2]を占めている。驚くべき**事実**[4]は，その湖はどの**海**[6]からも遠い**にもかかわらず**[5]，また，甘い**味がする**[7]ほど塩の少ない川から水が流れこんでいるにもかかわらず，海の約6倍の塩分を含むということである。

2 しばらくの間，私はあちこちと**浮かんで**[8]みたが，すぐに**立ち**[9]たくなった。そして私は驚いた。私は**底**[10]に立つことができなかったのだ！塩水は非常に**重く**[11]，それが私（の体）を**持ち**[12]上げていたのである。

□ …するほど～な　□ Aの～倍…の
□ しばらくの間

635 **experience** [ɪkspíəriəns] アク	名 経験　他 を経験する
636 関 **suffer** [sʌ́fər]	自（～に）苦しむ（from）；害を受ける 他（苦痛・損害）を受ける
637 **area** [éəriə]	名 地域；面積；分野
638 **state** 多 [stéɪt]	名 状態；国家；州 他 を述べる
639 派 **statement** [stéɪtmənt]	名 陳述；声明
640 ≒ **declare** [dɪkléər]	他 を明言する；を宣言する
派 **declaration** [dèkləréɪʃən]	名 宣言；発表
641 ≒ **condition** 多 [kəndíʃən]	名 状況；状態；条件 ◆ *on (the) condition (that) ...*（…という条件で）
642 ≒ **situation** [sìtʃuéɪʃən]	名 立場；状況
643 ≒ **position** [pəzíʃən]	名 立場；状況；姿勢；位置
≒ **status** [stǽtəs]	名 地位；状態
644 **fact** [fǽkt]	名 事実 ◆ *in fact*（実際；実は）
645 関 **problem** [prɑ́:bləm]	名 問題
646 関 **trouble** [trʌ́bl] 多	名 困ること；問題（点） 他 を悩ませる　自（否定文で）心配する ◆ *have trouble (in) …ing*（…するのに苦労する）
関 **troublesome** [trʌ́blsəm]	形 やっかいな，面倒な
647 **although** [ɔ:lðóu] アク	接 …にもかかわらず；…だが

Listen! ▸▸▸ □ ① 単語の発音を確認する □ ② 例文の音声を聞いてみる
□ ③ 例文の音声を聞きながら音読してみる ▸▸▸ 音声

I have never **experienced** such hot weather.	今までこんな暑さを経験したことがない。
My mother **suffers** from bad headaches.	私の母はひどい頭痛に苦しんでいる。
That is an **area** of science that I am not familiar with.	それは私がよく知らない科学の分野なのです。
He is in a poor **state** of health.	彼は健康状態がよくない。
I disagree with some of the points in your **statement**.	あなたの陳述のいくつかの点には同意できません。
Jim **declared** he was tired and went to bed.	ジムは疲れているので寝ると明言した。
He is in serious **condition**.	彼は深刻な状態です。
They rose up to improve their working **conditions**.	彼らは労働条件を改善するために立ち上がった。
The economic **situation** is not good.	経済状況はよくない。
That country is now in a difficult **position**.	あの国は現在，難しい立場にある。
The **fact** is that we don't want to go there with you.	実は，私たちはあなたと一緒にそこへ行きたくないのです。
One **problem** with the plan is that we don't have enough time.	その計画の問題の1つは私たちには十分な時間がないことだ。
He's having **trouble** with his eldest son.	彼は長男のことで苦労している。
Although he is very rich, he is not happy.	彼はとてもお金持ちだが，幸せではない。

648 ocean [óʊʃən]
名 (通例 the ～) 大洋；海

649 taste [téɪst]
自 味がする　他 の味をみる
名 味；(～の) 好み，趣味 (for, in)

派 **tasty** [téɪsti]
形 風味のある，おいしい

関 **delicious** [dɪlíʃəs]
形 おいしい；気持ちのよい

650 float [flóʊt]
自 浮く；漂う　他 を浮かべる

⇔ **sink** [síŋk]
自 沈む；(人・体が) 崩れ落ちる　他 を沈める
活用 sink - sank - sunk

651 stand 多 [stǽnd]
自 立っている；(補語・副詞 (句) を伴って) (ある位置・状態に) ある　他 を我慢する
活用 stand - stood - stood
◆ ***stand for ～*** (～を表す)
◆ ***stand out*** (目立つ；突き出る)

652 ≒ **bear** [béər] 多
他 に耐える；を支える；(責任) を持つ；(子) を産む
名 クマ　活用 bear - bore - born(e)

653 ≒ **endure** [ɪnd(j)ʊ́ər]
他 に耐える

654 bottom [bɑ́:təm]
名 底；下部

655 heavy [hévi]
形 重い；激しい

656 hold [hóʊld]
他 を持っている；を保つ；を催す　自 持ちこたえる　活用 hold - held - held

関 **embrace** [ɪmbréɪs]
他 を含む；(考えなど) を受け入れる；(人) を抱きしめる

He tried to cross the **ocean**.	彼はその大海を横断しようとした。
This **tastes** sweet.	これは甘い味がする。
There is no accounting for **taste**.	（ことわざ）人の好みを説明するのは不可能だ〔たで食う虫も好き好き〕。
A small boat **floated** on the lake.	小舟が湖に浮いていた。
I **stood** all the way on the train.	列車の中でずっと立っていた。
Our school **stands** on a hill.	私たちの学校は丘の上にある。
I can't **stand** this cold.	この寒さに耐えることができない。
I can't **bear** the thought of losing this game.	この試合に負けることを考えるのには耐えられない。
Fishermen must **endure** long hours and difficult work.	漁師は長時間のきつい仕事に耐えなければならない。
I thank you from the **bottom** of my heart.	私は心の底からあなたに感謝しています。
Her bag is **heavy** but mine is light.	彼女のバッグは重いが私のは軽い。
Please **hold** the end of this rope.	このロープの端を持ってください。
She **holds** a party every day.	彼女は毎日パーティーを開いている。

まとめてチェック ⑯ 社会問題

- 657 □ **poverty** [pá:vərti] — 名貧困
- 658 □ **bully** [búli] — 他をいじめる　名いじめっ子
- 659 □ **abuse** 名 [əbjú:s]　動 [əbjú:z] — 名乱用；虐待　他を乱用する；を虐待する
- 660 □ **discrimination** [dɪskrìmənéɪʃən] — 名差別；区別
- □ 派 **discriminate** [dɪskrímənèɪt] アク — 自（～に対して）差別する（against）；（～の間を）区別する（between）

まとめてチェック ⑰ 地形

- 662 □ **continent** [ká:ntənənt] — 名大陸
- □ 派 **continental** [kà:ntənéntl] — 形大陸（性）の
- □ **canal** [kənǽl] アク — 名運河
- □ **glacier** [gléɪʃər] — 名氷河

↳645 **problem**

661	**prejudice** [prédʒədəs] アク	名（～に対する）偏見；先入観（against）
	bias [báɪəs]	名（～に対する）偏見；先入観（against）
	slavery [sléɪvəri]	名奴隷の身分；奴隷制度

↳648 **ocean**

663	**horizon** [həráɪzn] 発	名（通例 the ～）地〔水〕平線；範囲
	派 **horizontal** [hɔ(:)rəzá:ntl]	形地〔水〕平線上の；水平の；横の

4 31 グレート・ソルト・レイク (2) ［自然］

Q. What happens if we open our eyes under water in the Great Salt Lake? — We feel (t　　) pain in our eyes.

1 After swimming for a few minutes, I made my next **mistake**[1]. I opened my eyes under water. I **expected**[2] that I would feel a little **pain**[3] when the water got into my eyes, but I was not **prepared**[4] to have that kind of **terrible**[5] pain. It
5 was so **painful**[6] that I couldn't **keep**[7] my eyes open. Of course, that was the last time I tried to swim in the Great Salt Lake. After that experience, I **understand**[8] why there are no fish in the Great Salt Lake. Fish can't close their eyes!

(92 words)

重要表現

- □ ℓ.3 get into ～
- □ ℓ.4 that kind of ～
- □ ℓ.5 so ～ that S can't *do*
- □ ℓ.5 keep ～ open
- □ ℓ.6 the last time ...

Listen! ▸▸▸ ☐ ① 英文を見ずに聞いてみる ☐ ② 英文を見ながら聞いてみる
☐ ③ 音を聞きながら音読してみる
▸▸▸ 音声（要パスワード：→ p.11）

Q. グレート・ソルト・レイクの水の中で目を開けたら何が起こりますか。
—目に（　　　）痛みを感じる。　答え：terrible（ひどい）

数分間泳いだ後，私は次の**過ち**[1]を犯した。水の中で目を開けてしまったのだ。水が目に入った時に少し**痛み**[3]を感じること**を予期していた**[2]が，あんな**ひどい**[5]痛みを感じる（であろうという）**覚悟をして**[4]いなかった。あまりにも**痛く**[6]，私は目を開けた**ままでいる**[7]ことができなかった。もちろん，私がグレート・ソルト・レイクで泳いでみようなどと考えたのはそれが最後だった。その経験のあと，グレート・ソルト・レイクになぜ1匹も魚がいないのか，私には**わかる**[8]。魚は目を閉じることができないのだ！

☐ ～に入り込む
☐ あのような類の～
☐ あまりにも～なのでSは…できない
☐ ～を開けておく
☐ ～する最後の時

664 mistake [məstéɪk]
名 (判断上の) 誤り，間違い；勘違い
◆ *by mistake* (間違って)

665 関 **error** [érər]
名 (基準から外れた) 誤り

666 関 **fault** [fɔ́ːlt]
名 誤り；欠陥；欠点；(落度などの) 責任
◆ *find fault with* ～ (～のあらさがしをする)

667 expect [ɪkspékt]
他 を予期する；を期待する；と思う

派 **expectation** [èkspektéɪʃən]
名 期待；見込み；予想

関 **prospect** [prɑ́ːspekt] アク
名 見込み；期待；(～s) 将来性

668 ≒ **anticipate** [æntísəpèɪt]
他 を予想する

669 ≒ **predict** [prɪdíkt]
他 を予言〔予測〕する

派 **prediction** [prɪdíkʃən]
名 予言，予測

670 ≒ **forecast** [fɔ́ːrkæst] アク
名 予報，予想　他 (天気) を予報する；を予想する

671 pain [péɪn]
名 痛み；苦しみ

672 prepare [prɪpéər]
他 の準備をする；に (～の／～する) 覚悟をさせる (for / to *do*)
自 (～に対して) 準備をする (for, against)

派 **preparation** [prèpəréɪʃən]
名 準備；支度

673 関 **ready** [rédi]
形 準備〔用意〕ができた

674 terrible [térəbl]
形 恐ろしい；ひどい

派 **terribly** [térəbli]
副 ひどく；とても

派 **terrify** [térəfàɪ]
他 をひどく怖がらせる

675 ≒ **awful** [ɔ́ːfl]
形 (光景などが) 恐ろしい；ひどい

Listen! ▸▸▸ □ ① 単語の発音を確認する □ ② 例文の音声を聞いてみる
□ ③ 例文の音声を聞きながら音読してみる ▸▸▸ 音声

He learned from his **mistakes**.	彼は過ちから学んだ。
Please check your answers carefully for any **errors**.	どんな誤りもないように答えを慎重に確認してください。
A **fault** in the circuits caused an electrical failure.	回路の欠陥が電気的な故障を引き起こした。
I **expect** that you will help me.	私はあなたが助けてくれるだろうと期待しています。
We all **anticipate** a difficult game against that team.	私たちはあのチームとは難しい試合になることを予想している。
It is difficult to **predict** when an earthquake will strike.	地震がいつ来るかを予測するのは難しい。
The weather **forecast** for tomorrow is warm with some clouds.	明日の天気予報は，多少雲がありますが暖かいでしょう。
They took great **pains** to entertain their guests.	彼らは招待客を楽しませるのに大変苦労した。
The sailors began to **prepare** for a rough night.	船員たちは嵐の夜に向けて準備し始めた。
Are you **ready** to begin yet?	もう始める準備はできていますか。
My carelessness led to a **terrible** accident.	私の不注意がひどい事故を引き起こした。
Natto is very healthy, even though it smells **awful**.	納豆はひどいにおいがするが，とても健康によい。

676 □ 同 **horrible** [hɔ́ːrəbl] — 形 ぞっとするほど恐ろしい；実にひどい

同 **scary** [skéəri] — 形 恐ろしい

派 **scare** [skéər] — 他 をおびえさせる

677 □ 関 **cruel** [krúːəl] — 形 残酷な；(物事が) つらい

678 □ 関 **frighten** [fráɪtn] — 他 を怖がらせる

679 □ **painful** [péɪnfl] — 形 痛い；つらい；骨の折れる

680 □ **keep** [kíːp] — 他 を保つ；(動物) を飼う　自 …し続ける ((on) …ing) (→ p. 192 ここで差がつく基本語)
活用 keep - kept [képt] - kept

681 □ 同 **maintain** 多 [meɪntéɪn] アク — 他 を主張する (同 **insist**)；を維持する

派 **maintenance** [méɪntənəns] — 名 維持；整備

682 □ 同 **sustain** [səstéɪn] — 他 を持続させる；(人) を支える

派 **sustainable** [səstéɪnəbl] — 形 持続的な；環境を破壊しない

683 □ **understand** [ʌ̀ndərstǽnd] — 他 自 理解する
活用 understand - understood [ʌ̀ndərstúd] - understood

関 **perceive** [pərsíːv] — 他 を知覚〔理解〕する

The weather was really **horrible** on Monday.	月曜日は本当にひどい天気だった。
Many people think it is **cruel** to keep animals in cages.	多くの人は動物をおりに閉じ込めるのは残酷だと考えている。
The news of the attack near our school **frightened** the students.	学校の近くで襲撃があったというニュースは生徒たちを怖がらせた。
The wound on my knee is still **painful**.	ひざの傷がまだ痛い。
Let's **keep** practicing for the competition.	競技会に向けて練習し続けよう。
The suspect **maintained** his innocence.	容疑者は無実を主張した。
The baseball team **sustained** their lead.	その野球チームはリードを保った。
I can't **understand** what you mean.	あなたが何を言いたいのか理解できません。

32 音楽と人の感情（1）［人間］

Q. What did the machines connected to people check?
— People's body (t　　) and the muscle activity in their faces.

1 **1** Many people believe that music and feelings are **linked**[1]. However, is it **actually**[2] **true**[3]? If many people listen to the same song, they **usually**[4] **agree**[5] if it is happy, sad, relaxing, or **exciting**[6]. But that doesn't mean their feelings are 5 changed by the music they listen to.

2 Our **question**[7] is this: can listening to music change our **mood**[8]? **Psychologists**[9] have done **research**[10] on this **topic**[11]. In their **experiment**[12], they **connected**[13] **machines**[14] to people. These machines **checked**[15] those people's body 10 **temperatures**[16] and the **muscle**[17] **activity**[18] in their faces. They then listened to various kinds of music **while**[19] the psychologists **watched**[20] their responses. (101 words)

重要表現

□ ℓ.7 do research on ～

Listen! ▸▸▸ □ ① 英文を見ずに聞いてみる □ ② 英文を見ながら聞いてみる
□ ③ 音を聞きながら音読してみる

▸▸▸ 音声

Q. 人々につながれた機械は何を検査しましたか。
—人々の体の（　　　）と顔の筋肉の活動。　答え：temperatures（温度）

1 多くの人々は，音楽と感情が**結びついて**[1]いることを信じている。しかし，それは**実際に**[2] **真実な**[3]のだろうか。多くの人々が同じ歌を聴くと，彼らは，それが楽しいか，悲しいか，くつろがせるか**興奮させる**[6]か，**たいていは**[4] **意見が一致する**[5]。しかしそれは，彼らが聴く音楽によって感情が変化させられたということを意味しない。

2 私たちの**疑問**[7]はこうだ。音楽を聴くことは，私たちの**気分**[8]を変えることができるのか。**心理学者たち**[9]はこの**論題**[11]について**研究**[10]を行った。彼らの**実験**[12]では，人々に**機械**[14]を**つないだ**[13]。これらの機械は，それらの人々の体の**温度**[16]と顔の**筋肉**[17]の**活動**[18]を**検査した**[15]。それから彼らは，心理学者たちが彼らの反応を**観察する**[20] **間に**[19]，さまざまな種類の音楽を聴いた。

□ 〜について研究〔調査〕を行う

684 **link** [líŋk]	名 関連（性）　他 をつなぐ
685 **actually** [ǽktʃuəli]	副（だが）実は（= **indeed**）；実際に
派 **actual** [ǽktʃuəl]	形 実際の；現実の（= **real, true**）
686 **true** [trú:]	形 本当の；（〜に）あてはまる（of）
派 **truth** [trú:θ]	名 真実；事実
派 **truly** [trú:li]	副 本当に
⇔ **false** [fɔ́:ls]] 発	形 うその；間違っている
687 **usually** [jú:ʒuəli]	副 たいてい
688 **agree** 多 [əgrí:] アク	自（〜に）同意する（to）；（人に／〜について）賛成する（with/on, about）　他（…であること）に同意する（that）
派 **agreement** [əgrí:mənt]	名 同意；一致；協定
689 ⇔ **disagree** [dìsəgrí:] アク	自（人と／〜について）意見が異なる（with/on, about）
派 **disagreement** [dìsəgrí:mənt] アク	名 不一致；相違
690 関 **accept** [əksépt]	他 を受け入れる；を承認する
派 **acceptable** [əkséptəbl]	形 受け入れられる
派 **acceptance** [əkséptəns]	名 受理；承認
691 関 **approve** [əprú:v]	自（〜に）賛成〔同意〕する（of） 他（計画・考えなど）を（公に）承認〔認可〕する
派 **approval** [əprú:vl]	名 賛成；支持；承認，認可
692 関 **admit** [ədmít]	自（〜を）（真であると）認める（to） 他 を認める；の入場〔入学；入会〕を認める
派 **admission** [ədmíʃən]	名 入学〔入場〕（許可）；入学金，入場料
関 **nod** [nɑ́:d]	自 うなずく　名 うなずき；同意

Listen! ▶▶▶ □ ① 単語の発音を確認する　□ ② 例文の音声を聞いてみる
□ ③ 例文の音声を聞きながら音読してみる　▶▶▶ 音声

I think there is a **link** between poverty and disease.
私は貧困と病気には関連があると思います。

This is **actually** the most important reason.
これが実際に最も重要な理由です。

That's **true**.
それはその通りだ。

I **usually** read before I go to bed.
私は寝る前にたいてい読書をする。

I **agree** with you on that.
その点については私はあなたに賛成です。

I'm afraid I have to **disagree** with you.
残念ながらあなたとは意見が異なります。

Let's try to **accept** our differences and work together.
違いを受け入れて一緒に働いてみましょう。

The people **approved** of the way the government handled the crisis.
人々は政府が危機に対処する方法に賛成した。

The politician would not **admit** to his mistakes.
その政治家は自分の間違いを認めようとしなかった。

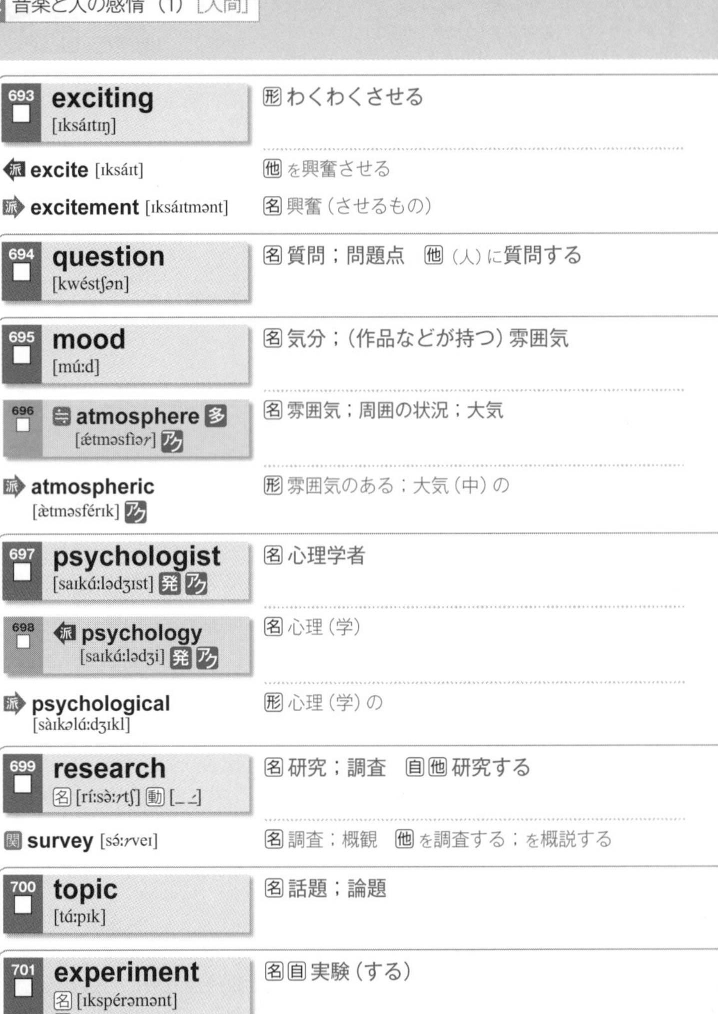

693 exciting [ɪksáɪtɪŋ]
形 わくわくさせる

派 **excite** [ɪksáɪt]
他 を興奮させる

派 **excitement** [ɪksáɪtmənt]
名 興奮（させるもの）

694 question [kwéstʃən]
名 質問；問題点　他 (人) に質問する

695 mood [mú:d]
名 気分；(作品などが持つ) 雰囲気

696 ≒ **atmosphere** 多 [ǽtməsfɪər] アク
名 雰囲気；周囲の状況；大気

派 **atmospheric** [æ̀tməsférɪk] アク
形 雰囲気のある；大気（中）の

697 psychologist [saɪká:lədʒɪst] 発 アク
名 心理学者

698 派 **psychology** [saɪká:lədʒi] 発 アク
名 心理（学）

派 **psychological** [sàɪkəlá:dʒɪkl]
形 心理（学）の

699 research 名 [rí:sə̀:rtʃ] 動 [_ ˊ]
名 研究；調査　自 他 研究する

関 **survey** [sə́:rveɪ]
名 調査；概観　他 を調査する；を概説する

700 topic [tá:pɪk]
名 話題；論題

701 experiment 名 [ɪkspérəmənt] 動 [-mènt]
名 自 実験（する）

派 **experimental** [ɪkspèrəméntl]
形 実験用の；試験的な

702 connect [kənékt]
他 (～に) をつなぐ〔関係づける〕(to, with)
自 つながる

派 **connection** [kənékʃən]
名 関係；連絡

The baseball game last night was really **exciting**.	昨夜の野球の試合はわくわくさせるものだった。
I have a number of **questions** for you.	あなたにいくつか質問があります。
Everyone is in a good **mood** today because of the nice weather.	天気がいいので今日はみんな気分がいい。
The polluted **atmosphere** of our planet has improved recently.	地球の大気汚染は最近になって改善されてきている。
He is a **psychologist** at Yale University.	彼はイェール大学の心理学者です。
She is studying the **psychology** behind his actions.	彼女は彼の行動の裏に潜む心理を調べています。
A lot of things were discovered by the latest **research**.	最新の研究で多くのことが発見された。
Let me move on to the next **topic**.	次の話題に移らせていただきます。
A number of **experiments** were carried out to test the idea.	その考えを試すためにいくつかの実験が行われた。
Connect the positive and negative wires carefully.	プラスとマイナスのケーブルを慎重につなぎなさい。

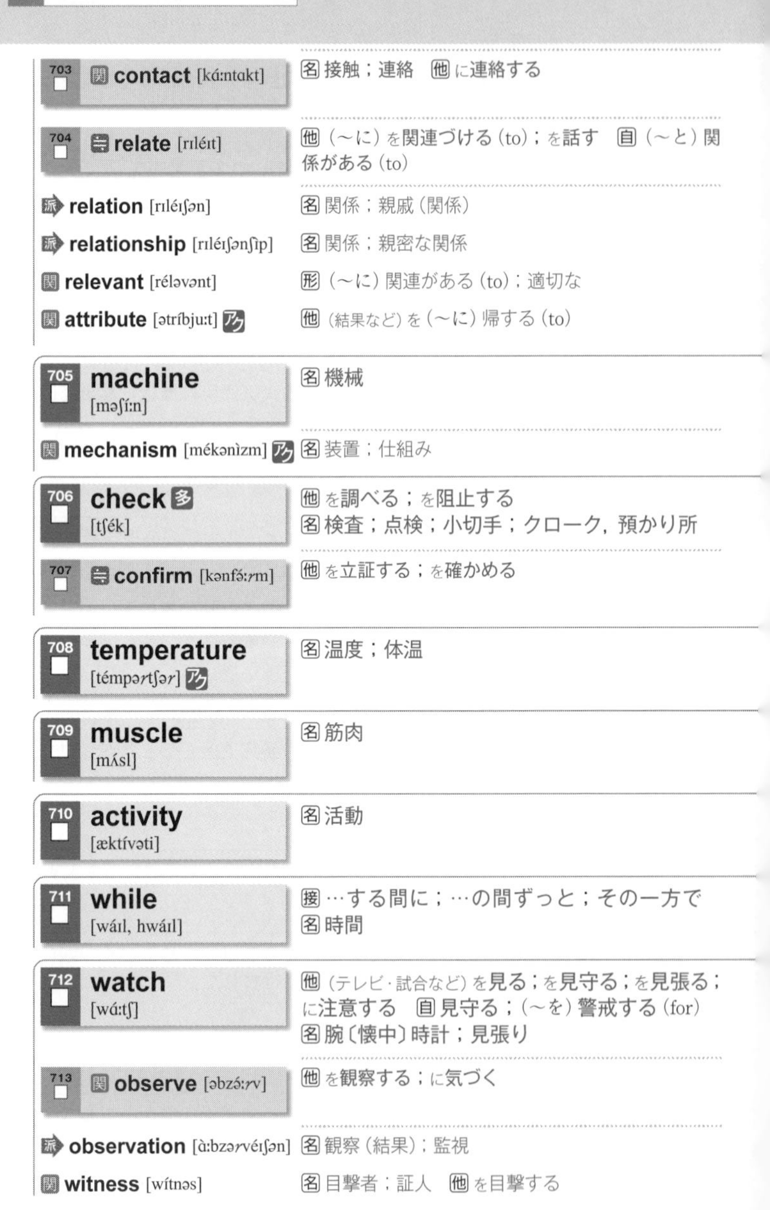

703 関 **contact** [kɑ́:ntɑkt]　名 接触；連絡　他 に連絡する

704 ⊜ **relate** [rɪléɪt]　他 (～に) を関連づける (to)；を話す　自 (～と) 関係がある (to)

派 **relation** [rɪléɪʃən]　名 関係；親戚 (関係)

派 **relationship** [rɪléɪʃənʃɪp]　名 関係；親密な関係

関 **relevant** [réləvənt]　形 (～に) 関連がある (to)；適切な

関 **attribute** [ətríbju:t] アク　他 (結果など) を (～に) 帰する (to)

705 **machine** [məʃí:n]　名 機械

関 **mechanism** [mékənìzm] アク　名 装置；仕組み

706 **check** 多 [tʃék]　他 を調べる；を阻止する　名 検査；点検；小切手；クローク，預かり所

707 ⊜ **confirm** [kənfə́:rm]　他 を立証する；を確かめる

708 **temperature** [témpərtʃər] アク　名 温度；体温

709 **muscle** [mʌ́sl]　名 筋肉

710 **activity** [æktívəti]　名 活動

711 **while** [wáɪl, hwáɪl]　接 …する間に；…の間ずっと；その一方で　名 時間

712 **watch** [wɑ́:tʃ]　他 (テレビ・試合など) を見る；を見守る；を見張る；に注意する　自 見守る；(～を) 警戒する (for)　名 腕〔懐中〕時計；見張り

713 関 **observe** [əbzə́:rv]　他 を観察する；に気づく

派 **observation** [ɑ̀:bzərvéɪʃən]　名 観察 (結果)；監視

関 **witness** [wítnəs]　名 目撃者；証人　他 を目撃する

You had better **contact** him as soon as possible.	できるだけ早く彼に連絡した方がよい。
Zebras are **related** to horses.	シマウマは馬と関係がある。
Machines began to take people's jobs in the 18th century.	18世紀には機械が人々の仕事を奪い始めた。
Would you mind **checking** my work for mistakes?	私の仕事に間違いがないか調べていただけますか。
Could I **confirm** your name and date of birth?	あなたのお名前と誕生日を確かめさせていただけますか。
The nurse took my **temperature**.	看護師は私の体温を測った。
His **muscles** were really sore after the race.	レースの後，彼の筋肉はとても痛んだ。
We are involved in many sports **activities**.	私たちは多くのスポーツ活動に参加している。
He watched TV **while** he ate lunch.	彼は昼食を食べる間テレビを見た。
She **watched** the children playing.	彼女は子供たちが遊んでいるのを見守った。
I **observed** him entering the room.	彼がその部屋に入るのに気づいた。

433 音楽と人の感情（2）［人間］

Q. In the experiment, which music had a strong effect on people's feelings?　a. Happy and relaxing music.　b. Angry music.

1 **1** The results were **interesting**[1]. Happy and relaxing music **tended**[2] to make the people in the experiment happy and relaxed. In this case, the music they were listening to had a strong effect on their **feelings**[3] at that **moment**[4].

5 **2** On the other hand, just listening to **angry**[5] music did not make them **mad**[6]. They knew it was an angry song, but **instead**[7] of getting angry, most of them just couldn't feel relaxed while listening to it.　(75 words)

重要表現

- ☐ ℓ.4 have an effect on ～
- ☐ ℓ.4 at that moment
- ☐ ℓ.5 on the other hand
- ☐ ℓ.7 instead of …ing

Listen! ▸▸▸ □ ① 英文を見ずに聞いてみる　□ ② 英文を見ながら聞いてみる
□ ③ 音を聞きながら音読してみる
▸▸▸ 音声

Q. 実験では，どちらの音楽が人々の感情に強い影響を与えましたか。
a. 楽しくてくつろがせる音楽。　b. 怒ったような音楽。　答え：a

1 結果は**興味深い**[1]ものだった。楽しくてくつろがせる音楽は，実験に参加した人々を楽しくさせ，くつろがせる**傾向があった**[2]。この場合，彼らが聴いていた音楽は，その**時点**[4]での彼らの**感情**[3]に強い影響を与えた。

2 一方で，**怒ったような**[5]音楽を聴くことだけでは，彼らを**怒ら**[6]せることにならなかった。彼らは，それが怒ったような歌だと知っていたけれども，彼らのほとんどは怒る**代わり**[7]に，それを聴いている間，まったくくつろぐことができなかったのだ。

□ ～に影響を与える　□ その時点で（の）
□ 一方；それに対して　□ …する代わりに

714 **interesting** [íntərəstɪŋ]	形 (物・事などが) おもしろい
派 **interest** [íntərəst, -èst]	他 に興味を起こさせる　名 興味；利子；利益
715 ☰ **funny** [fʌ́ni]	形 おもしろい；奇妙な
716 ⇔ **indifferent** [ɪndífərnt]	形 無関心な，無頓着な
717 関 **attractive** [ətrǽktɪv]	形 魅力的な
派 **attract** [ətrǽkt]	他 を引きつける
派 **attraction** [ətrǽkʃən]	名 魅力；呼び物
718 関 **curious** [kjúəriəs]	形 (～について) 好奇心の強い (about)；奇妙な
派 **curiosity** [kjùəriɑ́:səti] アク	名 好奇心
719 関 **appeal** [əpí:l]	自 懇願する；求める；興味を引く　名 懇願；魅力
派 **appealing** [əpí:lɪŋ]	形 魅力的な，興味を引く
720 関 **fascinate** [fǽsənèɪt]	他 を魅了する
派 **fascination** [fæ̀sənéɪʃən]	名 魅了する〔される〕こと；魅力
関 **charm** [tʃɑ́:rm]	名 魅力　他 を魅了する
721 **tend** [ténd]	自 (…する) 傾向がある (to *do*)
派 **tendency** [téndənsi] アク	名 傾向
722 ☰ **inclined** [ɪnkláɪnd]	形 …したいと思って；…する傾向があって (to *do*)
関 **trend** [trénd]	名 傾向；流行

Listen! ▶▶▶ □ ① 単語の発音を確認する □ ② 例文の音声を聞いてみる
□ ③ 例文の音声を聞きながら音読してみる

▶▶▶ 音声

He told me an **interesting** story.	彼は私におもしろい話をしてくれた。
He made **funny** faces to amuse the child.	彼はおかしな顔をしてその子を楽しませた。
I don't know how people can be **indifferent** to racism.	私はどうすれば人々が人種差別に無関心になれるのかわからない。
She is **attractive** in blue.	彼女は青い服を着ると魅力的だ。
I'm **curious** about why you want to change the rules.	私はあなたがなぜ規則を変えたがっているかに興味があります。
Police **appealed** for help in finding the missing child.	警察は行方不明の子供の発見に協力を求めた。
The history of Japan **fascinates** me.	日本史は私を魅了する。
We **tend** to trust people more when they make eye contact.	私たちは視線を合わせると人をより信頼する傾向がある。
I'm **inclined** to agree with your opinion here.	私はここであなたの意見に賛成したいと思っています。

723 □ **feeling** [fíːlɪŋ]	名 感情；（漠然とした）感じ；意見（派 feel）
724 □ 目 **emotion** [ɪmóʊʃən]	名 感情
派 **emotional** [ɪmóʊʃənl]	形 感情的な；感動的な
派 **emotionally** [ɪmóʊʃənəli]	副 感情的に
725 □ 目 **sense** [séns]	名 感覚；意味；思慮 ◆ ***in a sense*** （ある意味で）
派 **sensible** [sénsəbl]	形 分別のある；賢明な
派 **sensitive** [sénsətɪv]	形 （～に）敏感な；神経質な（to）
派 **sensitivity** [sènsətívəti]	名 感じやすさ，感受性
726 □ **moment** [móʊmənt]	名 （特定の）時；瞬間 ◆ ***the moment ...*** （（接続詞的に）…するとすぐに）
727 □ 目 **instant** [ínstənt]	形 即刻の　名 瞬間 ◆ ***the instant ...*** （（接続詞的に）…するとすぐに）
派 **instantly** [ínstəntli]	副 すぐに
728 □ **angry** [ǽŋgri]	形 （人に／物事に）怒った〔ている〕（with, at/about, at）
派 **anger** [ǽŋgər]	名 怒り
729 □ **mad** 多 [mǽd]	形 怒っている；熱中して；ばかげた
730 □ 関 **crazy** [kréɪzi]	形 正気でない；（～に）熱狂した（about, for, over）
731 □ **instead** [ɪnstéd]	副 その代わりに ◆ ***instead of ～*** （～の代わりに；～ではなくて）

He has a nice **feeling** for color.
彼は色彩感覚がすばらしい。

Tell me your **feelings** about the problem.
その問題についてあなたの考えを教えてください。

It is difficult to control our **emotions** when we are angry.
怒っている時は感情を抑えるのが難しい。

Work with a **sense** of responsibility.
責任の意識〔責任感〕を持って取り組みなさい。

Winning the game was my proudest **moment**.
試合に勝利したのは私の最も誇りに思う瞬間だった。

With this online quiz you can receive **instant** feedback.
このオンラインのテストでは即座に反応を得られます。

We are very **angry** about the increase in income tax.
私たちは所得税が上がることにとても腹を立てている。

I was **mad** at Ann for leaving early.
アンが早く出発したことに私は怒った。

Jim is **crazy** about dancing.
ジムはダンスに夢中だ。

Ann was busy, so she sent Jim **instead**.
アンは忙しかったので代わりにジムを行かせた。

He gave me advice **instead of** money.
彼は私にお金ではなくて助言をくれた。

まとめてチェック 18 感情

732	**delight** [dɪláɪt] アク	名 大きな喜び　他 を大喜びさせる　自 楽しむ
	派 **delightful** [dɪláɪtfl]	形 愉快な
733	**sympathy** [símpəθi]	名 思いやり；同情；共感
734	**pity** [píti]	名 哀れみ；残念なこと　他 を気の毒に思う
735	**sorrow** [sɑ́ːroʊ]	名（深い）悲しみ
736	**depress** [dɪprés]	他 を落胆させる
	派 **depression** [dɪpréʃən]	名 不景気；憂うつ；うつ病
737	**regret** [rɪgrét] アク	名 他 後悔（する）；残念（に思う）

ここで差がつく基本語 10 feel「感じる」

feel はもともと，「手で触って（何かを）感じる」というのが基本的な意味。第２文型の用法ではこれがそのまま残っている。それが発展して，「心で感じる」という意味が生まれた。第５文型では，補語の位置に形容詞の他に，動詞の原形や分詞がくる。

□ **「(ものが) …の感じがする；(人が) …だと感じる」** ※第２文型

Silk **feels** soft.（絹は柔らかい感じがする。）
I **felt** lucky to meet her.（彼女に会えて幸運な気分だった。）

□ **「〜を感じる」**

I **felt** a sharp pain in my side when I stood up.
（私は立ち上がった時，脇腹に鋭い痛みを感じた。）

□ **「…と思う」**

I don't **feel** that it's the best plan.（それが最良の計画だとは思わない。）

738 □	**despair** [dɪspéər]	名絶望　自（～に）絶望する（of）
□	派 **desperate** [désp(ə)rət] アク	形絶望的な；（～が）（欲しくて）たまらない（for, to *do*）；必死の
739 □	**lonely** [lóunli]	形孤独の；寂しい
□	派 **loneliness** [lóunlinəs]	名孤独；寂しさ
740 □	**frustrate** [frʌ́streɪt]	他をいらいらさせる；を挫折させる
□	派 **frustration** [frʌstréɪʃən]	名欲求不満；挫折
□	**jealous** [dʒéləs]	形しっと深い；ねたんで
741 □	**ashamed** [əʃéɪmd]	形（～を）恥じて（of）

□「～は…だと感じる」※第５文型

I felt his plan (to be) good.（私は彼の計画は素晴らしいと思った。）

I felt my house shake.（私は家が揺れるのを感じた。）

He felt himself lifted up while he was sleeping.

（彼は眠っている間に自分の体が持ち上げられるのを感じた。）

■feel の重要熟語表現

＋ for ～に向かう

feel for ～「～を手探りで探す；～に同情する」

He **felt for** his lighter.（彼はライターを手探りで探した。）

I really **feel for** you.（本当にあなたに同情します。）

34 音楽と人の感情 (3) [人間]

Q. Which music is usually slow with low-pitched notes?
a. Fearful music.　　b. Sad music.

1 **1** The tempo, or speed of a song, affects people's feelings the most. If it is fast, it is not **likely**[1] to be a **romantic**[2] or sad song. But fast music may be happy or angry; happy music makes people happy and relaxed with its **warm**[3] **harmonies**[4], 5 and angry music makes people **uneasy**[5] with its discords.

2 Different **combinations**[6] of musical **characteristics**[7] leave different **impressions**[8] on **listeners**[9]. Most of the happy, angry, or **fearful**[10] music you hear is fast, **mainly**[11] with high-pitched* **notes**[12]. Romantic or sad songs are usually 10 **slow**[13] with low-pitched* notes. (91 words)

* high-pitched「高い音調の」　low-pitched「低い音調の」

重要表現

□ ℓ.2 S is likely to *do*
□ ℓ.7 leave an impression on ～

Listen! ▸▸▸ □ ① 英文を見ずに聞いてみる　□ ② 英文を見ながら聞いてみる
□ ③ 音を聞きながら音読してみる　▸▸▸ 音声

Q. たいていテンポが遅く，低い音調の音を伴うのはどちらの音楽ですか。
a. 恐ろしい音楽。　b. 悲しい音楽。　答え：b

1 テンポ，すなわち歌のスピードは，人々の感情に最も影響する。もし速ければ，**ロマンチックな**[2]歌や悲しい歌である**可能性**[1]は低い。そうではなくて，テンポの速い音楽は，楽しい音楽か怒ったような音楽かもしれない。楽しい音楽は，**温かな**[3] **ハーモニー**[4]を伴って人々を楽しくくつろいだ気分にさせ，怒ったような音楽は，不協和音を伴って人々を**不安に**[5]させる。

2 異なった音楽的**特徴**[7]の**組み合わせ**[6]は，**聴く人**[9]に異なった**印象**[8]を残す。あなたが聴く楽しい音楽，怒ったような音楽や**恐ろしい**[10]音楽のほとんどはテンポが速く，**主に**[11]高い音調の**音**[12]を伴う。ロマンチックな歌や悲しい歌は，たいてい，テンポが**遅く**[13]，低い音調の音を伴う。

□ S は…しそうだ；…する可能性が高い
□ ～に印象を残す

742	**likely** [láɪkli]	形 …しそうで；ありそうな (⇔ 形 **unlikely**) 副 たぶん
743	**romantic** [roʊmǽntɪk] アク	形 ロマンチックな；情熱的な；恋愛の
744	**warm** [wɔ́ːrm]	形 暖かい
745	**harmony** [hɑ́ːrməni]	名 調和
746	**uneasy** [ʌníːzi]	形 不安な
747	**combination** [kɑ̀ːmbənéɪʃən]	名 組み合わせ；結合
748	**characteristic** [kæ̀rəktərístɪk]	名 特徴　形 (～に) 特徴的な (of)
749	**impression** [ɪmpréʃən]	名 印象；感動
派	**impress** [ɪmprés]	他 を感動させる；を印象づける
派	**impressive** [ɪmprésɪv]	形 印象的な
750	関 **image** [ímɪdʒ] アク	名 像；画像；全体的印象
751	**listener** [lísnər]	名 聞き手；(ラジオの) 聴取者
752	**fearful** [fíərfl]	形 恐れて；恐ろしい
派	**fear** [fíər] 発	名 恐怖；心配　他 自 恐れる；気づかう
753	**mainly** [méɪnli]	副 主として
754	**note** 多 [nóut]	名 メモ；注釈；紙幣；音 他 に言及する；に注意する；に気づく

Listen! ▸▸▸ □ ① 単語の発音を確認する　□ ② 例文の音声を聞いてみる
□ ③ 例文の音声を聞きながら音読してみる　▸▸▸ 音声

She is **likely** to live to a hundred.　彼女は 100 歳まで生きそうだ。

We had a **romantic** meal at an Italian restaurant.　私たちはイタリアンレストランでロマンチックな食事をした。

It's getting **warmer** these days.　最近だんだん暖かくなっている。

Making these changes could help us achieve racial **harmony**.　これらの変化を起こすことは人種調和の達成に役立ちうるだろう。

I'm **uneasy** about the idea of nuclear energy projects.　私は原子力エネルギー計画の考えについて不安に思っている。

A **combination** of hard work and low pay made him quit his job.　大変な仕事と低賃金の組み合わせのせいで彼は仕事を辞めた。

What are the **characteristics** of a good citizen?　よい市民の特徴は何ですか。

What was your **impression** of the new teacher?　新しい先生の印象はいかがでしたか。

The event improved the company's **image**.　そのイベントは会社の印象をよくした。

The radio program has a lot of **listeners**.　そのラジオ番組には多くの聴取者がいます。

He was **fearful** of losing his job.　彼は仕事を失うのを恐れていた。

This novel is based **mainly** on fact.　この小説は主として事実に基づいている。

Can I borrow your **notes**?　あなたのメモを借りてもいい？

755 □ 関 **bill** [bíl] 多
名 請求書；紙幣；法案

756 □ 関 **currency** [kə́ːrənsi]
名 通貨；普及

757 □ **slow** [slóu]
形 遅い；（時計が）遅れている
自 速度を落とす　他 を遅くする

ここで差がつく基本語 11 take「つかむ」

take は「（何か）をつかむ」というのが基本的な意味。ここから広範囲な意味が生じ，たとえば Jim took the book from Kate. は，「受け取った」，「奪った」，「盗んだ」，「買った」など文脈次第でさまざまな解釈が可能。一方，「話題となっている場所から離れて行く」（⇔ bring）という意味もあるので注意。

□「～を手に取る〔つかむ〕」
He **took** the book in his hand.（彼はその本を手に取った。）

□「～（ある行為）をする」
I **took** a break.（私はひと休みした。）

□「～（時間・労力など）がかかる〔を要する〕」
She **took** 20 minutes to solve the problem.
（彼女はその問題を解くのに 20 分かけた。）

□「～を…へ持っていく〔連れていく〕」(take ～ to …)
He's going to **take** the children **to** the zoo.
（彼は子供たちを動物園に連れていくつもりだ。）

■take の重要熟語表現

+ for ～に向かう

take ～ for …「～を…とみなす〔間違える〕」
I **took** him **for** his brother.（彼を彼の兄と間違えた。）
（参考） take ～ for granted　「～を当然だとみなす」
We should not **take** peace **for granted.**
（私たちは，平和を当然だと思ってはいけない。）

She received a **bill** for $100.	彼女は 100 ドルの請求書を受け取った。
The **currency** of Norway is the krone.	ノルウェーの通貨はクローネです。
Jim is a **slow** reader.	ジムは本を読むのが遅い。

+ in ~の中に

take in ～「～を理解する；～をだます」

He **took in** all I told him.
(彼は私が伝えたこと全てを理解した。)

She was **taken in** by his sweet words.
(彼女は彼の甘い言葉にだまされた。)

+ in ~の中に

take part in ～「～に参加する」

We **took part in** the contest.
(私たちはそのコンテストに参加した。)

+ off ~から離れて

take off (～) 自「離陸する」 他「～を脱ぐ」

His plane **takes off** at ten o'clock.
(彼が乗った飛行機は 10 時に離陸する。)

She **took off** her glasses. (彼女は眼鏡をはずした。)

+ on ~(の上)に

take on ～「～を引き受ける；～を帯びる」

He said that he couldn't **take on** any more work.
(彼はこれ以上の仕事を引き受けられないと言った。)

Her face suddenly **took on** an expression of doubt.
(彼女の顔は急に疑いの表情になった。)

+ 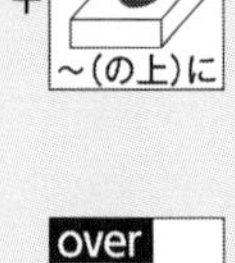

take over ～「～を引き継ぐ」

He **took over** his father's business. (彼は父親の事業を継いだ。)

+ 

take up ～「～(時間・場所) をとる；～(趣味など) を始める」

This desk **takes up** too much space.
(この机は場所をとりすぎだ。)

My sister **took up** the piano. (私の妹はピアノを始めた。)

4 35 音楽と人の感情（4）［人間］

Q. Which instrument should you use to make a sad song fearful?
a. Cellos.　　b. Violins.

If you are a musician, keeping all of this in mind is important. You can make a happy song **softer**[1] or more romantic by slowing it down and **filling**[2] it with low-pitched **instruments**[3], such as cellos and basses. Or you can make a sad piece of music fearful with high-pitched instruments — violins, for example — and by **increasing**[4] the speed. Filmmakers use this **knowledge**[5] often in their **work**[6] to make music that **suits**[7] the **scenes**[8] in their movies. (79 words)

重要表現

- □ ℓ.1 keep ～ in mind
- □ ℓ.3 fill A with B
- □ ℓ.4 such as ～

Listen! ▸▸▸ □ ① 英文を見ずに聞いてみる　□ ② 英文を見ながら聞いてみる
□ ③ 音を聞きながら音読してみる

▸▸▸ 音声

Q. 悲しい歌を恐ろしくするにはどちらの楽器を使うべきですか。
a. チェロ。　b. バイオリン。　答え：b

もしあなたが音楽家であれば，このことすべてを心にとどめておくことは重要だ。あなたは，テンポを遅くし，チェロやベースのような低音の**楽器**[3]で**満たす**[2]ことによって，楽しい歌を**より柔らかく**[1]，またはよりロマンチックにすることができる。あるいは，高音の楽器―たとえばバイオリン―を使い，スピードを**増す**[4]ことによって，悲しい曲を恐ろしくすることができる。映画監督は，彼らの映画の**シーン**[8]に**合う**[7]音楽を作るために，しばしば**作業**[6]をする中でこの**知識**[5]を利用する。

□ ～を心にとどめる；～を覚えておく
□ A を B で満たす
□ たとえば～のような

758 soft [sɔ́(:)ft]
形 柔らかい；穏やかな

759 多 **mild** [máɪld]
形（天候が）穏やかな；（食べ物が）まろやかな；（程度などが）軽い

760 fill [fíl]
他 を満たす；を占める　自 いっぱいになる

761 instrument [ínstrəmənt] アク
名 器具；楽器

762 increase [ɪnkríːs, ⁻ ー]
他 を増やす　自 増加する　名 増加

763 knowledge [nɑ́ːlɪdʒ]
名 知識；認識

関 **acknowledge** [əknɑ́ːlɪdʒ]
他（過失など）を認める

764 work [wə́ːrk]
自 働く　他 を勉強する　名 仕事；勉強；作品
❗「仕事」「勉強」の意味では不可算名詞，「作品」の意味では可算名詞。

関 **function** [fʌ́ŋkʃən]
名 機能；役割　自 機能する

関 **housework** [háʊswə̀ːrk]
名 家事

関 **homework** [hóʊmwə̀ːrk]
名 宿題

765 suit [súːt] 発
他 に好都合である，に適する；（服（の色）が）（人）に似合う

派 **suitable** [súːtəbl] 発
形（～に）適切な（for）

766 多 **fit** [fít] 多
自 合う　他（大きさなどが）に合う
形 適した；体調がよい　名 発作

派 **fitness** [fítnəs]
名 健康（なこと）；適（合）性

767 多 **match** [mǽtʃ] 多
他（物が）（物）と調和する；に匹敵する　名 試合；好敵手；匹敵するもの

768 関 **adjust** [ədʒʌ́st]
他 を調節する；を（～に）適合させる（to）

派 **adjustment** [ədʒʌ́stmənt]
名 調整；調停

Listen! ▸▸▸ □ ① 単語の発音を確認する　□ ② 例文の音声を聞いてみる
□ ③ 例文の音声を聞きながら音読してみる　▸▸▸ 音声

This sofa feels very **soft**.
このソファーはとても柔らかい。

The weather is **mild** for this time of year.
1 年のこの時期にしては天候が穏やかだ。

She **filled** the bottle with milk.
彼女は牛乳でびんを満たした。

Do you play a musical **instrument**?
あなたは楽器を演奏しますか。

The population of this town is **increasing** year by year.
この町の人口は年々増えている。

He has a good **knowledge** of German.
彼はドイツ語について十分な知識を持っている。

My sister **works** for a hospital.
私の姉は病院で働いています。

My grandfaher collects art **works**.
私の祖父は美術作品を集めています。

Does our new website **suit** the company image?
私たちの新しいウェブサイトは会社のイメージに合っているだろうか。

Does that shirt still **fit** you?
あのシャツはまだあなたに合っていますか。

I don't think that tie **matches** your shirt.
あのネクタイはあなたのシャツに合っているとは思いません。

You can **adjust** this desk to your height.
この机は身長に合わせて調節することができます。

769 関 **adapt** [ədǽpt]	自（～に）適応する（to）　他 を適応させる；を合わせる
派 **adaptation** [æ̀dæptéɪʃən]	名 適応；順応；修正
770 関 **adopt** [ədɑ́:pt] 多	他 を採用する；を養子にする
派 **adoption** [ədɑ́:pʃən]	名 採択；養子縁組
771 関 **apply** [əpláɪ] 多	自（～に／～を）申し込む，出願する（to / for）；（～に）当てはまる（to） 他 を適用する；（心など）を向ける；（薬など）を塗る
派 **application** [æ̀plɪkéɪʃən]	名 適用；申し込み；アプリケーション（ソフト）

772 **scene** [sí:n] 発	名 場面；光景；現場
派 **scenic** [sí:nɪk]	形 風景の（よい）
関 **background** [bǽkgràʊnd]	名 経歴；背景

まとめてチェック 19 道具

773 **tool** [tú:l]	名 道具；手段
774 **device** [dɪváɪs]	名 装置；工夫
775 **equipment** [ɪkwípmənt]	名 装備；備品
派 **equip** [ɪkwíp]	他 を備えつける；を身に付けさせる
implement [ímpləmənt]	名（しばしば～s）道具；手段　他（政策など）を実行する

Humans are good at **adapting** to new environments.	人間は新しい環境に適応するのがうまい。
We should **adopt** her proposal.	私たちは彼女の提案を採用するべきだ。
I'm **applying** to a college in the United States.	私はアメリカの大学に出願しています。

It was a strange **scene** that no one could ignore.	それはだれも無視できない奇妙な光景だった。

↳761 instrument

□ **appliance** [əpláɪəns]	名（家庭用の）器具
776 □ **furniture** [fə́ːrnɪtʃər] アク	名家具 ❗不可算名詞
□ 派 **furnish** [fə́ːrnɪʃ]	他に家具を備え付ける
777 □ **material** [mətíəriəl] アク	名資料；原料；物質　形物質の；肉体（上）の
□ **stuff** [stʌ́f] 発	名材料；題材　他を詰め込む

4 36 音楽と人の感情 (5) [人間]

Q. Why did parents listen to Mozart's music with their children?
— Because they wanted to give their children better (g　　) in school.

Music can affect its listeners in **unbelievable**[1] ways. Have you heard of Mozart? There is something called the Mozart Effect. It is the **idea**[2] that if children, or even babies, listen to Mozart's music, they will get **smarter**[3]. In the past, it was **popular**[4] for parents to listen to it with their children to give them better **grades**[5] in school and help them get into better **universities**[6] in the future. (70 words)

重要表現

- □ ℓ.2 hear of ～
- □ ℓ.6 help A (to) *do*

Listen! ▶▶▶ □ ① 英文を見ずに聞いてみる　□ ② 英文を見ながら聞いてみる
□ ③ 音を聞きながら音読してみる　▶▶▶ 音声

Q. なぜ親は子供と一緒にモーツァルトの音楽を聴いたのですか。
—子供の学校の（　　　）をよくしたかったから。　答え：grades（成績）

音楽は，**信じられないような**[1]やり方で，聴く人に影響を与えることがある。あなたはモーツァルトのことを聞いたことがあるだろうか。モーツァルト効果と呼ばれるものがある。それは，子供が，あるいは赤ん坊でさえ，モーツァルトの音楽を聴くと**賢く**[3]なるという**考え**[2]だ。過去には，子供の学校の**成績**[5]がよくなるように，そして将来，子供がよい**大学**[6]に入るのに役立つように，親が子供と一緒にモーツァルトの音楽を聴くことが**流行して**[4]いた。

□ ～のことを聞く；～のうわさを耳にする
□ Aが…するのを手伝う

778 **unbelievable** [ʌnbılíːvəbl]	形 驚くような；信じられない
779 ≒ **incredible** [ınkrédəbl]	形 すばらしい；信じられない
派 **incredibly** [ınkrédəbli]	副 信じられないほどに；非常に，とても
780 **idea** [aıdíːə] 発 アク	名 考え；概念
派 **ideal** [aıdíːəl] アク	形 理想的な；観念的な　名 理想（⇔ **reality**）
781 **smart** [smάːrt]	形 頭のよい；洗練された
782 ≒ **wise** [wáız]	形 賢い
派 **wisdom** [wízdəm]	名 知恵
783 ≒ **intelligent** [ıntélıdʒənt]	形 知能の高い
派 **intelligence** [ıntélıdʒəns] 多	名 知能；（国家機密の）情報
784 ≒ **bright** [bráıt]	形 明るい；頭のいい
≒ **brilliant** [bríljənt]	形 輝く；優れた
785 **popular** [pάːpjələr]	形 人気のある；流行の
派 **popularity** [pὰːpjəlǽrəti, -lér-]	名 人気；流行
786 **grade** [gréıd]	名 程度；成績；学年　他 を段階別にする
787 関 **degree** 多 [dıgríː] アク	名（温度などの）度；程度；学位 ◆ *to a*〔*some*〕*degree*（ある程度） ◆ *by degrees*（次第に）
788 **university** [jùːnəvə́ːrsəti] アク	名（総合）大学

Listen! ▸▸▸ □ ① 単語の発音を確認する □ ② 例文の音声を聞いてみる
□ ③ 例文の音声を聞きながら音読してみる ▸▸▸ 音声

It's **unbelievable** that Jim got such a high score!	ジムがそんなに高得点を取ったなんて信じられない！
We had an **incredible** time at the festival.	私たちはお祭りですばらしい時間を過ごした。
"Do you have any **idea** where we should go?" "No, I don't."	「どこに行くべきかについて考えはありますか」「いいえ」
Riku is **smart** enough to solve the problem easily.	リクはその問題が簡単に解けるほど賢い。
It was **wise** of you to take your doctor's advice.	あなたが医者の助言に従ったのは賢明だった。
Riku is a highly **intelligent** boy.	リクは非常に頭のよい少年です。
The man was very rich but he was not so **bright**.	彼はとても金持ちだったが，あまり頭がよくなかった。
This was the most **popular** song last year.	これは昨年最も人気のあった歌です。
My **grades** this term were better than last term.	今学期の私の成績は前の学期よりよかった。
Today's temperature is predicted to be over forty **degrees**!	今日の気温は 40 度を超えると予想されています！
You must study harder in order to enter **university**.	君は大学に入るために，もっと一生懸命勉強しないといけない。

まとめてチェック ⑳ 考え

789 □	**thought** [θɔ́:t]	名考え；思いつき
□	派 **thoughtful** [θɔ́:tfl]	形考えこんだ；思いやりのある
790 □	**notion** [nóuʃən]	名考え；理解；意向
791 □	**concept** [kɑ́:nsept] アク	名概念；発想；基本的な考え
□	派 **conception** [kənsépʃən]	名概念；考え
792 □	**policy** [pɑ́:ləsi]	名政策；信条
793 □	**principle** [prínsəpl]	名主義；方針；（自然の）原理；原則 ◆ *in principle*（理論的には；原則として）

まとめてチェック ㉑ 教育

796 □	**education** [èdʒəkéɪʃən]	名教育
□	派 **educational** [èdʒəkéɪʃənl]	形教育の
□	派 **educate** [édʒəkèɪt] アク	他を教育する
797 □	**lecture** [léktʃər]	名講義；講演　自他講義〔講演〕する

↳780 idea

□	**moral** [mɔ́:rəl]	名（～s）道徳規範　形道徳的な
□	派 **morality** [mərǽləti]	名道徳；教訓
□	**illusion** [ɪlú:ʒən]	名幻想；錯覚
□	**conservative** [kənsə́:rvətɪv]	形保守的な；控え目な
794 □	**abstract** 多 形 [æbstrǽkt, ´–] 名 [´–] 動 [–´]	形抽象的な　名要約　他を要約する
795 □	**concrete** 多 形 [ka:nkrí:t] 名 [´–]	形具体的な　名コンクリート

↳788 university

□	**laboratory** [lǽbərətɔ̀:ri] アク	名研究室；実験室
□	**undergraduate** [ʌ̀ndərgrǽdʒuət]	名大学生
798 □	**professor** [prəfésər]	名教授

4 37 音楽と人の感情（6）［人間］

Q. What did the first group do before the test?
— They just sat around in (s　　).

1 In 1993, psychologists researched this topic. They wanted to find out if listening to **classical**[1] music, **especially**[2] Mozart's, made people smarter. There were three groups of students, and they all took the same **test**[3] at the same time,
5 but before the test each group spent ten minutes doing different things. The first group just sat around in **silence**[4]. The second listened to a tape with **advice**[5] about how to relax. And the third listened to Mozart's music. (77 words)

重要表現

□ ℓ.2 find out
□ ℓ.5 spend ～ …ing

Listen! ▸▸▸ □ ① 英文を見ずに聞いてみる □ ② 英文を見ながら聞いてみる
□ ③ 音を聞きながら音読してみる ▸▸▸ 音声

Q. 第1のグループはテストの前に何をしましたか。
—ただ（　　　）座っていた。　答え：silence（黙って）

1993年に，心理学者たちがこの論題を研究した。彼らは，**クラシック**[1]音楽，**特に**[2]モーツァルトの音楽を聴くことが人々をより賢くするかどうかを知りたかった。学生のグループが3つあり，彼らはみな同時に同じ**テスト**[3]を受けたが，テストの前に各グループは違うことをして10分間過ごした。第1のグループはただ**黙って**[4]座っていた。第2のグループはリラックスのしかたに関する**アドバイス**[5]のテープを聞いた。そして第3のグループはモーツァルトの音楽を聴いた。

□ ～を知る；探り出す
□ …をして～（の時間）を過ごす

799 **classical** [klǽsɪkl]
形 古典の；クラシックの

派 **classic** [klǽsɪk] アク
名 傑作；古典　形 第1級の；典型的な；古典の

800 **especially** [ɪspéʃəli, es-] アク
副 特に

801 **test** 多 [tést]
名 検査；試験；実験；試金石
他 自 試験する；検査する

802 **silence** [sáɪləns]
名 沈黙；静けさ

派 **silent** [sáɪlənt]
形 沈黙した；静かな (≒ **quiet**)

803 **advice** [ədváɪs] アク
名 忠告；助言
❗ 不可算名詞

派 **advise** [ədváɪz] 発 アク
他 に忠告〔助言〕する

ここで差がつく基本語 12　find「見つける」

find は「(何か) を見つける」というのが基本的な意味。偶然見つける場合と努力の結果見つける場合の両方が可能。「見つける」が発展して，「わかる」という意味でもよく使われる。「わかる」では，第3文型の find (that) …と，第5文型をしっかり抑えておきたい。

□「～を見つける」

She **found** her missing key under the sofa.
(彼女はソファーの下で失くしていた鍵を見つけた。)

□「…だとわかる」 ※第3文型

I've **found that** I was wrong.
(私は自分が間違っていたことがわかった。)
They have **found that** the business pays.
(彼らにはその事業は割が合うということがわかった。)

Listen! ▶▶▶ □ ① 単語の発音を確認する □ ② 例文の音声を聞いてみる
□ ③ 例文の音声を聞きながら音読してみる
▶▶▶ 音声

A **classical** music concert will be held in the hall today.	今日，クラシック音楽のコンサートがホールで開かれます。
She loves animals, **especially** cats.	彼女は動物が好きだ。特にネコが好きだ。
She got a good grade on the **test**.	彼女はその試験でよい成績を取った。
The teacher held up his hand and there was **silence**.	先生が手を挙げると静かになった。
I'd like to ask you for **advice** on applying to college.	大学への出願についてあなたに助言をいただきたい。

□「～は…だということがわかる」※第５文型

She **found** the book difficult.（彼女はその本が難しいとわかった。）

They **found** the rumor (to be) true.
（彼らはうわさが本当だとわかった。）

I **found** it difficult to get along with him.
（私は彼とうまくやっていくのは難しいということがわかった。）

■find の重要熟語表現

+ out 中から外へ

find out ～「～を見つけ出す；～とわかる」
He **found out** why Kate was always late.
（彼はなぜケイトがいつも遅刻するのかがわかった。）

+ with ～とともに

find fault with ～「～に文句を言う；～を非難する」
He always **found fault with** my behavior.
（彼はいつも私の態度に文句を言っていた。）

4 38 音楽と人の感情（7）［人間］

Q. Which group got the best scores?
a. The first group. b. The second group. c. The third group.

1 **1** The first and second groups had about the same test **scores**[1]. But surprisingly, the third group who listened to Mozart got much better scores than them. Their **average**[2] was a **whole**[3] ten percent higher than the other groups'.

5 **2** **Now**[4], here is an important question: did Mozart's music make them smarter? The answer is no. Listening to Mozart's music did not **immediately**[5] make them better at getting high scores on tests. (70 words)

重要表現

□ ℓ.7 good at …ing

Listen! ▶▶▶ □ ① 英文を見ずに聞いてみる　□ ② 英文を見ながら聞いてみる
□ ③ 音を聞きながら音読してみる
▶▶▶ 音声

Q. どのグループが最もよい点を取りましたか。
a. 第1グループ。　b. 第2グループ。　c. 第3グループ。　答え：c

1 第1と第2のグループは，ほぼ同じテストの**点**[1]を取った。しかし，驚いたことに，モーツァルトを聴いた第3のグループは，彼ら〔第1・第2グループ〕よりもはるかによい点を取った。彼ら〔第3グループ〕の**平均**[2]は，他のグループの平均よりも，**まる**[3]10%高かったのだ。

2 **さて**[4]，ここに重要な疑問がある。モーツァルトの音楽は彼らをより賢くしたのだろうか。答えはノーだ。モーツァルトの音楽を聴くことが，**直接的に**[5]彼らをテストで高得点できるようにしたのではなかった。

□ …するのがうまい

804 score 多 [skɔ́ːr]
名（試合・試験の）得点；楽譜　自他 得点する

805 average [ǽvərɪdʒ] 発
名 平均　形 平均的な

同 **standard** [stǽndərd] アク
名 標準；基準　形 標準の

同 **medium** [míːdiəm] 発
形 中くらいの　名（伝達・表現の）手段；媒体
❗ 複数形は media

806 whole [hóʊl]
形（the ～）全体〔全部〕の；まるごとの

807 ⇔ **summary** [sʌ́məri]
名 要約
◆ *in summary*（要するに）

派 **summarize** [sʌ́məràɪz]
他 を要約する

808 関 **detail** [díːteɪl, dɪtéɪl]
名 細部；（～s）詳細
◆ *in detail*（詳細に）

809 now [náʊ]
副 今；さて

810 immediately [ɪmíːdiətli]
副 即座に；直接に

派 **immediate** [ɪmíːdiət] アク
形 即座の；目下の；直接の〔接している〕（同 **direct**）

関 **prompt** [prɑ́ːmpt]
形 即座の；機敏な　他 を刺激する

Listen! ▸▸▸ □ ① 単語の発音を確認する □ ② 例文の音声を聞いてみる
□ ③ 例文の音声を聞きながら音読してみる
▸▸▸ 音声

What was the **score** at the end of the match? 試合終了時の得点はどうでしたか。

The **average** IQ score is 100. IQの平均値は100です。

Tell us the **whole** truth without hiding anything. 何も隠さずに事実を全部私たちに話してください。

Write a **summary** of the novel. その小説の要約を書きなさい。

The **details** can be found on page 2. 詳細は2ページで確認できます。

I don't have time **now**, so please call me later. 今は時間がないので，後で電話してください。

He has a habit of lying down **immediately** after eating. 彼は食後すぐに横になる癖がある。

4 39 音楽と人の感情 (8) [人間]

Q. What have the psychologists learned about fast major key music?
— It helps people increase their (p　　).

1 **1** The piece of Mozart's music played before their test was in a **major**[1] **key**[2] and was fast in tempo. It **simply**[3] relaxed them and made them happy. And **since**[4] they felt happy and relaxed, they were able to do better on the test. From this 5 research, the psychologists have learned that fast major key music puts people in good moods, and that increases their **performance**[5].

2 So, the next time you study, why don't you put on a pair of headphones and listen to fast and happy music? It won't 10 make you smarter, but you will probably be **able**[6] to focus better on studying.

(103 words)

重要表現

- ☐ ℓ.4 do well on the test
- ☐ ℓ.6 put ～ in a good mood
- ☐ ℓ.8 the next time ～
- ☐ ℓ.8 why don't you ～ ?
- ☐ ℓ.8 put on A
- ☐ ℓ.10 focus on ～

Listen! ▸▸▸ □ ① 英文を見ずに聞いてみる □ ② 英文を見ながら聞いてみる
□ ③ 音を聞きながら音読してみる

▸▸▸ 音声

Q. 心理学者たちはテンポの速い長調の音楽について何を学びましたか。
—（　　　）を向上させるのに役立つ。 答え：performance（成績）

1 彼らのテストの前に演奏されたモーツァルト音楽の作品は，**長**[1]**調**[2]でテンポが速かった。それは**単に**[3]彼らをくつろがせ，楽しくしたのだ。そして，彼らは楽しくくつろいでいると感じた**ために**[4]，テストでよりよい成績を取ることができたのだ。この研究から，心理学者たちは，テンポの速い長調の音楽は人々の気分をよくし，そのことが彼らの**成績**[5]を向上させるということを学んだ。

2 だから，次にあなたが勉強するときには，ヘッドフォンをつけて速くて楽しい音楽を聴いてはどうだろうか。それはあなたをより賢くはしないだろうが，あなたはたぶん，よりよく勉強に集中**できる**[6]だろう。

□ テストでよい成績を取る　□ ～をいい気分にする
□ 次に～する時　□ ～してはどうか
□ A を身につける　□ ～に集中する

811	**major** 多 [méɪdʒər] 発	形 主要な；大部分の；重大な；長調の 自（～を）専攻する（in）
	派 **majority** [mədʒɔ́(:)rəti, -dʒɑ́:r-]	名 大多数（⇔ **minority**）
	≒ **principal** [prínsəpl]	形 主要な　名 校長；主役
	≒ **chief** [tʃí:f]	形 最高位の；最も重要な；主な　名 長；長官
812	⇔ **minor** [máɪnər]	形 それほど重要でない，小さな；少数の；短調の
	派 **minority** [mənɔ́(:)rəti]	名（ある集団の）少数；少数集団
813	**key** [kí:]	名 かぎ；手がかり；（音楽の）調；（形容詞的に）重要な
814	**simply** [símpli]	副 ただ単に；簡単に
815	**since** [síns]	接 …して以来；…だから　前 ～以来
816	**performance** [pərfɔ́:rməns]	名 遂行；上演；演奏；成績
	派 **perform** [pərfɔ́:rm]	他（仕事など）を行う；を上演〔演奏〕する　自 上演〔演奏〕する
817	**able** [éɪbl]	形 可能な；有能な ◆ ***be able to do***（…できる）
818	派 **ability** [əbíləti]	名 能力；才能
819	派 **unable** [ʌnéɪbl]	形（…することが）できない（to *do*）
	派 **enable** [ɪnéɪbl]	他 …できるようにする
820	関 **available** [əvéɪləbl]	形 手に入る；利用できる
821	関 **afford** [əfɔ́:rd]	他 ～を持てる（経済的）余裕がある；…できる余裕がある（to *do*）；（機会など）を与える

Listen! ☐ ① 単語の発音を確認する ☐ ② 例文の音声を聞いてみる
☐ ③ 例文の音声を聞きながら音読してみる ▸▸▸ 音声

He played a **major** role. 彼は重要な役割を演じた。

Luckily, I received only **minor** injuries. 幸運にも，私はほんの小さなけがで済んだ。

A **key** proposal is to eliminate school uniforms. 重要な提案は学校の制服をなくすことだ。

I bought the novel **simply** because I liked the movie. 私はただ単に映画が気に入ったからその小説を買った。

I have lived here **since** I was a child. 私は子供の頃からここに住んでいる。

We saw a Japanese drum **performance** at the festival. 私たちはお祭りで和太鼓の演奏を見た。

She **is able to** speak French very well. 彼女はフランス語をとても上手に話すことができる。

His **ability** to speak English is not bad. 彼の英語を話す能力は悪くない。

I am sorry I am **unable** to come. 残念ながらそちらに行くことができません。

The new series will be **available** to watch from October 14th. 新シリーズは 10 月 14 日から見ることができます。

We can't **afford** a new car at the moment. 私たちは今は新しい車を買う余裕がない。

まとめてチェック ㉒ 能力

822 □ **capacity** [kəpǽsəti] アク　名能力；容量

□ 派 **capable** [kéɪpəbl] 発　形…できる；有能な
◆ ***be capable of …ing*** （…する能力がある）

□ **disability** [dìsəbíləti] アク　名（身体や精神の）障がい

□ **faculty** [fǽkəlti] アク　名能力；学部

823 □ **talent** [tǽlənt] アク　名才能（ある人々）

824 □ **potential** [pəténʃəl]　形潜在的な；可能性のある　名潜在能力；可能性

□ **genius** [dʒíːnjəs]　名天才；非凡な才能

825 □ **instinct** [ínstɪŋkt] アク　名本能　◆ ***by instinct*** （本能で）

⮑818 **ability**

□	派 **instinctive** [ɪnstíŋktɪv] アク	形 本能的な
826 □	**skill** [skíl]	名 技術；技能；熟練
□	派 **skillful** [skílfl]	形 熟練した，上手な
827 □	**technique** [tekní:k] アク	名 技術；技巧
□	派 **technical** [téknɪkl]	形 専門の；技術的な
828 □	**technology** [tekná:lədʒi]	名 科学技術
□	派 **technological** [tèknəlá:dʒɪkl]	形 科学技術の

5 40 あるジャーナリストの苦難（1）［物語］

Q. What was the journalist asked to do in an African republic?
— To write an (a　　) on the president's palace.

1 **1** **Editors**[1] of newspapers and **magazines**[2] often go to **extremes**[3] to **provide**[4] their **readers**[5] with unimportant facts and **statistics**[6].

2 Last year a **journalist**[7] had been **instructed**[8] by a **well-**[9] 5 **known** magazine to write an **article**[10] on the **president**[11]'s **palace**[12] in a new African **republic**[13]. When the article **arrived**[14], the editor read only the first **sentence**[15] and he **refused**[16] to **publish**[17] it. The article began: "Hundreds of steps lead to the high wall which **surrounds**[18] the president's 10 palace." The editor at once sent the journalist a telegram*. The telegram instructed the journalist to find out the exact number of steps and the **height**[19] of the wall. (103 words)

* telegram「電報」

重要表現

- □ ℓ.2 provide A with B
- □ ℓ.8 hundreds of ～
- □ ℓ.10 at once
- □ ℓ.11 find out ～

Listen! ▸▸▸ □ ① 英文を見ずに聞いてみる □ ② 英文を見ながら聞いてみる
□ ③ 音を聞きながら音読してみる ▸▸▸ 音声

Q. ジャーナリストはアフリカの共和国で何をするよう頼まれましたか。
—大統領の邸宅について（　　　）を書くこと。 答え：article（記事）

1 新聞や**雑誌**[2]の**編集者**[1]はよく，重要ではない事実や**統計**[6]を**読者**[5]に**提供する**[4]ために**極端な行動**[3]をとることがある。

2 昨年，ある**ジャーナリスト**[7]が，新しいアフリカの**共和国**[13]の**大統領**[11]の**邸宅**[12]について**記事**[10]を書くよう，ある**有名な**[9]雑誌（社）から**指示さ**[8]れた。その記事が**届いた**[14]時，編集者は最初の**文**[15]を読んだだけで，それを**掲載する**[17]ことを**拒絶した**[16]。記事は，「大統領の邸宅を**囲む**[18]高い塀へは何百段もの階段が通じている」と始まっていたのだ。編集者はすぐにジャーナリストへ電報を送った。その電報は，階段の正確な数と塀の**高さ**[19]を調べるよう，ジャーナリストに指示していた。

- □ AにBを提供する
- □ 何百もの～
- □ すぐに
- □ ～を調べる

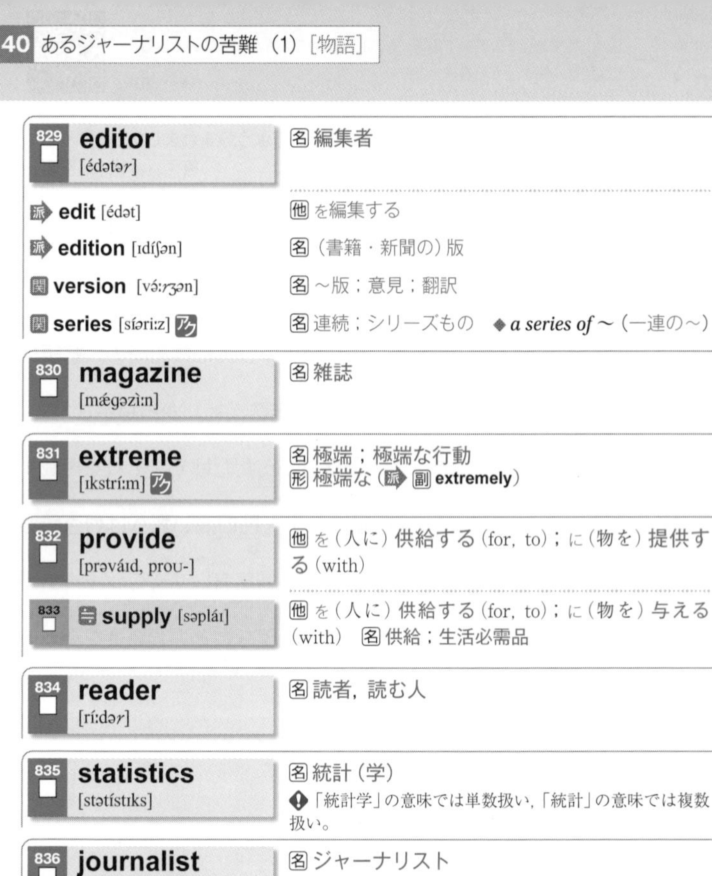

829 **editor** [édətər]　名 編集者

派 **edit** [édət]　他 を編集する

派 **edition** [ɪdíʃən]　名（書籍・新聞の）版

関 **version** [vɔ́ːrʒən]　名 ～版；意見；翻訳

関 **series** [síəriːz] アク　名 連続；シリーズもの　◆ *a series of* ～（一連の～）

830 **magazine** [mǽgəzìːn]　名 雑誌

831 **extreme** [ɪkstríːm] アク　名 極端；極端な行動　形 極端な（派 副 **extremely**）

832 **provide** [prəváɪd, proʊ-]　他 を（人に）供給する（for, to）；に（物を）提供する（with）

833 **supply** [səpláɪ]　他 を（人に）供給する（for, to）；に（物を）与える（with）　名 供給；生活必需品

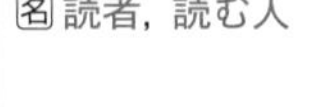

834 **reader** [ríːdər]　名 読者，読む人

835 **statistics** [stətístɪks]　名 統計（学）
❗「統計学」の意味では単数扱い，「統計」の意味では複数扱い。

836 **journalist** [dʒɔ́ːrnəlɪst] アク　名 ジャーナリスト

派 **journal** [dʒɔ́ːrnl]　名（定期刊行）雑誌；日誌

837 **instruct** [ɪnstrʌ́kt]　他 に教える；に指示する

派 **instruction** [ɪnstrʌ́kʃən]　名 指導；命令

派 **instructor** [ɪnstrʌ́ktər]　名（スポーツなどの）指導者

838 関 **command** 多 [kəmǽnd]　名 命令；指揮（権）；（言語の）運用力　他 を指揮〔命令〕する；（風景など）を見下ろす

839 関 **order** [ɔ́ːrdər] 多　他 に命令する；を注文する　名 順番；命令；注文
◆ *in order*（整然と（した〔して〕））
◆ *out of order*（故障して）
◆ *in order to do*（…するために）

Listen! ▶▶▶ □ ① 単語の発音を確認する　□ ② 例文の音声を聞いてみる
□ ③ 例文の音声を聞きながら音読してみる

▶▶▶ 音声 

He is known to everyone as a famous **editor**.	彼は有名な編集者としてみんなに知られている。
The **magazine** is gaining readers.	その雑誌は読者を増やしている。
I cannot agree with such **extreme** views.	私はそのような極端な意見に同意することはできません。
Parents should **provide** their children with healthy food.	親は子供たちに健康的な食料を与えなければならない。
They **supplied** people with a lot of food.	彼らは人々にたくさんの食料を支給した。
That newspaper has more **readers** than any other newspaper.	あの新聞には他のどの新聞よりも多くの読者がいる。
Statistics show that people are having children at a later age these days.	統計によると，最近では人々はより高齢で子供をもうけている。
I would like to become a **journalist** with world-wide influence.	私は世界的な影響力のあるジャーナリストになりたい。
The man **instructed** me to turn on the light.	その男は，明かりをつけるよう私に指示した。
I entered the wrong **command** into the computer.	私はコンピューターに間違った命令を入れてしまった。
He **ordered** me to go out.	彼は出て行けと私に命令した。
He often **orders** books from abroad.	彼はしばしば外国から本を注文する。
This computer is **out of order**.	このコンピューターは故障している。

840	**well-known** [wélnóʊn]	形 よく知られている，有名な
	⇔ **obscure** [əbskjúər]	形 よく知られていない；わかりにくい
841	**article** 多 [ɑ́ːrtɪkl]	名 記事；条項；品物
	関 **item** [áɪtəm]	名 項目；品目
842	**president** [prézədənt]	名 大統領；議長；会長
843	**palace** [pǽləs]	名 宮殿；公邸；邸宅
844	**republic** [rɪpʌ́blɪk]	名 共和国
845	**arrive** [əráɪv]	自 (〜に) 着く (at, in)
	派 **arrival** [əráɪvl]	名 到着
846	関 **reach** [ríːtʃ]	他 に着く；(手) を伸ばす；を (手を伸ばして) 取る 自 手〔足〕を伸ばす
847	関 **approach** [əpróʊtʃ]	自 他 近づく　名 取り組み (方)；接近 (方法)
848	関 **access** [ǽkses] アク	名 接近，出入り；(〜の) 利用権 (to) 他 にアクセスする
	派 **accessible** [æksésəbl]	形 手に入る；接近できる
	関 **destination** [dèstənéɪʃən]	名 (予定の) 目的地
849	**sentence** 多 [séntns]	名 文；判決　他 (刑を) に宣告する
850	**refuse** [rɪfjúːz, rə-]	他 を拒絶する　自 断る
	派 **refusal** [rɪfjúːzl]	名 拒絶 (⇔ **acceptance**)
851	≒ **decline** 多 [dɪkláɪn, də-] アク	自 減少する；衰退する　他 を断る 名 減少；衰退；低下

This song is by a **well-known** singer in Japan.	この歌は日本の有名な歌手によるものだ。
I wrote an **article** about English teaching in Japan.	私は日本における英語教育についての記事を書いた。
They were deeply moved by the **president**'s speech.	彼らは大統領の演説に深く感動した。
The **palace** was built in the Middle Ages.	その宮殿は中世に建てられた。
Nigeria became a **republic** in 1963.	ナイジェリアは 1963 年に共和国になった。
He **arrived** at the airport at noon.	彼は正午に空港に着いた。
The plane **reached** our town safely.	その飛行機は無事に私たちの町に着いた。
As we **approached** the station, we saw a lot of people standing outside.	駅に近づくと，私たちは多くの人が外に立っているのが見えた。
Access to the building is through the main entrance only.	そのビルへの出入りは正面入口からに限ります。
Can you explain the meaning of this **sentence**?	あなたはこの文の意味を説明できますか。
She **refused** to go with him.	彼女は彼と一緒に行くことを拒絶した。
The number of trees in the forest has **declined** in recent years.	近年，森の木の数は減少している。

852 ≒ **deny** [dɪnáɪ] 発 — 他 を否定する；を拒む

派 **denial** [dɪnáɪəl] — 名 否定；拒絶

853 ≒ **reject** [rɪdʒékt] — 他 を拒絶する

派 **rejection** [rɪdʒékʃən] — 名 拒絶；不採用

854 **publish** [pʌ́blɪʃ] — 他 を出版する；を発表する；を掲載する

派 **publisher** [pʌ́blɪʃər] — 名 出版社

派 **publication** [pʌ̀bləkéɪʃən] — 名 発表；出版（物）

855 **surround** [səráund] — 他 を囲む

派 **surrounding** [səráundɪŋ] — 名（～s）環境　形 周囲の

856 **height** [háɪt] 発 — 名 高さ

まとめてチェック 23 政治体制

democracy [dɪmá:krəsi] ア — 名 民主主義（国）

派 **democratic** [dèməkrǽtɪk] — 形 民主的な；民主主義の；(D-) 民主党の

federal [fédərəl] — 形 連邦の

まとめてチェック 24 計測

857 **length** [léŋkθ] 発 — 名（物や時間の）長さ
◆ *at length*（長時間にわたり）

858 **depth** [dépθ] — 名 深さ

859 **width** [wídθ] — 名 幅；広さ

He **denied** the fact.	彼はその事実を否定した。
They **rejected** her suggestion.	彼らは彼女の提案を拒絶した。
He **published** his first book.	彼は初めての本を出版した。
The old man was **surrounded** by children.	その老人は子供たちに囲まれていた。
He is six feet in **height**.	彼の身長は６フィートだ。

⮎844 republic

- □ **empire** [émpaɪər] ア　名帝国
- □ **emperor** [émpərər]　名皇帝
- □ **imperial** [ɪmpíəriəl]　形帝国の；皇帝の

⮎856 height

- 860 □ **measure** 多 [méʒər]　他を測る；を評価する　名対策；手段
- □ **scale** [skéɪl] 多　名段階；規模；はかり
- □ **weigh** [wéɪ] 多　他の重さを量る　自重さがある；重要である

41 あるジャーナリストの苦難（2）［物語］

Q. How many telegrams did the editor send to the journalist?
a. Two.　　b. Three.

The journalist immediately tried to **obtain**[1] these important facts, but it took him a long time to send them. **Meanwhile**[2], the editor was getting **impatient**[3], for the magazine would soon go to **press**[4]. He sent the journalist two **urgent**[5] telegrams, but he **received**[6] no **reply**[7]. He sent another telegram. The editor **informed**[8] the journalist that if he did not reply, soon he would be **fired**[9]. When the journalist again **failed**[10] to reply, the editor **reluctantly**[11] published the article as the journalist had **originally**[12] written it.

(85 words)

重要表現

□ ℓ.1 try to *do*

Listen! ▸▸▸ □ ① 英文を見ずに聞いてみる　□ ② 英文を見ながら聞いてみる
□ ③ 音を聞きながら音読してみる
▸▸▸ 音声

Q. 編集者はジャーナリストに何通の電報を送りましたか。
a. 2通。　b. 3通。　答え：b

そのジャーナリストはすぐに，これらの重要な事実を**手に入れ**[1]ようとしたが，彼がその情報を送るのには長い時間がかかった。**その間**[2]，編集者は**いらいらして**[3]きた。というのは，雑誌がまもなく**印刷**[4]に回されるからだった。彼はジャーナリストに**催促の**[5]電報を2通送ったが，**返事**[7]を**受け取る**[6]ことはなかった。彼はさらにもう1通電報を打った。編集者は，もし返事をよこさなければ，すぐに**首にする**[9]とジャーナリストに**知らせた**[8]。ジャーナリストが再び返事を**しなかった**[10]ので，編集者は**いやいやながら**[11]，その記事をジャーナリストが**もともと**[12]書いた内容で掲載した。

□ ～しようとする

861 □ **obtain** [əbtéɪn]	他 を入手する；を獲得する（⇔ **lose**）
862 □ 同 **acquire** [əkwáɪər]	他 を習得する；を手に入れる
派 **acquisition** [æ̀kwəzíʃən] アク	名（知識などの）習得
863 □ 同 **gain** [géɪn]	他 を手に入れる；をもうける　自（さらに）よくなる；増加する　名 利益；増大
864 □ 同 **earn** [ə́ːrn]	他（お金・名声など）を得る；をもたらす
同 **derive** [dɪráɪv]	他 を得る　自（～に）由来する（from）
865 □ **meanwhile** [míːnwàɪl, -hwàɪl]	副 その間に；他方
866 □ **impatient** [ɪmpéɪʃənt]	形 いらいらして；待ち遠しくて
867 □ 派 **patient** 多 [péɪʃənt]	名 患者　形 忍耐強い
868 □ **press** 多 [prés]	名 押すこと；印刷；報道（機関） 他 を圧迫する；を強要する
派 **pressure** [préʃər]	名 重圧；切迫；圧力
869 □ **urgent** [ə́ːrdʒənt]	形 緊急の；催促する
派 **urgency** [ə́ːrdʒənsi]	名 緊急（性）
870 □ **receive** [rɪsíːv]	他 を受け取る；を被る
関 **inherit** [ɪnhérət]	自 他 受け継ぐ；相続する
871 □ **reply** [rɪpláɪ]	名 返事　自（～に）答える（to）　他 と答える ◆ *in reply to* ～（～に答えて）

Listen! ▸▸▸ □ ① 単語の発音を確認する □ ② 例文の音声を聞いてみる □ ③ 例文の音声を聞きながら音読してみる

▸▸▸ 音声

Where did you **obtain** the money?	あなたはどこでそのお金を手に入れたのですか。
She **acquired** the book after a long search.	彼女は長い間探して，その本を手に入れた。
Nothing can be **gained** without effort.	努力なくしては何も得られない。
Jim **earns** 500 dollars a week.	ジムは週に 500 ドル稼ぐ。
My brother went shopping. **Meanwhile** I cooked dinner.	兄は買い物に行った。その間私は夕飯を作った。
After the quiz we were **impatient** to get our results back.	テストが終わると私たちは結果が戻ってくるのが待ち遠しかった。
The doctor saw a large number of **patients**.	その医師は非常に多くの患者を診た。
She spoke the truth to the **press**.	彼女は報道陣に真実を述べた。
I won't **press** my opinion upon you.	私はあなたに自分の意見を押しつけるつもりはありません。
I have an **urgent** message for the principal.	私は校長に緊急の伝言があります。
She **received** his letter, but did not read it.	彼女は彼の手紙を受け取ったが，読まなかった。
I can't **reply** to such a question.	そんな質問には答えられない。

872 inform [ɪnfɔ́ːrm]
他 に（～を）知らせる（of）　自 情報を提供する

派 **information** [ìnfərméɪʃən]
名 情報

873 ≒ **announce** [ənáʊns] アク
他 を発表する

派 **announcement** [ənáʊnsmənt]
名 発表；公表

874 fire 多 [fáɪər]
他 を解雇する；を発砲する
名 火；火事

≒ **dismiss** [dɪsmís]
他 を解雇する

875 fail 多 [féɪl]
他 に落ちる；…し損なう；（人）の役に立たない
自（～に）失敗する（in）
◆ ***without fail***（必ず）

876 reluctantly [rɪlʌ́ktəntli]
副 いやいやながら，しぶしぶ

877 派 **reluctant** [rɪlʌ́ktənt]
形 気の進まない（⇔ **ready**）
◆ ***be reluctant to do***（…する気がしない）

派 **reluctance** [rɪlʌ́ktəns]
名 気が進まないこと

878 originally [ərídʒənəli]
副 元来は；独創的に

I **informed** her of his marriage.	私は彼の結婚を彼女に知らせた。
The scientists **announced** that the experiment had been a success.	科学者たちはその実験が成功したと発表した。
The worker was **fired** because he was lazy.	その労働者は怠惰だったので解雇された。
Riku never **fails** to do his homework.	リクは宿題をするのを怠ることは決してない。
The class **reluctantly** sat down for the test.	クラスの生徒たちはテストのためにしぶしぶ席に着いた。
Riku **was reluctant to** go with Jim.	リクはジムと一緒に行くのは気が進まなかった。
She **originally** comes from Paris.	彼女はもともとはパリの出身だ。

42 あるジャーナリストの苦難（3）［物語］

Q. What was the journalist doing when he was arrested?
— He was counting the (s　　).

1 A week later, the editor received a telegram from the journalist. The **poor**[1] man had been **arrested**[2]. He had been sent to **prison**[3]. However, he had at last been **allowed**[4] to send a telegram. In the telegram, he informed the editor 5 that he had been arrested while he was counting the 1,084 **steps**[5] **leading**[6] to the **wall**[7] which surrounded the president's palace.

(62 words)

重要表現

□ ℓ.3 at last

Listen! ▶▶▶ □ ① 英文を見ずに聞いてみる　□ ② 英文を見ながら聞いてみる
□ ③ 音を聞きながら音読してみる
▶▶▶ 音声

Q. ジャーナリストは逮捕された時，何をしていましたか。
―（　　　）を数えていた。　答え：steps（階段）

1週間後，編集者はジャーナリストから電報を受け取った。その**気の毒な**[1]男は**逮捕さ**[2]れていたのだった。彼は**刑務所**[3]に入れられていたのである。しかし，彼はようやく電報を打つことを**許可さ**[4]れた。その電報の中で，大統領の邸宅を囲む**塀**[7]へと**続く**[6] 1,084段の**階段**[5]を数えている間に逮捕されたということを編集者に伝えたのである。

□ ようやく

879 □ **poor** [púər]	形 貧しい；粗末な；かわいそうな
880 □ **arrest** [ərést]	他 を逮捕する　名 逮捕
881 □ **prison** [prízn]	名 刑務所；拘置所
派 **prisoner** [príznər]	名 囚人；捕虜
882 □ **allow** [əláu] 発	他 を許す（≒ **let**）；を認める
派 **allowance** [əláuəns]	名 許容；余裕；（一定額の）手当て
883 □ ≒ **forgive** [fərgív]	他（人・行為・罪など）を許す
884 □ ≒ **excuse** 動 [ɪkskjú:z] 名 [ɪkskjú:s]	他 を許す　名 言い訳
885 □ ≒ **permit** [pərmít] アク	他 を許す（⇔ **forbid**）；を可能にする
派 **permission** [pərmíʃən]	名 許可
886 □ 関 **license** [láɪsns]	他 を認可する　名 免許（証）
関 **grant** [grǽnt]	他（許可・資格など）を認める；を与える ◆ ***take A for granted***（A を当然とみなす）
関 **qualify** [kwá:ləfàɪ]	自（～の / ～する）資格を持つ（for/to *do*）；（～の）資格を得る（as）　他 に（～の）資格を与える（for, as）
887 □ **step** [stép]	名 歩み；（はしご・階段などの）段；手段 自 歩く　他（足）を踏み入れる
888 □ 関 **stage** [stéɪdʒ]	名（発達の）段階；舞台
889 □ 関 **process** [prá:ses]	名 過程

Listen! ▸▸▸ □ ① 単語の発音を確認する □ ② 例文の音声を聞いてみる
□ ③ 例文の音声を聞きながら音読してみる ▸▸▸ 音声

My father was too **poor** to go to college.	父は貧しすぎて大学に行けなかった。
The **poor** child was crying.	かわいそうなその子は泣いていた。
The police **arrested** him for theft.	警察は窃盗で彼を逮捕した。
The man was found guilty but avoided going to **prison**.	その男は有罪になったが刑務所行きは逃れた。
We **allowed** him to go out.	私たちは彼に外出を許可した。
You are not **allowed** to take pictures in this theater.	この劇場では写真を撮ることはできません。
It is hard to **forgive** you for lying.	うそをついたことであなたを許すのは難しい。
Please **excuse** me for leaving early.	お先に失礼することを許してください。
I can't **permit** you to leave early today.	今日はあなたが先に出ることを許すことはできません。
I received my driving **license** last week.	私は先週，運転免許を受け取った。
Look! Your baby is taking her first **steps**!	見て！ 赤ちゃんが最初の歩みを進めているよ。
Please come up to the **stage** to receive your award.	舞台に上がって賞をお受け取りください。
The **process** is more important than the result.	結果よりも過程の方が重要だ。

890 **lead** [líːd]	自（道などが）通じる　他を導く；を率いる 名首位　活用 lead - led - led
891 **direct** [dərékt] 多	他を向ける；に指図する；に道を教える　形直接の
892 **guide** [gáɪd]	他自案内する；指導する 名案内人〔書〕；指導者；指針
派 **guidance** [gáɪdns]	名指導
893 **control** [kəntróʊl] アク	他を支配する；を制御する；を抑制する 名支配（力）；抑制
894 **operate** 多 [ɑ́ːpərèɪt] アク	他を操作する　自動く；作用する；手術する
派 **operator** [ɑ́ːpərèɪtər]	名操作者；（電話）交換手
895 **persuade** [pərswéɪd]	他を（〜するよう）説得する（to *do*）
896 **convince** [kənvíns]	他（人）を確信〔納得〕させる
派 **conviction** [kənvíkʃən] 多	名自信；信念；有罪判決
897 **dominate** [dɑ́ːmənèɪt] アク	自他支配する
派 **dominance** [dɑ́ːmənəns]	名優勢；支配（力）

898 **wall** [wɔ́ːl]	名壁
関 **fence** [féns]	名さく，囲い，フェンス
関 **barrier** [bǽriər] アク	名障害（物）；防壁
関 **ceiling** [síːlɪŋ]	名天井；（金額などの）上限

This road will **lead** you to the station.	この道が駅にあなたを導くでしょう〔を行けば駅に出るでしょう〕。
Can you **direct** me to the stadium?	スタジアムまで行く道を教えてくれますか。
Jim **guided** me around London.	ジムが私にロンドンを案内してくれた。
He couldn't **control** himself.	彼は自分を抑えることができなかった。
I'm not sure how to **operate** this program.	このプログラムをどう操作するのかよくわからない。
I hope this data will **persuade** you to change your mind.	このデータがあなたを説得して考えを変えることを願っています。
I'm **convinced** that I will pass the test this time.	私は今回はテストに合格するだろうと確信しています。
The election **dominated** the news all week.	選挙が１週間ずっとニュースを支配した。

He painted the **wall** white.	彼は壁を白色に塗った。

543 スペイン人にとっての昼寝（1）［文化］

Q. When do grown adults in Spain nap?
— In the (m　　) of the workday.

Birds do it. Cats do it. And Spanish people most especially do it — every day, in **broad**[1] daylight. They **nap**[2]. In Spain, **grown**[3] **adults**[4] — **executives**[5], teachers, **government**[6] workers — go to sleep in the **middle**[7] of the workday. This is called the siesta. From 1 or 2 to 4:30 or so every afternoon, Spain stops the world to go home, have a leisurely meal, and take a nap. **Political**[8] and **economic**[9] **experts**[10] have informed the Spanish that this is not the way things should be done in a unified Europe. (92 words)

重要表現

- □ ℓ.5 〜 or so
- □ ℓ.7 take a nap
- □ ℓ.8 the way 〜

Listen! ▸▸▸ □ ① 英文を見ずに聞いてみる　□ ② 英文を見ながら聞いてみる
□ ③ 音を聞きながら音読してみる

▸▸▸ 音声

Q. スペインの大きくなった大人たちはいつ昼寝をしますか。
—勤務時間の（　　　）。　答え：middle（真ん中）

鳥はそれをする。ネコはそれをする。そしてスペインの人々は特にそれをする——毎日，**いっぱいにあふれた**[1]日光の中で〔真っ昼間に〕。彼らは**昼寝をする**[2]のだ。スペインでは，**大きくなった**[3] **大人たち**[4]——**会社幹部**[5]，教師，**行政の**[6]職員〔公務員〕——が勤務時間の**真ん中**[7]で眠りに行く。これはシエスタと呼ばれている。毎日の午後，1 時か 2 時から 4 時 30 分くらいまで，スペインは，家に帰り，のんびりとした食事を取り，昼寝をするために，世界を停止する。**政治**[8]と**経済**[9]の**専門家たち**[10]はスペイン人に，これは統一されたヨーロッパで物事が行われるべきやり方ではないと告げている。

□ 〜かそこら；〜くらい
□ 昼寝をする
□ 〜するやり方

899	**broad** [brɔ́ːd] 発	形 広範囲に及ぶ；（幅・面積の）広い
900	類 **wide** [wáɪd]	形 幅の広い
	派 **widely** [wáɪdli]	副 広く
	派 **widen** [wáɪdn]	自 広がる　他 を広げる
901	⇔ **narrow** [nǽroʊ, nér-]	形（幅・心・範囲が）狭い；辛うじての
902	関 **deep** [díːp]	形 深い　副 深く
903	関 **shallow** [ʃǽloʊ]	形 浅い；浅はかな
904	関 **extend** [ɪksténd, eks-]	他 を延長する；を広げる　自 広がる；（事が）続く
	派 **extension** [ɪksténʃən]	名 延長；拡張
	派 **extensive** [ɪksténsɪv]	形 広範囲の；大規模な
905	関 **expand** [ɪkspǽnd]	他 を拡大する　自 広がる；膨張する
	派 **expansion** [ɪkspǽnʃən]	名 拡大；膨張
906	関 **extent** [ɪkstént, eks-] アク	名 程度；範囲 ◆ *to some extent*（ある程度は）
	関 **stretch** [strétʃ]	他 を（引き）伸ばす　自 伸びる；身体を伸ばす；（範囲などが）及ぶ　名 広がり；伸ばすこと

907	**nap** [nǽp]	名 昼寝　自 昼寝をする

908	**grow** [gróʊ]	他 を栽培する；（髪など）を生やす　自 育つ；成長する　活用 grow - grew - grown ◆ *grow up*（大人になる；育つ）
	派 **growth** [gróʊθ]	名 成長；発展
909	関 **raise** [réɪz] 多 発	他 を育てる；（物・体）を上げる；（問題など）を提起する；（資金）を集める

Listen! ▸▸▸ □ ① 単語の発音を確認する □ ② 例文の音声を聞いてみる
□ ③ 例文の音声を聞きながら音読してみる
▸▸▸ 音声

A **broad** range of people support the peace process.	幅広い人々がその和平プロセスを支持している。
That store offers a **wide** choice of the latest fashions.	あの店は最新の流行の品物を幅広く提供している。
A **narrow** sea separates the two countries.	狭い海が２つの国を隔てている。
I cut my finger with a knife but luckily it was not **deep**.	私はナイフで指を切ってしまったが，幸いにも傷は深くなかった。
Children under six must stay in the **shallow** end of the swimming pool.	６歳未満の子供はプールの浅い端にいなければなりません。
The deadline for the homework was **extended** by two days.	宿題の締め切りが２日延長された。
The testing was **expanded** to include everyone in the building.	検査は建物の中のすべての人を含むかたちに拡大された。
We still have not determined the **extent** of the flood damage.	洪水の被害の程度はまだ明らかになっていない。
I took a short **nap** after lunch.	私は昼食後に少し昼寝をした。
She **grows** flowers in a garden behind the house.	彼女は家の裏庭で花を育てている。
The new government wants to **raise** taxes.	新政府は税金を上げたがっている。

910 関 **rear** [ríər] 多 発
他（人が）（子供や動物）を育てる
名（the ～）後部　形 後部の

関 **breed** [bríːd]
他（動植物）を育てる　自 子を産む　名 品種
活用 breed - bred - bred

関 **foster** [fɔ́(ː)stər]
他 を促進する；（他人の子供）を養育する　形 里親〔里子〕の

911 関 **feed** [fíːd]
他（家族など）を養う；に食べ物を与える　自 食事をする　活用 feed - fed - fed
◆ ***be fed up with*** ～（～にはうんざりだ）

912 **adult** [ədʌ́lt]
名 大人　形（人が）成人した，大人の

派 **adulthood** [ədʌ́lthʊd]
名 成人であること；大人の時期

関 **mature** [mət(j)ʊ́ər] アク
形 成熟〔成長〕した　自 成熟する

派 **maturity** [mət(j)ʊ́ərəti]
名 成熟，十分な成長

913 **executive** [ɪgzékjətɪv]
名（経営）幹部　形 執行権のある；行政の

914 **government** [gʌ́vərnmənt]
名 政府；政治（体制）

派 **govern** [gʌ́vərn]
他 を統治する；を決定する

関 **minister** [mínəstər]
名 大臣；牧師

関 **ministry** [mínəstri]
名（日本の内閣の）省

同 **administration** [ədmìnəstréɪʃən]
名 政権；行政；管理

915 **middle** [mídl]
名形 中央（の）；中間（の）
◆ ***in the middle of*** ～（～の真ん中に；～の最中で）

916 同 **center** [séntər]
名 中心；中央；（施設としての）センター

派 **central** [séntrəl]
形 中央の；中心的な

I **reared** a kitten that had lost its mother.
私は母を失った子ネコを育てた。

In the past, people struggled even to **feed** their families.
過去には，人々は家族を養うことすら苦労していた。

Adult tigers can weigh up to 190 kilograms.
大人のトラは体重が最大で 190 キロになる。

Executives of the company held a meeting in New York.
その会社の幹部はニューヨークで会議を行った。

One role of the **government** is to create new laws.
政府の役割の 1 つは新しい法律を作ることです。

Houses in this area are mainly owned by **middle** class families.
この地域の家は主に中流階級の家庭が所有している。

The performance will be held at the student **center**.
公演は学生センターで行われます。

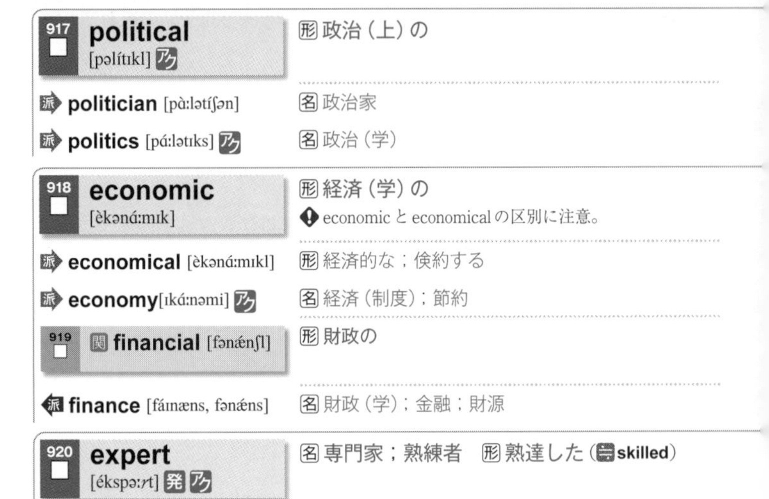

917 political [pəlítɪkl] アク
形 政治（上）の

派 **politician** [pà:lətíʃən]
名 政治家

派 **politics** [pá:lətɪks] アク
名 政治（学）

918 economic [èkəná:mɪk]
形 経済（学）の
❗ economic と economical の区別に注意。

派 **economical** [èkəná:mɪkl]
形 経済的な；倹約する

派 **economy**[ɪká:nəmi] アク
名 経済（制度）；節約

919 関 **financial** [fənǽnʃl]
形 財政の

派 **finance** [fáɪnæns, fənǽns]
名 財政（学）；金融；財源

920 expert [ékspə:rt] 発 アク
名 専門家；熟練者　形 熟達した（≒**skilled**）

His **political** campaign has now started.

彼の政治キャンペーンは今始まっている。

The government is hoping for **economic** growth.

政府は経済成長を望んでいる。

We should offer **financial** assistance to the people in the disaster zone.

私たちは災害地区の人々に財政支援を申し出るべきだ。

A number of **experts** have agreed with the new policy.

何人かの専門家が新しい政策に賛成している。

44 スペイン人にとっての昼寝（2）［文化］

Q. In Spain, what will you see if you go out in the early afternoon?
— You will see (e　　) offices and clear streets.

1 **1** At a time when **productivity**[1] has almost become a world **religion**[2], the siesta **tradition**[3] **still**[4] continues. In Spain, working is less important than enjoying life, instead of the other way around. No **task**[5] is so **essential**[6] that it 5 cannot wait a couple of hours while you **attend**[7] to more important **matters**[8] **like**[9] eating, relaxing, or catching up on sleep.

2 If you go out in the early afternoon, you will see **offices**[10] **empty**[11] and streets **clear**[12]. Confused **foreigners**[13] quickly 10 learn that they have **entered**[14] a new world with its **own**[15] **rhythm**[16] of life.

(92 words)

重要表現

- □ ℓ.3 instead of ～
- □ ℓ.4 the other way around
- □ ℓ.4 so ～ that ...
- □ ℓ.5 a couple of ～
- □ ℓ.5 attend to ～
- □ ℓ.6 catch up on ～

Listen! ▸▸▸ □ ① 英文を見ずに聞いてみる □ ② 英文を見ながら聞いてみる
□ ③ 音を聞きながら音読してみる ▸▸▸ 音声

Q. スペインでは，午後早くに外へ出ると何を見ますか。
—（　　）オフィスと人や車がいない通り。　答え：empty（無人の）

1 **生産性**[1]がほとんど世界的**宗教**[2]になっている時代において，シエスタの**伝統**[3]は**依然として**[4]続いている。スペインでは，働くことは人生を楽しむことほど重要ではないのであって，その逆ではないのだ。どんな**仕事**[5]も，あなたが食べたりくつろいだり睡眠不足を取り戻したり**といった**[9]，より重要な**事柄**[8]に**対処する**[7]間，数時間放っておくことができないほど**必要不可欠で**[6]はない。

2 午後早くに外へ出ると，**オフィス**[10]が**無人で**[11]通りには**人や車がいない**[12]のを目にするだろう。混乱した**外国人**[13]は，自分が**独自の**[15]生活**リズム**[16]を持った新しい世界に**入り込んだ**[14]ということをすぐに知るのだ。

□ ～ではなくて
□ その逆
□ …ほど～
□ 2，3の～；いくつかの～
□ ～に対処する；～の世話をする
□ ～の不足〔遅れ〕を取り戻す

921 □ **productivity** [pròʊdʌktívəti]	名 生産性
派 **productive** [prədʌ́ktɪv]	形 生産的な
922 □ **religion** [rɪlídʒən] アク	名 宗教
923 □ **tradition** [trədíʃən]	名 伝統；慣習
924 □ **still** [stíl]	副 まだ；(比較級を伴って) いっそう；それでも 形 静止した
925 □ **task** [tǽsk]	名 課題；(やるべき) 仕事；任務
926 □ 関 **duty** [d(j)ú:ti]	名 義務；任務
927 □ 関 **responsibility** [rɪspɑ̀:nsəbíləti]	名 責任
派 **responsible** [rɪspɑ́:nsəbl, rə-]	形 (～に) 責任がある (for)
928 □ 関 **assignment** [əsáɪnmənt]	名 任務；課題；割り当て
派 **assign** [əsáɪn]	他 (人) を任命する；(人) に割り当てる
929 □ **essential** [ɪsénʃəl]	形 不可欠の；基本的な
派 **essentially** [ɪsénʃəli]	副 本質的に；基本的に
派 **essence** [ésns]	名 本質
930 □ 同 **crucial** [krú:ʃəl]	形 決定的な (同 **decisive**)；必要不可欠の
931 □ 同 **fundamental** [fʌ̀ndəméntl] アク	形 基本的な；(～にとって) 必須の (to) (同 **basic**) 名 (～s) 基本
派 **fundamentally** [fʌ̀ndəméntəli]	副 基本的に，根本的に
同 **radical** [rǽdɪkl]	形 根本的な；急進的な

Listen! ▸▸▸ □ ① 単語の発音を確認する　□ ② 例文の音声を聞いてみる
□ ③ 例文の音声を聞きながら音読してみる
▸▸▸ 音声

Creating a good working environment can increase **productivity**. よい労働環境を作ることで生産性を増大できる。

It is said that many Japanese have no **religion**. 多くの日本人は無宗教だと言われています。

This **tradition** has continued for centuries. この伝統は何世紀も続いている。

He is **still** in bed. 彼はまだ寝ている。

I have one more **task** to do before I finish work. 仕事を終える前にもう１つやるべきことがある。

Every citizen has a **duty** to observe the law. すべての市民には法を守る義務がある。

Parents have a **responsibility** to look after their children. 親には子供を世話する責任がある。

We have one week to complete the history **assignment**. 私たちは歴史の課題を完成させるのに１週間ある。

Air is **essential** to animals. 空気は動物に不可欠のものだ。

It is **crucial** that we help the people who lost their homes. 私たちが家を失った人々を助けることは必要不可欠だ。

Freedom from fear is a **fundamental** human right. 恐怖がないことは基本的な人権だ。

1 2 3 4 5 6 7 8 9 10 11 12 13 14 15 16 17 18 19 20 21 22 23 24 25 26 27 28 29 30 31 32 33 34 35 36 37 38 39 40 41 42 43 44 45 46 47 48 49 50 51 52 53 54 55 56 57 58 59 60 61 62 63 64 65 66 67 68

同 **vital** [váɪtl] 発	形 不可欠な；致命的な；生き生きした
派 **vitality** [vaɪtǽləti]	名 生命力；活気
932 □ **attend** 多 [əténd]	他 に出席する；に通う　自 注意を払う
派 **attendance** [əténdəns]	名 出席（者）
派 **attendant** [əténdənt]	名 係員
933 □ **matter** 多 [mǽtər]	名 問題；（～s）事態；物質　自 重要である ◆ *no matter what ...*（たとえ何が…であろうとも） ◆ *as a matter of fact*（実は）
934 □ **like** [láɪk]	他 を好む　前 のような〔に〕
935 □ **office** [ɑ́:fəs]	名 事務所；仕事場
936 □ **empty** [émpti]	形 空の；空虚な
同 **blank** [blǽŋk]	形 空（白）の　名 空白
関 **gap** [gǽp]	名 割れ目；（時間的）空白；（見解などの）相違
937 □ **clear** [klíər]	形 明白な；わかりやすい；透明な；妨げるものがない　他 を取り除く
938 □ 同 **evident** [évədənt] アク	形 明白な（⇔ **doubtful**）
939 □ 同 **obvious** [ɑ́:bviəs] アク	形 明白な
派 **obviously** [ɑ́:bviəsli]	副 明らかに；当然ながら
940 □ 同 **plain** [pléɪn] 多	形 明白な；易しい；地味な　名 平原
941 □ 同 **pure** [pjúər]	形 純粋な；きれいな
派 **purely** [pjúərli]	副 純粋に；まったく；単に，ただ

The ceremony was **attended** by some world famous people.	その式典には何人かの世界的に有名な人々が出席した。
We need to talk about the **matter** of the missing money.	私たちは消えたお金の問題について話し合う必要がある。
Jim ran the race **like** a cheetah, easily coming in first.	ジムはチーターのようにレースを走り，楽々１位になった。
He works late into the night at his **office** every day.	彼は毎日夜遅くまで自分の事務所で働いている。
I found the box **empty**.	その箱は空だった。
It is **clear** that they are wrong.	彼らが間違っていることは明らかだ。
It is **evident** that you did not study enough.	あなたが十分に勉強しなかったのは明白だ。
It became **obvious** that Ann was becoming tired.	アンが疲れてきたのが明らかになった。
It is **plain** that he will win the game.	彼が試合に勝つのは明らかだ。
Pure water is needed to help these plants grow.	これらの植物が育つのを助けるためにはきれいな水が必要だ。

942 ☐ 多 **remove** [rɪmúːv]	他 を (～から) **取り除く** (from)；を (～に) **移す** (to)
派 **removal** [rɪmúːvl]	名 除去
関 **sharp** [ʃáːrp]	形 利口な；鮮明な；(刃物が) よく切れる；(変化が) 急激な
943 ☐ **foreigner** [fáːrənər] 発	名 **外国人**
派 **foreign** [fáːrən] 発	形 外国の
関 **stranger** [stréɪndʒər]	名 見知らぬ人；(場所に) 不慣れな人
944 ☐ **enter** [éntər]	他 に**入る**；に**入学〔入会〕する**；に**加わる**
派 **entrance** [éntrəns]	名 入口；入学；入場
派 **entry** [éntri]	名 入場；参加
関 **gate** [géɪt]	名 門
関 **line** [láɪn]	名 線；列；線路
関 **row** [róu] 多	名 (横の) 列　自他 (船を) こぐ
945 ☐ **own** [óun]	形 **自分自身の** 他 を**所有する**
946 ☐ 多 **possess** [pəzés] 発	他 を**所有している**
派 **possession** [pəzéʃən] 発	名 所有 (物)
947 ☐ 多 **belong** [bɪlɔ́(ː)ŋ]	自 (～に) **所属している**，(～の) **ものである** (to)
派 **belongings** [bɪlɔ́(ː)ŋɪŋ]	名 所持品，持ち物
948 ☐ 関 **property** [práːpərti]	名 **財産**；**所有物**；**不動産**；**特性**
949 ☐ **rhythm** [ríðm]	名 **リズム**

I'm sure this medicine will **remove** your pain.	この薬を飲めばきっと痛みが取れますよ。
Japanese culture sometimes seems strange to **foreigners**.	日本の文化は，時として外国人には奇妙に思える。
She **entered** the store to buy new shoes.	彼女は新しいくつを買いにその店に入った。
She bought the computer with her **own** money.	彼女はそのコンピューターを自分自身のお金で買った。
Who **owns** this car?	だれがこの車を所有しているの？
My uncle **possesses** a large house.	私のおじは大きな家を所有している。
Who does this bag **belong** to?	このかばんはだれのものですか。
This bike is my **property**.	この自転車は私の所有物です。
I like the **rhythms** of Latin American music.	私はラテンアメリカ音楽のリズムが好きだ。

45 スペイン人にとっての昼寝（3）［文化］

> **Q.** Why is the siesta a true break in action?
> — Because there is no choice (e　　) to come to a full stop.

1 "At first, I kept looking for things to do in the afternoon, and I just couldn't believe that nothing was open," **recalls**[1] Pier Roberts, an Oakland writer who lived in Spain for several years. "I walked the streets of Madrid looking for **somewhere**[2] to go. It was **extremely**[3] hot **outside**[4], you could see the **heat**[5] **waves**[6], and it was like a **ghost**[7] town."

2 **Unlike**[8] the average lunch break, the siesta is a true break in the **action**[9] because there is no choice **except**[10] to come to a **full**[11] and **complete**[12] stop. You cannot buy food; the shops are closed. You cannot make business **calls**[13]; nobody is at the office. Most people go home for lunch, or get together with **family**[14] or friends and take a nap **afterwards**[15].

(127 words)

重要表現

- ☐ ℓ.1 at first
- ☐ ℓ.1 keep …ing
- ☐ ℓ.4 look for ～
- ☐ ℓ.8 come to a stop
- ☐ ℓ.11 get together with ～

Listen! ▸▸▸ □ ① 英文を見ずに聞いてみる　□ ② 英文を見ながら聞いてみる
□ ③ 音を聞きながら音読してみる　▸▸▸ 音声

Q. なぜシエスタは本当の意味での活動の中断なのですか。
—すべて停止する（　　　）選択肢がないから。　答え：except（以外に）

1　「最初，私は午後にすべきことを探し続け，どこも営業していないことがとても信じられませんでした」と，スペインに数年間住んだオークランドの作家ピア・ロバーツは**回想する**[1]。「私は，**どこか**[2]行く場所を探しながらマドリードの通りを歩きました。**外**[4]は**極端に**[3]暑く，**熱**[5] **波**[6]が目に見え，**ゴースト**[7]タウンのようでした」

2　平均的な昼休み**とは違って**[8]，シエスタは，**すべて**[11] **完全に**[12]停止する**以外に**[10]選択肢がないために，本当の意味での**活動**[9]の中断なのである。食べ物を買うことはできない。店が閉まっているからだ。仕事の**電話**[13]をかけることはできない。だれもオフィスにいないからだ。ほとんどの人々は昼食のために家に帰るか，**家族**[14]や友人と集まり，**そのあと**[15]昼寝をする。

□ 最初は；当初は
□ …し続ける
□ ～を探す
□ 止まる；停止する
□ ～と集まる；集合する

950 recall 動 [rɪkɔ́ːl]　名 [ríːkɔ̀ːl]
他 を思い出す；を思い出させる
名 思い出すこと

951 somewhere [sʌ́mwèər]
副 どこかで〔へ〕；およそ

952 extremely [ɪkstríːmli]
副 非常に（派 名 形 **extreme**）

953 outside 前 [àutsáɪd]　副 [ˌ-ˊ]　形 [ˊ-]　名 [ˌ-ˊ, ˊ-]
前 の外に〔へ；の〕　副 外に
形 外の　名 外（⇔**inside**）

954 heat [híːt]
名 熱；暑さ　他 を熱する　自 熱くなる

955 wave [wéɪv]
名 波　他 を振る

956 ghost [góust] 発
名 幽霊；幻影

957 unlike [ʌnláɪk]
前 と異なって　形 異なった

958 action [ǽkʃən]
名（1回の）行動；働き；行為

959 except [ɪksépt, ek-]
前 を除いて（は）
◆ *except for* ～（～を除いては）

派 **exception** [ɪksépʃən]　名 例外

960 full [fúl]
形 いっぱいの；完全な；満腹の

961 ⇔ **hungry** [hʌ́ŋgri]
形 空腹の；渇望〔熱望〕して

派 **hunger** [hʌ́ŋgər]　名 飢え；渇望，熱望
関 **famine** [fǽmɪn]　名 飢饉；（物資の）不足
関 **starve** [stáːrv]　自 飢える；餓死する
派 **starvation** [stàːrvéɪʃən]　名 飢え；餓死

Listen! ▸▸▸ □ ① 単語の発音を確認する　□ ② 例文の音声を聞いてみる
□ ③ 例文の音声を聞きながら音読してみる
▸▸▸ 音声

I can't **recall** her name.	彼女の名前を思い出せない。
The story **recalls** my childhood.	その話を聞くと子供時代を思い出す。
Let's find **somewhere** to sit.	どこか座る場所を探そう。
Your idea for the website is **extremely** good.	そのホームページについてのあなたの考えは非常にすばらしい。
The boy was standing **outside** the door.	その少年はドアの外側に立っていた。
I can't stand this **heat**.	この暑さには耐えられない。
Some boats were damaged by **waves** in the typhoon.	台風の波でいくつかのボートが損害を受けた。
Many people believe that **ghosts** exist.	多くの人が幽霊は存在すると信じている。
This game is **unlike** any I've played.	このゲームは私がこれまでしてきたどれとも異なっている。
Actions speak louder than words.	（ことわざ）行動は言葉より雄弁だ。
It doesn't snow here **except** in the mountains.	こちらでは山岳部を除いては雪は降りません。
The movie was **full** of romantic scenes.	その映画はロマンチックな場面でいっぱいだった。
I don't get **hungry** until around noon.	私はお昼ごろまでおなかが減らない。

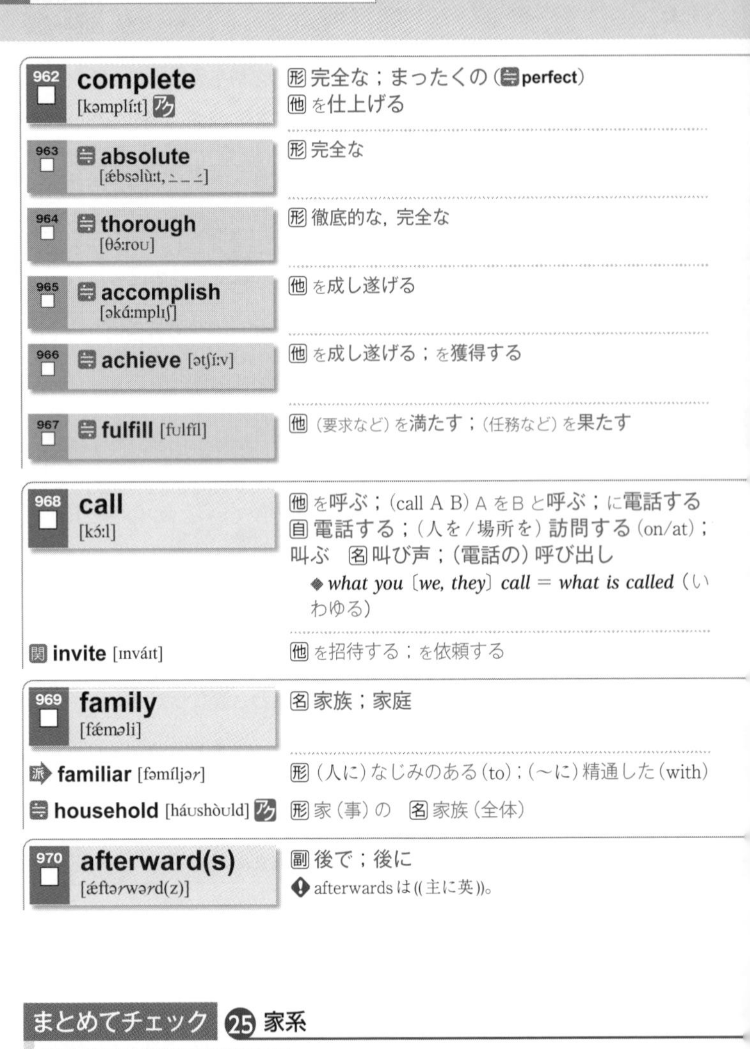

962 complete [kəmplíːt] アク
形 完全な；まったくの（≒perfect）
他 を仕上げる

963 ≒ absolute [ǽbsəlùːt, ⌣⌣⌣́]
形 完全な

964 ≒ thorough [θə́ːroʊ]
形 徹底的な，完全な

965 ≒ accomplish [əkɑ́ːmplɪʃ]
他 を成し遂げる

966 ≒ achieve [ətʃíːv]
他 を成し遂げる；を獲得する

967 ≒ fulfill [fʊlfíl]
他（要求など）を満たす；（任務など）を果たす

968 call [kɔ́ːl]
他 を呼ぶ；（call A B）A を B と呼ぶ；に電話する
自 電話する；（人を／場所を）訪問する（on/at）；叫ぶ　名 叫び声；（電話の）呼び出し
◆ *what you*〔*we, they*〕*call* = *what is called*（いわゆる）

関 **invite** [ɪnváɪt]　他 を招待する；を依頼する

969 family [fǽməli]
名 家族；家庭

派 **familiar** [fəmíljər]　形（人に）なじみのある（to）；（〜に）精通した（with）

≒ **household** [háʊshòʊld] アク　形 家（事）の　名 家族（全体）

970 afterward(s) [ǽftərwərd(z)]
副 後で；後に
❗ afterwards は ((主に英))。

まとめてチェック 25 家系

971 relative 多 [rélətɪv] アク
名 親戚　形 相対的な；比較上の；関係のある

972 ancestor [ǽnsestər] アク
名 先祖

I think he is a **complete** gentleman. 私は彼は完璧な紳士だと思います。

I did my **absolute** best to stay healthy before the race. レースの前，私は健康を保つために完全に最善を尽くした。

We gave our house a **thorough** cleaning during holidays. 休暇に私たちは家の徹底的な掃除を行った。

Have you **accomplished** everything you want to today? 今日やりたかったことをすべて成し遂げましたか。

They **achieved** their goal of raising $10,000 for charity. 彼らは慈善事業のために1万ドルを集めるという目標を成し遂げた。

Jim **fulfilled** his promise by completing all of his homework. ジムはすべての宿題を終わらせるという約束を果たした。

We all **call** him Nick. 私たちは皆，彼をニックと呼ぶ。

I'll **call** you later. 後であなたに電話します。

Christmas is a time for **family** in most European countries. ほとんどのヨーロッパの国ではクリスマスは家族で過ごす時間だ。

Afterward, let's go for coffee. 後でコーヒーを飲みに行こう。

969 **family**

☐ **descendant** [dɪséndənt] 名 子孫

☐ **offspring** [ɔ́(:)fsprìŋ] 名（単複両扱い）（人などの）子（孫）

546 スペイン人にとっての昼寝（4）［文化］

Q. What does feeling sleepy after lunch come from?
a. The food.　　b. The time of day.

1 Taking a long break in the middle of the day is not only **healthier**[1] than the **conventional**[2] lunch, but also **apparently**[3] more **natural**[4]. Sleep **researchers**[5] have found that the rhythm of life may be **tuned**[6] more closely to our 5 **biological**[7] clocks. **Studies**[8] **suggest**[9] that humans **require**[10] days broken by two **periods**[11] of sleep instead of one long **block**[12] of sleep. Feeling **sleepy**[13] after lunch comes not from the food but from the time of day.

(75 words)

重要表現

- □ ℓ.1 not only A but also B
- □ ℓ.4 tune A to B
- □ ℓ.7 come from ～
- □ ℓ.7 not A but B

Listen! ▶▶▶ □ ① 英文を見ずに聞いてみる　□ ② 英文を見ながら聞いてみる
□ ③ 音を聞きながら音読してみる

▶▶▶ 音声

Q. 昼食後に眠く感じることは何が原因ですか。
a. 食べ物。　b. 時刻。

答え：b

1日の真ん中で長い休憩を取ることは，**従来の**[2]昼食より**健康的な**[1]だけでなく，より**自然な**[4] **ようで**[3]もある。睡眠の**研究者たち**[5]は，（シエスタをすれば）生活リズムが私たちの**生物学的な**[7]時計とより密接に**合わせ**[6]られるかもしれないということを発見している。人間は，1つの長い睡眠の**かたまり**[12]ではなく，2つの睡眠**期間**[11]によって区切られた1日を**求めている**[10]ということを，**研究**[8]が**示唆している**[9]。昼食後に**眠く**[13]感じることは，食べ物が原因ではなく，時刻が原因なのだ。

□ Aだけでなく Bも　□ AをBと一致させる
□ ～に起因する；～が原因である　□ AではなくB

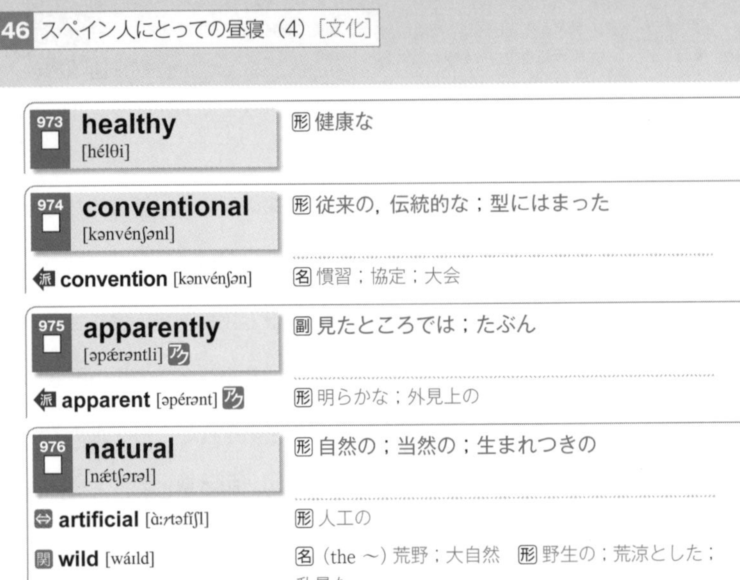

973 healthy [hélθi]
形 健康な

974 conventional [kənvénʃənl]
形 従来の，伝統的な；型にはまった

派 **convention** [kənvénʃən]
名 慣習；協定；大会

975 apparently [əpǽrəntli] アク
副 見たところでは；たぶん

派 **apparent** [əpérənt] アク
形 明らかな；外見上の

976 natural [nǽtʃərəl]
形 自然の；当然の；生まれつきの

⇔ **artificial** [àːrtəfíʃl]
形 人工の

関 **wild** [wáɪld]
名（the ～）荒野；大自然　形 野生の；荒涼とした；乱暴な

977 researcher [rɪsə́ːrtʃər]
名 研究者（派 動 **research**）

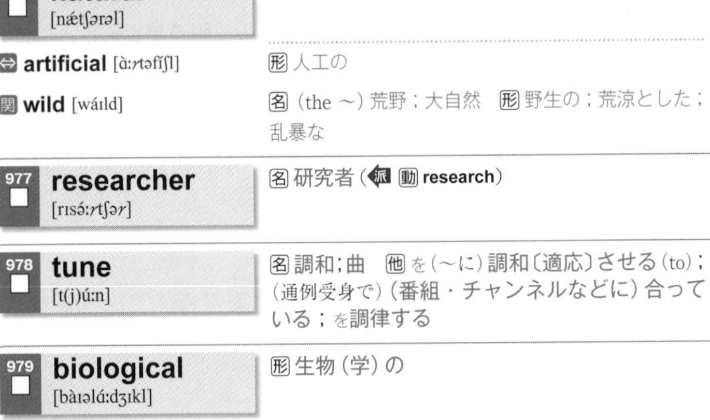

978 tune [t(j)úːn]
名 調和；曲　他 を（～に）調和〔適応〕させる (to)；（通例受身で）（番組・チャンネルなどに）合っている；を調律する

979 biological [bàɪəláːdʒɪkl]
形 生物（学）の

980 study [stʌ́di]
名 勉強；研究　他 自 勉強する；研究する

981 suggest [səgdʒést]
他 をそれとなく言う；を提言する

派 **suggestion** [səgdʒéstʃən]
名 暗示；提案

982 多 **imply** [ɪmpláɪ]
他 を意味〔暗示〕する，をほのめかす

983 多 **propose** [prəpóuz]
他（計画など）を提案する；をもくろむ
自 結婚を申し込む

派 **proposal** [prəpóuzl]
名 提案；結婚の申し込み

Listen! ▶▶▶ □ ① 単語の発音を確認する　□ ② 例文の音声を聞いてみる
□ ③ 例文の音声を聞きながら音読してみる
▶▶▶ 音声

Do what you can to stay **healthy**.	健康でいるためにできることをしなさい。
In Japan, it is **conventional** to sign a document with a seal.	日本では，印鑑を使って文書に署名するのが伝統的だ。
Apparently, this is a popular food in his country.	たぶん，これは彼の国で人気のある食べ物だ。
It is **natural** that he should object to such a plan.	彼がそんな計画に反対するのは当然だ。
He is a medical **researcher**.	彼は医学の研究者だ。
Can you play any **tunes** on the recorder?	縦笛で何か曲を演奏できますか。
I'm hoping to work in **biological** research in the future.	私は将来，生物学の研究をする仕事をしたいと思っている。
A **study** is being carried out on the effects of pollution.	公害の影響についての研究が行われている。
I'll **suggest** a way to solve the problem.	その問題を解決する方法を提案します。
I did not mean to **imply** that you made a mistake.	あなたが間違いをしたとほのめかすつもりはなかった。
I **propose** that we allow students to bring smartphones to school.	生徒が学校にスマホを持ってくることを許可することを提案します。

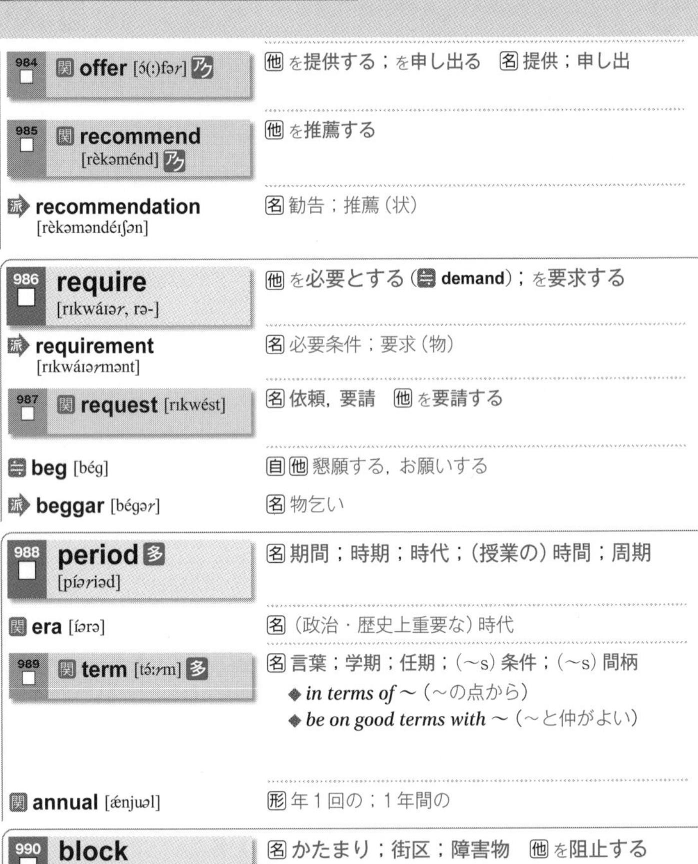

984 関 **offer** [ɔ́(ː)fər] アク	他 を提供する；を申し出る 名 提供；申し出
985 関 **recommend** [rèkəménd] アク	他 を推薦する
派 **recommendation** [rèkəmendéɪʃən]	名 勧告；推薦（状）
986 **require** [rɪkwáɪər, rə-]	他 を必要とする（≒ **demand**）；を要求する
派 **requirement** [rɪkwáɪərmənt]	名 必要条件；要求（物）
987 関 **request** [rɪkwést]	名 依頼，要請 他 を要請する
≒ **beg** [bég]	自 他 懇願する，お願いする
派 **beggar** [bégər]	名 物乞い
988 **period** 多 [píəriəd]	名 期間；時期；時代；（授業の）時間；周期
関 **era** [íərə]	名（政治・歴史上重要な）時代
989 関 **term** [tə́ːrm] 多	名 言葉；学期；任期；（～s）条件；（～s）間柄 ◆ *in terms of* ～（～の点から） ◆ *be on good terms with* ～（～と仲がよい）
関 **annual** [ǽnjuəl]	形 年1回の；1年間の
990 **block** [bláːk]	名 かたまり；街区；障害物 他 を阻止する
991 **sleepy** [slíːpi]	形 眠い
関 **asleep** [əslíːp]	形 眠って ◆ *fall asleep*（眠りに落ちる）

I can **offer** you two hours of my time on Saturday.
土曜日に私の時間を２時間あなたに提供することができます。

Would you **recommend** me a good dictionary?
私によい辞書を推薦してくれませんか。

All passengers are **required** to wear a seatbelt.
すべての乗客がシートベルトを着用することが求められます。

If you have any **requests**, please raise your hand.
要請がある場合は手を挙げてください。

The early 19th century was a **period** of war in Europe.
ヨーロッパでは 19 世紀初頭は戦争の時代だった。

Please explain this in simple **terms**.
これをやさしい言葉で説明してください。

Our teacher gave us a test during the first week of **term**.
私たちの先生は学期の最初の週に試験を行った。

The city hall is three **blocks** away.
市役所は３区画先です。

I'm feeling **sleepy** after that long meeting.
あの長い会議の後で私は眠く感じている。

まとめてチェック 26 学問

- □ **academic** [ækədémɪk] 発 — 形 学問的な
- □ 派 **academy** [əkǽdəmi] — 名（大学などの）高等教育機関；専門学校
- 992 □ **mathematics** [mæ̀θəmǽtɪks] — 名 数学（略 **math**）
- □ 派 **mathematician** [mæ̀θəmətíʃən] — 名 数学者
- □ 派 **mathematical** [mǽθəmǽtɪkl] — 形 数学の
- 993 □ **chemistry** [kéməstri] — 名 化学
- □ 派 **chemist** [kémɪst] — 名 化学者
- 994 □ **physics** [fízɪks] — 名 物理学

980 study

□	派 **physicist** [fízɪsɪst]	名 物理学者
□	**geography** [dʒiá:grəfi] アク	名 地理（学）；地形
□	派 **geographical** [dʒì:əgrǽfɪkl] アク	形 地理的な；地理学（上）の
995 □	**economics** [èkəná:mɪks]	名 経済学
□	派 **economist** [ɪká:nəmɪst]	名 経済学者
996 □	**philosophy** [fəlá:səfi] アク	名 哲学；人生観
□	派 **philosophical** [fìləsá:fɪkl]	形 哲学の
□	派 **philosopher** [fəlá:səfər]	名 哲学者

547 スペイン人にとっての昼寝（5）［文化］

Q. What happens to some people between one and four in the afternoon?
— They have (d　　) remaining awake.

1　"All animals, **including**[1] humans, have a biological rhythm," explains Claudio Stampi, **director**[2] of the Chrono **Biology**[3] Research **Institute**[4] in Newton, Massachusetts. "One is a 24-hour rhythm — we get **tired**[5] by the end of the
5　day and go to sleep — and there is a **secondary**[6] **peak**[7] of sleepiness and a decrease in **concentration**[8] in the early afternoon. Some people have **difficulty**[9] **remaining**[10] **awake**[11], doing any **sort**[12] of task between one and four in the afternoon. For others it is less **difficult**[13], but it is there. So
10　there is a biological reason for siestas."　(94 words)

重要表現

- □ ℓ.7 some ～ , others ...
- □ ℓ.7 have difficulty (in) …ing

Listen! ▶▶▶ □ ① 英文を見ずに聞いてみる　□ ② 英文を見ながら聞いてみる
□ ③ 音を聞きながら音読してみる
▶▶▶ 音声

Q. 一部の人々には午後1時から4時の間に何が起こりますか。
—目覚めているのが（　　　）になる。　**答え：**difficulty（困難）

「すべての動物は，人間**を含めて**[1]，生物学的なリズムを持っています」と，マサチューセッツ州ニュートンにある時間**生物学**[3]研究**所**[4]の**所長**[2]であるクラウディオ・スタンピは説明する。「1つは24時間のリズムであり—私たちは1日の終わりまでに**疲れて**[5]就寝します—，そして午後早くに，**第2の**[6]眠さの**ピーク**[7]と**集中力**[8]の減少があります。一部の人々は，午後1時と4時の間にどんな**種類**[12]の仕事をするにも，**目覚めて**[11] **いる**[10]のが**困難**[9]になります。他の人々にとっては，それほど**困難で**[13]はありませんが，それは確かに存在するのです。ですから，シエスタには生物学的な理由があります」

□ 〜する人もいれば，…する人もいる
□ …するのが困難になる；…するのに苦労する

997 include [ɪnklúːd]　他 を含む（≒contain）

派 **including** [ɪnklúːdɪŋ]　前 を含めて

998 ⇔ **exclude** [ɪksklúːd]　他 を除外する

派 **exclusive** [ɪksklúːsɪv]　形 排他的な；独占的な

999 ≒ **involve** [ɪnváːlv] 多　他 を関連させる；を含む；を（～に）没頭させる（in）

派 **involvement** [ɪnváːlvmənt]　名（～との）関わり合い，参加（in）；熱中

1000 director [dəréktər]　名 監督；責任者；重役；所長

1001 biology [baɪáːlədʒi]　名 生物学

派 **biologist** [baɪáːlədʒɪst]　名 生物学者

関 **organism** [ɔ́ːgənìzm] アク　名 生物；有機体

関 **gene** [dʒíːn]　名 遺伝子

派 **genetic** [dʒənétɪk]　形 遺伝（学）的な；遺伝子の〔による〕

関 **cell** [sél]　名 細胞；電池

1002 institute 多 [ínstət(j)ùːt] アク　名（工科）大学；研究所；協会

派 **institution** [ìnstət(j)úːʃən] 多　名 組織；施設；（社会的）慣習

関 **facility** [fəsíləti] 多　名 施設；機能；才能

派 **facilitate** [fəsílətèɪt]　他 を容易にする；を促進する

1003 tired [táɪərd]　形 疲れた；あきた

関 **fatigue** [fətíːg]　名 疲れ，疲労

1004 secondary [sékəndèri]　形 第2の，二次〔副次〕的な；（教育が）中級の

Listen! ☐ ① 単語の発音を確認する ☐ ② 例文の音声を聞いてみる
☐ ③ 例文の音声を聞きながら音読してみる ▸▸▸ 音声

Does this charge **include** tax? この料金は税を含んでいますか。

That comes to $99, **excluding** tax. 税を除くと 99 ドルになります。

You must not **involve** other people in your quarrel. けんかに他人を巻き込むな。

Ann is **involved** in a lot of volunteer work. アンは多くのボランティア活動に熱中している。

I hope to be a movie **director** in the future. 私は将来，映画監督になりたい。

We examined an eye in our **biology** class today. 今日，生物学の授業で目を観察した。

The Brook **Institute** is the oldest research center at this university. ブルック研究所はこの大学で最も古い研究センターです。

I'm a little **tired** of this topic now. 今この話題には少しあきている。

A **secondary** wave of the disease swept the country. その病気の第 2 波がその国を襲った。

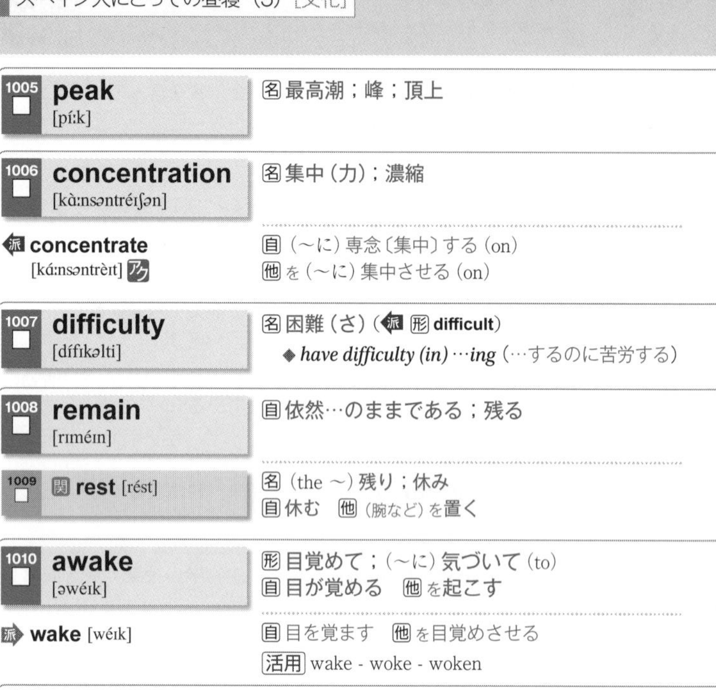

1005 peak [píːk]
名 最高潮；峰；頂上

1006 concentration [kɑ̀ːnsəntréɪʃən]
名 集中（力）；濃縮

派 **concentrate** [kɑ́ːnsəntrèɪt] アク
自（～に）専念〔集中〕する（on）
他 を（～に）集中させる（on）

1007 difficulty [dífɪkəlti]
名 困難（さ）（派 形 **difficult**）
◆ *have difficulty (in) …ing*（…するのに苦労する）

1008 remain [rɪméɪn]
自 依然…のままである；残る

1009 関 **rest** [rést]
名（the ～）残り；休み
自 休む　他（腕など）を置く

1010 awake [əwéɪk]
形 目覚めて；（～に）気づいて（to）
自 目が覚める　他 を起こす

派 **wake** [wéɪk]
自 目を覚ます　他 を目覚めさせる
活用 wake - woke - woken

1011 sort [sɔ́ːrt]
名 種類　他 を分類する

1012 difficult [dífɪkəlt]
形 難しい；気難しい（派 名 **difficulty**）

We may not have seen the **peak** of the disease yet.	その病気のピークはまだ見えていないかもしれない。
There is a **concentration** of restaurants around the station.	駅の周辺にレストランが集中している。
I **have difficulty** understanding her.	彼女の言うことを理解するのに苦労する。
They **remained** quiet.	彼らは静かにしていた。
Can you eat the **rest** of these potato chips?	このポテトチップスの残りを食べられる？
I was **awake** at 5:30 today.	私は今日５時 30 分に目が覚めた。
What **sort** of film is it?	それはどんな種類の映画ですか。
I cannot answer such a **difficult** question.	私はそんな難しい質問には答えられない。

548 スペイン人にとっての昼寝（6）［文化］

Q. Why do Spanish need the siesta?
— Because they've got a long night (a　　) of them.

1 The Spanish **need**[1] their sleep. They've got a long night **ahead**[2] of them, because another key **component**[3] of the siesta **lifestyle**[4] is its nighttime activity. After the afternoon work **shift**[5] from 4:30 to 8 p.m. or so, they may **join**[6] friends 5 for a **drink**[7]. Dinner starts at 9 or 10 p.m., and from there they have fun in town until one or two in the morning. "It's a bad night in Madrid if you get home before three in the morning," **laughs**[8] Roberts.

(83 words)

重要表現

□ ℓ.1 have got　　□ ℓ.2 ahead of ～

Listen! ▸▸▸ □ ① 英文を見ずに聞いてみる　□ ② 英文を見ながら聞いてみる
□ ③ 音を聞きながら音読してみる
▸▸▸ 音声

Q. なぜスペイン人はシエスタを必要とするのですか。
—彼らの（　　）には長い夜が待っているから。　答え：ahead（先）

スペイン人は彼らなりの睡眠を**必要とする**[1]。彼らの**先**[2]には長い夜が待っている。なぜなら，シエスタの**ライフスタイル**[4]を構成するもう1つの重要な**要素**[3]は，夜間の活動だからだ。午後4時30分から8時くらいまでの午後の**勤務時間**[5]の後，彼らは**お酒を飲む**[7]ために友人と**合流する**[6]かもしれない。夕食は午後9時か10時に始まり，それから午前1時か2時まで街で楽しく過ごす。「午前3時より前に帰宅したら，マドリードでは，ひどい夜だということになります」とロバーツは**笑う**[8]。

□ ～を持っている（= have）　□ ～の前方に

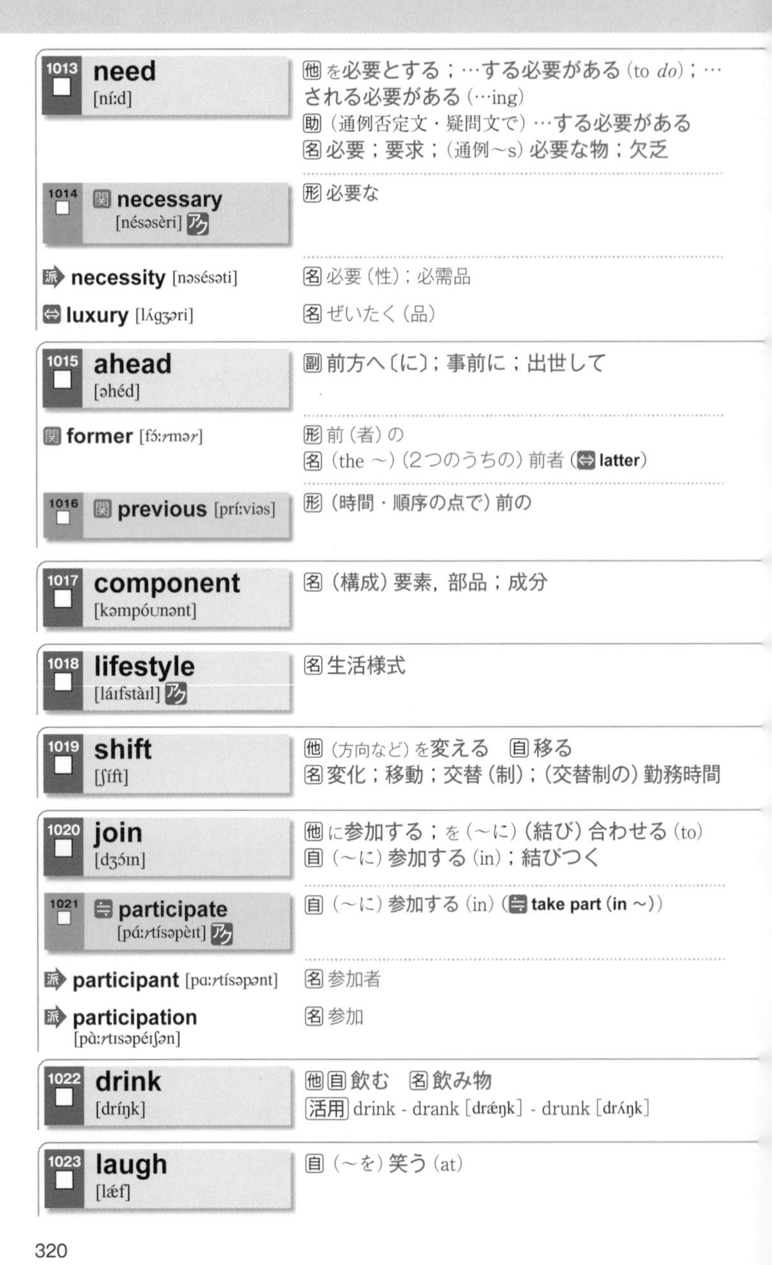

1013 need [ní:d]
他 を必要とする；…する必要がある (to *do*)；…される必要がある (…ing)
助 (通例否定文・疑問文で) …する必要がある
名 必要；要求；(通例～s) 必要な物；欠乏

1014 関 **necessary** [nésəsèri] アク
形 必要な

派 **necessity** [nəsésəti]
名 必要 (性)；必需品

⇔ **luxury** [lʌ́gʒəri]
名 ぜいたく (品)

1015 ahead [əhéd]
副 前方へ〔に〕；事前に；出世して

関 **former** [fɔ́:rmər]
形 前 (者) の
名 (the ～) (2つのうちの) 前者 (⇔ **latter**)

1016 関 **previous** [prí:viəs]
形 (時間・順序の点で) 前の

1017 component [kəmpóʊnənt]
名 (構成) 要素，部品；成分

1018 lifestyle [láɪfstàɪl] アク
名 生活様式

1019 shift [ʃíft]
他 (方向など) を変える　自 移る
名 変化；移動；交替 (制)；(交替制の) 勤務時間

1020 join [dʒɔ́ɪn]
他 に参加する；を (～に) (結び) 合わせる (to)
自 (～に) 参加する (in)；結びつく

1021 ≒ **participate** [pɑ́:rtísəpèɪt] アク
自 (～に) 参加する (in) (≒ **take part (in ～)**)

派 **participant** [pɑ:rtísəpənt]
名 参加者

派 **participation** [pɑ̀:rtɪsəpéɪʃən]
名 参加

1022 drink [dríŋk]
他 自 飲む　名 飲み物
活用 drink - drank [drǽŋk] - drunk [drʌ́ŋk]

1023 laugh [lǽf]
自 (～を) 笑う (at)

Listen! ▸▸▸ □ ① 単語の発音を確認する　□ ② 例文の音声を聞いてみる
□ ③ 例文の音声を聞きながら音読してみる
▸▸▸ 音声

You **need** to be more careful.	君はもっと注意深くする必要がある。
This shirt **needs** washing.	このワイシャツは洗う必要がある。
Is it **necessary** for her to attend the meeting?	彼女がその会議に出席する必要があるのですか。
Riku is **ahead** of most of his classmates in math.	リクは数学ではほとんどのクラスメイトより先に進んでいる。
In my **previous** job I was in charge of international marketing.	私は前の仕事では国際マーケティングを担当していた。
These days, it is easy to buy new computer **components**.	最近では新しいコンピューターの部品を買うのは簡単だ。
Her **lifestyle** changed after the baby was born.	赤ん坊が生まれてから彼女の生活様式は変わった。
It is time to **shift** from planning to production.	計画から生産に移る時だ。
Riku **joined** the school chess club.	リクは学校のチェスクラブに入った。
Thank you for **participating** in this debate.	このディベートに参加していただき，ありがとうございます。
Mika **drinks** two cups of coffee every morning.	ミカは毎朝コーヒーを２杯飲む。
That joke made me **laugh** a lot.	あの冗談で私は大いに笑った。

549 スペイン人にとっての昼寝（7）［文化］

Q. What is the siesta lifestyle today driven primarily by?
— By Spanish social (v　　).

1 **1** The siesta's **origins**[1] **lie**[2] in **climate**[3] and **architecture**[4]. Like people who live in other very hot places around the **globe**[5], the Spanish turned to **shade**[6] and stillness to **avoid**[7] being **burned**[8] up in the middle of the day. At night, 5 **packed**[9] houses **pour**[10] people out into the streets to **cool**[11] down.

2 While climate is still a **factor**[12], the siesta lifestyle today is **driven**[13] **primarily**[14] by Spanish **social**[15] **values**[16], which **demand**[17] an **equal**[18], if not greater, **emphasis**[19] on life outside 10 the office. "Work is only one part of our life," says Florentino Sotomayor of the Spanish **Tourist**[20] **Board**[21]. "We take a break and have the **opportunity**[22] of having coffee with friends and thinking and **talking**[23] about different **issues**[24], not only work."

(120 words)

重要表現

□ ℓ.1 lie in ～　　□ ℓ.3 turn to ～
□ ℓ.3 avoid …ing　　□ ℓ.4 burn up ～
□ ℓ.11 take a break

Listen! ▸▸▸ □ ① 英文を見ずに聞いてみる　□ ② 英文を見ながら聞いてみる
□ ③ 音を聞きながら音読してみる

▸▸▸ 音声

Q. 今日のシエスタのライフスタイルは主に何によって推進されていますか。
—スペインの社会的（　　　）によって。　答え：values（価値観）

1 シエスタの**起源**[1]は，**気候**[3]と**建築**[4]に**ある**[2]。**地球**[5]上の他のとても暑い場所に暮らす人々と同様に，スペイン人は，日中に**焼き尽くさ**[8]れるのを**避ける**[7]ために，**日陰**[6]でじっとしているようになった。夜には，**熱を冷ます**[11]ために，**人でいっぱいの**[9]家々が人々を通りへと**吐き出す**[10]。

2 気候も依然として１つの**要因**[12]ではあるが，今日のシエスタのライフスタイルは**主に**[14]スペインの**社会の**[15] **価値観**[16]によって**推進され**[13]ている。その価値観は，オフィス外の生活に対して，オフィス内の生活より大きくはないとしても，**同じくらいの**[18] **重点**[19]を**求める**[17]のである。「仕事は私たちの人生の一部にすぎません」とスペイン**観光**[20] **局**[21]のフロレンティノ・ソトマヨールは言う。「私たちは働くだけではなく，休憩を取って，友人とコーヒーを飲んだり，さまざまな**問題**[24]について考えたり**話し**[23]たりする**機会**[22]を持つのです」

□（原因などが）～にある　□ ～に向かう；～に頼る
□ …するのを避ける　□ ～を焼き尽くす
□ 休憩を取る

1024 **origin** [ɔ́(:)rədʒɪn] アク	名 起源；出身
派 **original** [ərídʒənl]	形 最初の；独創的な；原作の　名 原作
1025 関 **resource** [ríːsɔ̀ːrs, rɪsɔ́ːrs]	名 資源；財源；資質
関 **source** [sɔ́ːrs]	名 情報源；源；原因
1026 **lie** 多 [láɪ]	自 横たわっている；(…に) ある (in)；うそをつく 名 うそ 活用 lie - lay - lain - lying (横たわっている) lie - lied - lied - lying (うそをつく)
1027 関 **cheat** [tʃíːt]	他 をだます　自 カンニングをする
1028 関 **deceive** [dɪsíːv]	他 をだます
関 **trick** [trík] 多	他 をだます　名 計略；いたずら；秘訣；芸
1029 **climate** [kláɪmət] アク	名 (年間を通じての) 気候
関 **weather** [wéðər]	名 天気
1030 **architecture** [áːrkətèktʃər] アク	名 建築 (学)；建築技術
派 **architect** [áːrkətèkt] アク	名 建築家
関 **structure** [strʌ́ktʃər]	名 構造；組織；建物
関 **frame** [fréɪm] 多	名 枠；骨組み；体格　他 を枠にはめる；を立案する
関 **framework** [fréɪmwɜ̀ːrk] アク	名 (理論などの) 枠組み；(社会などの) 構造
1031 **globe** [glóʊb] 発	名 (the ～) 地球；世界
関 **glove** [glʌ́v]	名 手袋；グローブ
1032 **shade** 多 [ʃéɪd]	名 (物) 陰；色合い
関 **shadow** [ʃǽdoʊ]	名 影

Listen! ▶▶▶ □ ① 単語の発音を確認する □ ② 例文の音声を聞いてみる
□ ③ 例文の音声を聞きながら音読してみる
▶▶▶ 音声

The **origins** of the sandwich lie in England.	サンドイッチの起源はイングランドにある。
China is rich in natural **resources**.	中国は天然資源が豊富だ。
The future of energy **lies** in renewables.	エネルギーの将来は再生可能エネルギーにあります。
A large number of people were **cheated** out of their money.	多くの人々がだまされてお金を取られた。
People felt they had been **deceived** by the president.	人々は大統領にだまされてきたと感じた。
What are the effects of global warming on our **climate**?	地球温暖化は気候にどういう影響を及ぼしますか。
The **architecture** in that city is unique.	あの市の建物は独特だ。
The company has offices across the **globe**.	その会社は世界中に事務所がある。
Let's find a place to sit in the **shade**.	日陰に座れる場所を見つけよう。

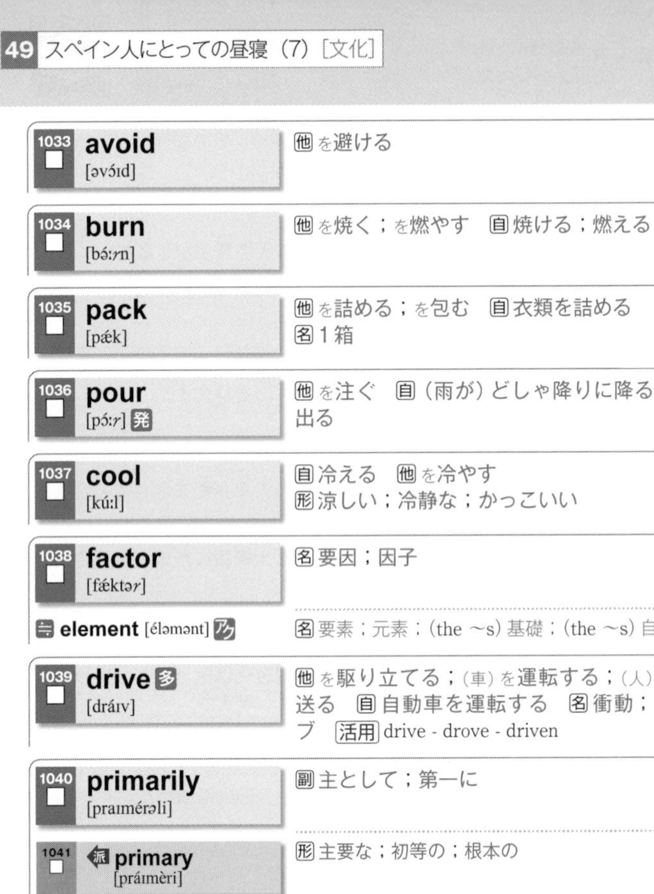

1033 avoid [əvɔ́ɪd]
他 を避ける

1034 burn [bə́ːrn]
他 を焼く；を燃やす　自 焼ける；燃える

1035 pack [pǽk]
他 を詰める；を包む　自 衣類を詰める
名 1箱

1036 pour [pɔ́ːr] 発
他 を注ぐ　自（雨が）どしゃ降りに降る；流れ出る

1037 cool [kúːl]
自 冷える　他 を冷やす
形 涼しい；冷静な；かっこいい

1038 factor [fǽktər]
名 要因；因子

≒ **element** [éləmənt] アク
名 要素；元素；(the ～s) 基礎；(the ～s) 自然の力

1039 drive 多 [dráɪv]
他 を駆り立てる；(車) を運転する；(人) を車で送る　自 自動車を運転する　名 衝動；ドライブ　活用 drive - drove - driven

1040 primarily [praɪmérəli]
副 主として；第一に

1041 派 **primary** [práɪmèri]
形 主要な；初等の；根本の

1042 ≒ **elementary** [èləméntəri] アク
形 初歩の

1043 social [sóʊʃəl]
形 社会の；社交的な

派 **society** [səsáɪəti]
名 社会

1044 value [vǽljuː]
名 価値；重要性；(～s) 価値観　他 を尊重する

派 **valuable** [vǽljuəbl]
形 貴重な；高価な

≒ **worth** [wə́ːrθ]
名 価値　前 の価値がある

≒ **precious** [préʃəs]
形 貴重な

I try to **avoid** going shopping on Sundays. 私は日曜日には買い物に行くのを避けるようにしている。

Wood will not **burn** if it is wet. 木は濡れていると燃えない。

Have you **packed** enough clothes for your trip? 旅行のために十分な服を詰めましたか。

Let me **pour** you a cup of coffee. コーヒーを１杯注がせてください。

Put vegetables in a **cool** place. 野菜は涼しいところに置きなさい。

A number of **factors** led me to quit. いくつかの要因のために私は仕事を辞めた。

My father **drove** me to school today. 今日は父が私を学校まで車で送ってくれた。

She is **primarily** interested in animals. 彼女は主に動物に興味がある。

Laziness was the **primary** cause of his failure. 怠惰が彼の失敗の主な原因であった。

Forgetting to save your data is an **elementary** mistake. データを保存し忘れるのは初歩的なミスです。

Bullying is one of the biggest **social** issues we must deal with. いじめは私たちが扱うべき最大の社会問題の１つです。

They put a high **value** on health. 彼らは健康に高い価値を置いている〔健康を重んじている〕。

1045 demand [dɪmǽnd]
他 を要求する（＝require）
名 要求；需要（⇔supply）

1046 equal 多 [íːkwəl] アク
形（～と）等しい；耐えうる（to）　名 対等の人
他 に等しい；に相当する

関 **equivalent** [ɪkwívələnt] アク　形 同等の；相当する　名 同等のもの

関 **equation** [ɪkwéɪʒən]　名 方程式；（the ～）同一視；均衡

1047 emphasis [émfəsɪs] アク
名 強調，重点

派 **emphasize** [émfəsàɪz] アク　他 を強調する（＝stress）

関 **exaggerate** [ɪgzǽdʒərèɪt]　他 を誇張する；を強調する　自 誇張する

1048 tourist [túərɪst]
名 旅行者

派 **tour** [túər]　名 観光旅行　他自 旅行する

派 **tourism** [túərìzm]　名 観光（事業）

1049 board 多 [bɔ́ːrd]
名 板；委員会；（官庁などの）局，部
他 に搭乗する
◆ *on board*（（乗り物に）乗って）

1050 opportunity [ɑ̀ːpərt(j)úːnəti]
名 機会

1051 talk [tɔ́ːk]
自 話す　名 話

1052 issue 多 [íʃuː]
名 問題（点）；発刊物；発行
他 を発行〔出版〕する

まとめてチェック 27 対話

1053 communication [kəmjùːnɪkéɪʃən]
名（情報・意見などの）伝達；意思疎通；通信（網）

派 **communicate** [kəmjúːnəkèɪt]
自（～と）意図〔意思〕を伝え合う（with）
他 を伝える

We **demand** you listen to our proposal.	あなたが私たちの提案に耳を傾けることを求めます。
They tried to make **equal** employment opportunity a reality.	彼らは平等な雇用機会を現実のものにしようとした。
In this test there is an **emphasis** on remembering vocabulary.	このテストでは語彙を覚えることに重点が置かれている。
The airport is crowded with **tourists**.	空港は旅行者で混んでいる。
The **board** is to meet next Monday.	委員会は来週の月曜日に開かれる。
She doesn't have much **opportunity** to go out.	彼女は外出する機会はあまりない。
I **talked** with Ann about our trip to China.	私はアンと中国旅行のことを話した。
Poverty is a serious **issue**.	貧困は深刻な問題だ。

↳1051 talk

1054 □ **conversation** [kὰːnvərséiʃən] 图会話；対談

□ **chat** [tʃǽt] 图おしゃべり 自おしゃべりする

1 2 3 4 5 6 7 8 9 10 11 12 13 14 15 16 17 18 19 20 21 22 23 24 25 26 27 28 29 30 31 32 33 34 35 36 37 38 39 40 41 42 43 44 45 46 47 48 49 50 51 52 53 54 55 56 57 58 59 60 61 62 63 64 65 66 67 68

650 「進行していくディナー」って何？（1）［社会］

Q. What are progressive dinners often based on?
— Food (t　　) such as Italian.

Most people enjoy **entertaining**[1] dinner **guests**[2] as well as eating out. Both of these pastimes have been **combined**[3] in the popular custom known as “**progressive**[4] dining.” Progressive dinners are usually planned by a small group of friends. Everyone **gathers**[5] at the first friend’s house for the first **course**[6] of the dinner. **Once**[7] that is finished, everyone then moves to the second friend’s house for the next course of the meal. This movement onward **towards**[8] another house — or progression — continues until the **entire**[9] meal is finished. Often such dinners are **based**[10] on food **themes**[11] such as Italian or Hawaiian. Some people even get **dressed**[12] up **according**[13] to the theme of the food that is being prepared.

(117 words)

重要表現

- □ ℓ.1 A as well as B
- □ ℓ.2 eat out
- □ ℓ.10 be based on ～
- □ ℓ.12 according to ～

Listen! ▸▸▸ □ ① 英文を見ずに聞いてみる　□ ② 英文を見ながら聞いてみる
□ ③ 音を聞きながら音読してみる

▸▸▸ 音声

Q. プログレッシブディナーはしばしば何に基づきますか。
—イタリア料理などの食べ物の（　　　）。　答え：themes（テーマ）

ほとんどの人々は，外食するのと同様に，夕食への**招待客**[2]を**もてなす**[1]ことを楽しむ。これら両方の娯楽は,「プログレッシブな（**進行していく**[4]）食事」として知られる人気の習慣において**結びつけ**[3]られてきた。プログレッシブディナーは通常，友人たちの小さなグループによって計画される。全員が，ディナーの最初の**1品**[6]を食べるために，最初の友人の家に**集まる**[5]。**いったん**[7]それが終わる**と**，今度は全員が，食事の次の一品を食べるために，2番目の友人の家へ移動する。別の家**に向かって**[8]進むこの移動—すなわち進行—は，食事が**すべて**[9]終わるまで続く。そのようなディナーは，イタリア料理やハワイ料理といった食べ物の**テーマに**[11] **基づく**[10]ことがよくある。一部の人々は，用意されている食べ物のテーマに**応じて**[13] **着飾る**[12]ことさえある。

□ B と同様に A も　□ 外食する
□ ～に基づいている　□ ～に応じて

1 2 3 4 5 6 7 8 9 10 11 12 13 14 15 16 17 18 19 20 21 22 23 24 25 26 27 28 29 30 31 32 33 34 35 36 37 38 39 40 41 42 43 44 45 46 47 48 49 50 51 52 53 54 55 56 57 58 59 60 61 62 63 64 65 66 67 68

1055 entertain [èntərtéɪn] アク
他 を楽しませる；をもてなす

派 **entertainment** [-mənt]
名 娯楽；催し物；接待

1056 ≒ **amuse** [əmjúːz]
他 を楽しませる

派 **amusement** [-mənt]
名 娯楽；面白さ

1057 ⇔ **bore** [bɔ́ːr]
他 を退屈させる　名 退屈な人〔もの〕

派 **bored** [bɔ́ːrd]
形 退屈した

派 **boring** [bɔ́ːrɪŋ]
形 退屈な

派 **boredom** [bɔ́ːrdəm]
名 退屈

1058 ⇔ **dull** [dʌ́l]
形 退屈な，つまらない；（色などが）くすんだ；曇った

1059 guest [gést]
名 招待客；宿泊客

⇔ **host** [hóʊst] 発
名（客に対して）主人；（寄生動植物の）宿主

1060 combine [kəmbáɪn]
他 を（～と）組み合わせる（with）；を兼ね備える
自（～と）組み合わさる；結合する（with）

1061 progressive [prəgrésɪv]
形 進歩的な；漸進的な；前進する

派 **progress** 名 [prɑ́ːgres] 動 [prəgrés]
名 進歩；前進　自 前進する；進歩する
◆ *in progress*（進行中で）

1062 関 **advance** [ədvǽns] アク
名 進歩；前進　他自 進歩させる〔する〕
◆ *in advance*（前もって）

派 **advanced** [ədvǽnst]
形 進歩した，先進的な；上級の

1063 関 **improve** [ɪmprúːv]
他 を改善〔改良〕する〔させる〕　自 よくなる

派 **improvement** [-mənt]
名 改善，改良

Listen! ▶▶▶ □ ① 単語の発音を確認する □ ② 例文の音声を聞いてみる □ ③ 例文の音声を聞きながら音読してみる ▶▶▶ 音声

I **entertained** my children by taking them to the park.	私は子供たちを公園に連れて行って楽しませた。
Jim **amused** himself by looking at his smartphone.	ジムはスマホを見て楽しんだ。
These long meetings **bore** me to death.	これらの長い会議のせいで私は退屈して死にそうだ。
The second candidate had good qualifications but seemed a little **dull**.	第二の候補者は資質はよいが少しつまらなく見えた。
We have a **guest** from overseas coming to our class today.	今日の授業には海外からお客様に来てもらいます。
This song **combines** traditional instruments with a modern dance rhythm.	この歌は伝統的な楽器を現代的なダンスのリズムと組み合わせている。
I want to vote for a **progressive** party that will change the current system.	私は今の制度を変えてくれる進歩的な党に投票したい。
I'd like to order this book **in advance**.	この本を事前に注文したいのですが。
I'd like to **improve** the way we communicate.	私は私たちが連絡を取る方法を改善したい。

1064 (≒) **enhance** [ɪnhǽns]	他 (価値・質・魅力など)を高める；をより良くする
関 **reform** [rɪfɔ́ːrm]	他 を改善〔改革〕する 名 改革(運動)
1065 **gather** [gǽðər]	自 集まる 他 を集める
1066 (≒) **collect** [kəlékt]	他 を集める 自 (人が)集まる
派 **collection** [kəlékʃən]	名 収集(したもの)
派 **collective** [kəléktɪv]	形 集団による；全体の
1067 **course** [kɔ́ːrs]	名 進路；課程；成り行き；(コース料理の)1品 ◆ *of course* (もちろん)
1068 **once** [wʌ́ns]	副 1度；かつて 接 1度…すれば 名 1回 ◆ *(every) once in a while* (たまに) ◆ *once and for all* (これを最後に)
1069 **toward(s)** [tɔ́ːrd(z)]	前 の方へ ❗ towards は《主に英》
1070 **entire** [ɪntáɪər, en-] アク	形 全体の；まったくの
派 **entirely** [-li]	副 まったく
1071 **base** [béɪs]	他 の基礎を(～に)置く(on) 名 土台
派 **basement** [-mənt]	名 地階，地下室
1072 派 **basic** [béɪsɪk] 発	形 基礎の(≒ **essential, primary**) 名 (～s)基礎知識
派 **basically** [béɪsɪkli]	副 要するに；基本的には

An extra password was required to **enhance** security.
安全性を高めるために追加のパスワードを求められた。

Several students **gathered** outside the coffee shop.
何人かの生徒が喫茶店の外に集まった。

Last week's charity event **collected** over $5,000.
先週の慈善行事は5,000ドル以上を集めた。

The ship is off **course**.
その船は進路から外れている。

They **once** lived in London.
彼らは昔ロンドンに住んでいた。

I've been to Paris **once**.
私はパリに1度行ったことがある。

Walk **toward** the station and you'll find the hotel on your left.
駅の方へ歩いていくと左手にホテルがあります。

The **entire** class clapped as Mika received her certificate.
ミカが修了証書を受け取るとクラス全体が拍手した。

His opinion is **based** on facts.
彼の意見は事実に基づいている。

Mathematics is **basic** to all sciences.
数学はすべての科学の基礎である。

1073 **theme** [θíːm] 発
名主題，テーマ（≒ **subject, topic**）

1074 ≒ **subject** 多
名形 [sʌ́bdʒekt, -dʒɪkt]
動 [səbdʒékt]
名主題；科目；被験者　形（～に）影響を受けやすい；服従する（to）　他を服従させる

派 **subjective** [səbdʒéktɪv]
形主観的な（⇔ **objective**）

1075 **dress** [drés]
他に衣服を着せる　自服を着る　名ドレス；衣服

1076 **according** [əkɔ́ːrdɪŋ]
副（according to ～）～によれば；～にしたがって

派 **accordingly** [-li]
副（前述の内容を受けて）それ相応に；したがって

まとめてチェック 28 客

1077 **customer** [kʌ́stəmər]
名 顧客

1078 **client** [kláɪənt]
名（弁護士などへの）依頼人；（サービス業の）取引先

1079 **passenger** [pǽsəndʒər]
名 乗客

The **theme** of our presentation is diversity.
私たちの発表のテーマは多様性です。

What **subjects** are you taking next semester?
次の学期には何の科目を取りますか。

How should I **dress** for the meal?
食事にはどんな服を着ればよいですか。

According to the weather forecast, it will snow tomorrow.
天気予報によれば，明日は雪が降る。

↳1059 guest

1080
- **audience** [ɔ́ːdiəns] 名（テレビの）視聴者；聴衆
- **spectator** [spékteɪtər] 名（特にスポーツの）観客
- **visitor** [vízətər] 名 訪問者

51 「進行していくディナー」って何？（2）［社会］

Q. What is the key ingredient to a successful progressive dinner?
a. Locations.　　b. Fun.

1 **1** One tip to make sure that a progressive dinner party is **successful**[1] is to not move to too many different **locations**[2]. It can be **tiring**[3] if everyone has to go to more than three locations for just one dinner. Three **stops**[4] also make for an
5 easy **division**[5] of the **overall**[6] meal: the first home can provide the starters, the second can **serve**[7] the main course, and at the **final**[8] stop, everyone can enjoy **dessert**[9] and coffee. It also helps if the homes are not so far **apart**[10].

2 **Perhaps**[11] the key **ingredient**[12] to a successful progressive
10 dinner is fun. Progressive dinners are a good way for friends to **share**[13] an evening — and their homes — with each other.

(118 words)

重要表現

- ☐ ℓ.1 make sure that ～
- ☐ ℓ.4 make for A
- ☐ ℓ.11 share A with B

Listen! ▸▸▸ □ ① 英文を見ずに聞いてみる □ ② 英文を見ながら聞いてみる
□ ③ 音を聞きながら音読してみる
▸▸▸ 音声

Q. うまくいくプログレッシブディナーの重要な材料は何ですか。
a. 場所。 b. 面白さ。 答え：b

1 プログレッシブディナーパーティーが**うまくいく**[1]ことを確実にするための1つのコツは，あまり多くの異なる**場所**[2]へ移動しないことである。ただ1回のディナーのために全員が3か所よりも多く〔4か所以上〕の場所へ行かなければならないとしたら，それは**疲れさせる**[3]ものになりかねない。また3つの**立ち寄り先**[4]というのは，食事**全体**[6]の手軽な**分け方**[5]に役立つ。最初の家は前菜を提供することができ，2番目の家はメインの一品を**出す**[7]ことができ，**最後の**[8]立ち寄り先では，全員が**デザート**[9]とコーヒーを楽しむことができる。それらの家があまり遠く**離れて**[10]いなければ，それも助けになる。

2 うまくいくプログレッシブディナーの重要な**材料**[12]は，面白さ**かもしれない**[11]。プログレッシブディナーは，友人たちが一晩を―そして家々を―お互いに**共有する**[13]ためのよい方法である。

□ ～ということを確実にする；必ず～ようにする
□ A に役立つ；A のためになる
□ A を B と共有する；一緒に楽しむ

1081	**successful** [səksésfl]	形 (〜に) 成功した (in)
1082	派 **success** [səksés] アク	名 成功 (⇔ **failure**)
	派 **successfully** [-fəli]	副 うまく，首尾よく
1083	派 **succeed** 多 [səksíːd]	自 (〜に) 成功する (in)　自他 跡を継ぐ
	関 **glory** [glɔ́ːri]	名 栄光
1084	**location** [loʊkéɪʃən]	名 場所；位置
1085	**tiring** [táɪərɪŋ]	形 疲れさせる，骨の折れる
1086	**stop** [stáːp]	他 をやめる (…ing)；を妨げる　自 (〜するために) (立ち)止まる (to *do*)　名 止まること；立ち寄り；停留所
	関 **pause** [pɔ́ːz]	自 ちょっと止める　名 小休止
	関 **cancel** [kǽnsl]	他自 取り消す；帳消しにする
1087	関 **prevent** [prɪvént]	他 を防ぐ；を妨げる ◆ ***prevent A from …ing*** (A が…するのを妨げる)
	派 **prevention** [prɪvénʃən]	名 予防；防止
1088	関 **disturb** [dɪstə́ːrb]	他 を邪魔する；を乱す；を不安にする
	派 **disturbance** [-bəns]	名 邪魔；騒ぎ；不安
1089	関 **interrupt** [ìntərʌ́pt]	自他 (話などを) さえぎる；中断する
	派 **interruption** [ìntərʌ́pʃən]	名 邪魔；中断
	関 **interfere** [ìntərfíər] アク	自 (〜の) 妨げとなる (with)；(〜に) 干渉する (in)
1090	関 **abandon** [əbǽndən]	他 を (やむを得ず) (見) 捨てる；をあきらめる

Listen! ▸▸▸ □ ① 単語の発音を確認する □ ② 例文の音声を聞いてみる
□ ③ 例文の音声を聞きながら音読してみる ▸▸▸ 音声

This team is the most **successful** in the history of the league.	このチームはリーグ史上最も成功している。
We celebrated our **success** by going to a restaurant.	私たちはレストランに行って成功を祝った。
This new product should help our company to **succeed**.	この新しい製品は私たちの会社が成功するのを手助けするはずだ。
Could you tell me the **location** of the meeting?	会議の場所を教えていただけますか。
Walking up the hill to school is pretty **tiring**.	学校に続く丘を歩くのはとても骨が折れる。
She never **stopped** talking.	彼女は決して話をやめなかった。
We **stopped** to talk for a while.	私たちは少しの間話をするために立ち止まった。
The driver **prevented** an accident by braking quickly.	運転手は急ブレーキをかけて事故を防いだ。
I'm sorry to **disturb** you, but may I come in?	お邪魔してすみませんが，入ってもよろしいでしょうか。
I'm sorry to **interrupt** you, but I'd like to say something.	お話をさえぎってすみませんが，少し言わせていただきます。
We had to **abandon** that project due to budget problems.	予算の問題で私たちはあの計画をあきらめなければならなかった。

1091 division [dɪvíʒən]
名 部門；分割；分配；割り算

1092 派 divide [dɪváɪd, də-]
他 を分割する（⇔ **unite**）；を分配する　自 分かれる

1093 関 separate 動 [sépərèɪt]　形 [sépərət]
他 を分ける　形 離れた

関 **isolate** [áɪsəlèɪt]
他 を（～から）孤立させる（from）

派 **isolation** [àɪsəléɪʃən]
名 孤立（状態）

1094 overall 形 [óuvərɔ̀ːl]　副 [òuvərɔ́ːl]
形 全体の；全面〔全般〕的な　副 全体として

1095 serve 多 [sə́ːrv]
自 仕える；（～として）役立つ（as）；給仕する
他 を給仕する；を供給する；の役に立つ

1096 派 service [sə́ːrvəs]
名 サービス；公共事業；奉仕；業務

派 **servant** [sə́ːrvnt]
名 召使い

1097 final [fáɪnl]
形 最後の；最終的な

1098 関 ultimate [ʌ́ltəmət] アク
形 究極の；根本の（≒ **fundamental**）

派 **ultimately** [-li]
副 結局，最終的には；根本的に

1099 dessert [dɪzə́ːrt]
名 デザート

関 **desert** 名 [dézərt]　動 [dɪzə́ːrt]
名 砂漠　他 を見捨てる

1100 apart [əpɑ́ːrt]
副 離れて；個々に
◆ ***tell ~ apart***（（人・物事）を識別〔区別〕する）
◆ ***apart from ~***（～は別として）

派 **apartment** [-mənt]
名 ((米))アパート

1101 perhaps [pərhǽps]
副 ひょっとすると，おそらく；（数値の前で）だいたい

I applied for a job in the sales **division**. 私は販売部門の仕事に応募した。

The teacher **divided** the class into boys and girls. 先生はクラスを男子と女子に分けた。

The actor is **separated** from his wife. その俳優は妻と別居している。

We have to measure the **overall** length of the old bridge. 私たちはその古い橋の全長を測定しなくてはいけない。

I **serve** as mayor here. 私はここで市長を務めています。

You don't get very good **service** at that restaurant. あのレストランのサービスはあまりよくないよ。

I am reading the **final** page of this book. 私はこの本の最後のページを読んでいる。

Winning gold is the **ultimate** aim of most athletes. 金メダルを獲ることはほとんどのスポーツ選手の究極の目標だ。

That restaurant has the most delicious **desserts** in town. あのレストランには町で最もおいしいデザートがある。

He lived **apart** from his family for several years. 彼は数年間家族と別れて暮らしていた。

Perhaps the weather will get better later on. ひょっとすると天気はのちによくなるかもしれません。

1102 □ **ingredient** [ɪngríːdiənt]
名（料理などの）材料；成分

1103 □ **share** [ʃéər]
他 を共有する；を分配する　自 分担する　名 割り当て；分け前；役割

1104 □ 関 **distribute** [dɪstríbjuːt] アク
他 を分配する

派 **distribution** [dìstrəbjúːʃən]　名 分配；分布

関 **proportion** [prəpɔ́ːrʃən]　名 割合；比例；つりあい；部分

関 **rate** [réɪt] 多　名 割合；速度；料金　他 を評価する
◆ *at any rate*（とにかく）

派 **rating** [réɪtɪŋ]　名 評価，格付け

ここで差がつく基本語 13 help「手伝う〔役立つ〕」

help は「（目的語の）人を助ける」というのが基本的な意味。ここから，「手伝う；役立つ」「促進する」などの意味でも使う。一方，can や cannot とともに「〜を避ける」という表現でも使うことに注意。

□「〜を助ける〔手伝う〕」

He **helped** me with my homework.（彼は私の宿題を手伝ってくれた。）
※「仕事」などは直接目的語にならない。× He helped my homework.

□「（人が）…するのを手伝う；…するのが役立つ」

Crying won't **help** (to) **find** Jim.
（泣くことはジムを見つけるのには役立たない〔泣いてもジムは見つからないよ〕。）

Will you **help** me (to) **move** this piano?
（このピアノを動かすのを手伝ってもらえませんか。）
※不定詞の to は省略することが可能。

This recipe requires the following **ingredients**.	このレシピでは以下の材料が必要です。
If we **share** our ideas, we may finish earlier.	もし私たちが考えを共有すれば，もっと早く終わるかもしれない。
The WFP **distributes** food to areas of famine.	WFP は食糧を飢饉の地域に分配している。

□「～を避ける」

When I heard the story, I couldn't **help** smiling.
（その話を聞いた時，ほほえむのを避けられなかった〔思わずほほえんでしまった〕。）

■help の重要熟語表現

＋ 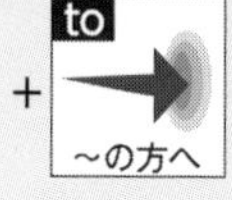

help oneself to ～「～を自由に食べる〔飲む〕」
Please **help yourself to** the cake.
（どうぞ，ケーキを自由にお取りください。）

6 52 長寿の秘訣（1）［医療］

Q. Where are places famous for people who live a very long time?
— They are usually in areas far away from (m　　) cities.

1 There are several places in the world that are **famous**[1] for people who live a very long time. These places are usually in areas where there are a lot of mountains, far away from **modern**[2] cities. **Doctors**[3], scientists, and **public**[4] health 5 experts often travel to these **regions**[5] to **solve**[6] the **mystery**[7] of a long, healthy life; the experts **hope**[8] to bring to the modern world the **secrets**[9] of longevity.

(69 words)

重要表現

□ ℓ.1 famous for ～　　□ ℓ.3 far away from ～

Listen! ▸▸▸ □ ① 英文を見ずに聞いてみる　□ ② 英文を見ながら聞いてみる
□ ③ 音を聞きながら音読してみる

▸▸▸ 音声

Q. とても長く生きる人々で有名な場所はどこにありますか。
—たいてい (　　　) 都市から遠く離れた場所。　答え：modern (現代的な)

世界には，とても長く生きる人々で**有名な**[1]場所がいくつかある。これらの場所はたいてい，**現代的な**[2]都市から遠く離れて，たくさんの山がある地域に存在している。**医師**[3]や科学者や**公衆**[4]衛生の専門家が，長く健康的な人生の**謎**[7]を**解く**[6]ために，しばしばこれらの**地域**[5]へと旅をする。その専門家たちは，現代世界に長寿の**秘訣**[9]をもたらすことを**希望している**[8]のだ。

□ ～で有名な　□ ～から遠く離れて

1 2 3 4 5 6 7 8 9 10 11 12 13 14 15 16 17 18 19 20 21 22 23 24 25 26 27 28 29 30 31 32 33 34 35 36 37 38 39 40 41 42 43 44 45 46 47 48 49 50 51 52 53 54 55 56 57 58 59 60 61 62 63 64 65 66 67 68

1105 famous [féɪməs] — 形 (〜で) 有名な (for)

派 **fame** [féɪm] — 名 名声

≒ **prominent** [prá:mənənt] — 形 卓越した；目立った；(物理的に) 突き出した

関 **celebrity** [səlébrəti] アク — 名 名声；(芸能などの) 著名〔有名〕人

1106 modern [má:dərn] — 形 現代の；近代の

≒ **contemporary** アク [kəntémpərèri] — 形 現代の；同時代の　名 同時代の人

1107 ⇔ **ancient** [éɪnʃənt] アク — 形 古代の

関 **primitive** [prímətɪv] — 形 原始的な；原始 (時代) の

1108 doctor [dá:ktər] — 名 医者；博士

関 **physician** [fɪzíʃən] — 名 医師；内科医

関 **surgeon** [sə́:rdʒən] — 名 外科医

1109 public [pʌ́blɪk] — 形 公共の；民衆の　名 (the 〜) 民衆

1110 関 **official** [əfíʃəl] アク — 形 公の；公式の　名 公務員 (officer より下の地位)；職員

1111 ⇔ **private** [práɪvət] アク — 形 個人の；内密の；民間の

派 **privacy** [práɪvəsi] — 名 私的な自由，プライバシー

1112 region [rí:dʒən] — 名 地域；分野

派 **regional** [rí:dʒənl] — 形 地方の

1113 ≒ **district** [dístrɪkt] — 名 地域；地区

関 **territory** [térətɔ̀:ri] — 名 領土；(知識・活動の) 範囲；縄張り

Listen! ▸▸▸ □ ① 単語の発音を確認する □ ② 例文の音声を聞いてみる
□ ③ 例文の音声を聞きながら音読してみる
▸▸▸ 音声

Many young people dream of becoming **famous**.	多くの若者が有名になることを夢見ている。
Smaller families are a feature of **modern** society.	小家族は現代社会の特徴です。
The cat was respected in **ancient** Egypt.	ネコは古代エジプトでは尊ばれた。
It takes over ten years to train to be a **doctor**.	医者になるための訓練を受けるには 10 年以上かかる。
Most **public** buildings in this city are near the station.	この市のほとんどの公共の建物は駅の近くにある。
The news is not **official**.	そのニュースは公式のものではない。
My diary is **private**, so please don't read it.	私の日記は個人的なものだから読まないでください。
The **region** produces lemons.	その地域はレモンを産出する。
Schools in the same **district** usually compete with each other at sports.	同じ地区にある学校はたいていスポーツで競い合う。

1114 solve [sá:lv]
他 を解決する；を解答する

派 **solution** [səlú:ʃən]
名 解決（法）；解答

1115 多 **resolve** [rɪzá:lv] 発
他 を解決する　自 他 決心する；決議する

派 **resolution** [rèzəlú:ʃən]
名 解決（策）；決心；決議

1116 多 **settle** [sétl]
他 を決める；を解決する　自 定住する；落ち着く；（ほこりなどが）積もる

派 **settlement** [sétlmənt]
名 合意；和解；居留地

1117 mystery [místri]
名 不思議；謎，神秘

派 **mysterious** [mɪstíəriəs] アク
形 不思議な；謎めいた；神秘的な

1118 hope [hóʊp]
他 自 望む　名 希望

1119 多 **wish** [wíʃ]
他 自 願う；…だといいと思う　名 願い

1120 secret [sí:krət]
名 秘密；（通例 the ～）秘訣　形 秘密の

まとめてチェック 29 医療

1121 medical [médɪkl]
形 医学の

1122 medicine 多 [médəsn] アク
名 薬；医学

drug [drʌ́g]
名 薬；麻薬

1123 poison [pɔ́ɪzn]
名 毒（物）

派 **poisonous** [pɔ́ɪznəs]
形 有毒な；有害な

Can you **solve** this problem for me?	私のためにこの問題を解決してくれますか？
The two countries tried to **resolve** issues around their border dispute.	その二国は国境紛争に関する問題を解決しようとした。
It took several years to **settle** their dispute.	彼らの争いを解決するのに数年かかった。
A detective solved the **mystery** of the murder.	探偵が殺人の謎を解いた。
I **hope** that my parents buy me a tablet for my birthday.	両親が私の誕生日にタブレットを買ってくれることを望んでいる。
I **wish** that all countries would work together for peace.	すべての国が平和のために一緒に努力することを願っています。
This information is a **secret**, so please don't tell anyone.	この情報は秘密なのでだれにも言わないでください。

1108 doctor

1124 □ **therapy** [θérəpi] 名（薬物や手術によらない）治療；～療法

1125 □ **surgery** [sə́ːrdʒəri] 名 手術；外科

□ **immune** [ɪmjúːn] 形 免疫の〔がある〕；影響を受けない

□ **terminal** [tə́ːrmənl] 形 末期の；終わりの

□ **wheelchair** [wíːltʃèər] 名 車いす

1 2 3 4 5 6 7 8 9 10 11 12 13 14 15 16 17 18 19 20 21 22 23 24 25 26 27 28 29 30 31 32 33 34 35 36 37 38 39 40 41 42 43 44 45 46 47 48 49 50 51 52 53 54 55 56 57 58 59 60 61 62 63 64 65 66 67 68

653 長寿の秘訣（2）［医療］

Q. Which is NOT the benefits people of Hunza have?
a. Work in the fields.　b. A diet low in nutrition.

Hunza is high in the Himalayan Mountains of Asia. There, many people over one hundred years of **age**[1] are still in good **physical**[2] health. Men of ninety are new fathers, and women of fifty still have babies. What are the reasons for this good health? Scientists believe that the people of Hunza have these three **benefits**[3]: physical work, usually in the **fields**[4] or with animals; a healthful environment with clean air and water; and a **simple**[5] **diet**[6] high in **vitamins**[7] and **nutrition**[8] but **low**[9] in **fat**[10], cholesterol, sugar, and chemicals.

(90 words)

重要表現

- □ ℓ.3 in ～ health
- □ ℓ.4 have a baby

Listen! ▶▶▶ □ ① 英文を見ずに聞いてみる　□ ② 英文を見ながら聞いてみる
□ ③ 音を聞きながら音読してみる

▶▶▶ 音声

Q. フンザの人々の利点ではないのはどちらですか。
a. 畑での労働。　b. 栄養分をあまり含まない食事。　答え：b

フンザは，アジアのヒマラヤ山脈の高いところにある。そこでは，**年齢**[1] 100 歳を超える多くの人々がまだ**肉体的**[2]健康を保っている。90 歳の男性が新しい父親になり，50 歳の女性がまだ赤ん坊を産む。この健康の理由は何であろうか。フンザの人々は次の 3 つの**利点**[3]を持っていると科学者たちは考えている。たいていは**畑**[4]での，または動物を使った，肉体労働。きれいな空気と水のある健康的な環境。そして，**ビタミン**[7]と**栄養分**[8]を豊富に含むが，**脂肪**[10]・コレステロール・糖分・化学物質を**あまり含まない**[9]，**簡素な**[5] **食事**[6]（の 3 つである）。

□ ～な健康状態で　□ 赤ん坊を産む

1 2 3 4 5 6 7 8 9 10 11 12 13 14 15 16 17 18 19 20 21 22 23 24 25 26 27 28 29 30 31 32 33 34 35 36 37 38 39 40 41 42 43 44 45 46 47 48 49 50 51 52 53 54 55 56 57 58 59 60 61 62 63 64 65 66 67 68

1126 age [éɪdʒ]
名 年齢；年代；老年；(歴史上の) 時代　自 年を取る

1127 physical [fízɪkl]
形 身体の

1128 ⇔ **mental** [méntl]
形 精神的な

1129 benefit [bénəfɪt] アク
名 恩恵；利益　自 利益を得る　他 に利益を与える

派 **beneficial** [bènəfíʃəl] アク
形 (～に) 有益な (to)

1130 field [fí:ld]
名 畑；分野；競技場

1131 関 **ground** [gráund] 多
名 土地；根拠 (≒ **base, basis**)

1132 関 **surface** [sə́:rfəs] 発 アク
名 表面；(the ～) 外観

1133 関 **rough** [rʌ́f] 発
形 ざらざらした；粗野な；おおよその

1134 関 **smooth** [smú:ð] 発
形 平らな；なめらかな；順調な

1135 simple [símpl]
形 簡単な, 単純な；簡素な；まったくの

1136 diet 多 [dáɪət]
名 食事；ダイエット；(the D-) 国会
自 ダイエットをする

関 **parliament** [pá:rləmənt]
名 議会；((英)) 国会

関 **congress** [ká:ŋgrəs]
名 (米国の) 議会；国会

1137 vitamin [váɪtəmɪn]
名 ビタミン

1138 nutrition [n(j)u(:)tríʃən]
名 栄養 (摂取)；栄養物

Listen! ▸▸▸ □ ① 単語の発音を確認する □ ② 例文の音声を聞いてみる
□ ③ 例文の音声を聞きながら音読してみる ▸▸▸ 音声

I can't tell his **age** from his face.	彼の年齢は顔からはわからない。
He is a man of great **physical** strength.	彼は身体の力がとても強い〔とても体力がある〕。
The man was suffering from **mental** illness.	その男性は心の病に苦しんでいた。
I can't see any **benefit** in holding the meeting on Friday.	金曜に会議を開く利点がわからない。
A lot of people were working in the **field**.	たくさんの人が畑で働いていた。
A boy was lying on the **ground**.	少年が地面に横たわっていた。
There are some scratches on the **surface** of the table.	テーブルの表面にいくつかの引っかき傷がある。
The surface of the table felt **rough**.	そのテーブルの表面はざらざらしていた。
Silk feels **smooth**.	絹は手触りがなめらかだ。
The reason is quite **simple**.	理由はとても単純だ。
A healthy **diet** includes plenty of fruit and vegetables.	健康的な食事にはたくさんの果物と野菜が含まれる。
Vitamins are essential for our health.	ビタミンは私たちの健康に必要不可欠です。
It is important for children to get good **nutrition** as well as exercise.	しっかりと栄養を摂ることは子供にとって運動と同様に重要だ。

1139 low [lóu] — 形 低い；少ない　副 低く

派 **lower** [lóuər] — 他 を下げる　形 下部の；下級の（low の比較級）

1140 ⇔ **rise** [ráiz] — 自 上がる；起きる；出世する　名 上昇；増加
活用 rise - rose - risen [rízn]

1141 ⇔ **lift** [líft] — 他 を（持ち）上げる　自 上がる　名 上がること；（車などに）乗せること

1142 fat [fǽt] — 形 太っている　名 脂肪（分）

⇔ **lean** [lí:n] 多 — 形（筋肉質で）やせた　自 傾く；上体を曲げる

関 **obesity** [oubí:səti] — 名（病的）肥満

まとめてチェック 30 世代

1143 generation [dʒènəréiʃən] — 名 世代；発生

1144 infant [ínfənt] アク — 名（乳）幼児　形（乳）幼児（期）の

派 **infancy** [ínfənsi] — 名（乳）幼児期

1145 childhood [tʃáildhùd] — 名 子供時代

1146 teenager [tí:nèidʒər] アク — 名 10代の若者
❗ 通例 13 ～ 19 歳。

まとめてチェック 31 利益

1150 profit [prá:fət] — 名 利益　自 利益を得る　他 の利益になる

派 **profitable** [prá:fətəbl] — 形 利益になる

1151 advantage [ədvǽntidʒ] アク — 名 有利（な点）；利点；利益
◆ *take advantage of* ～（～を利用する）

派 **advantageous** [æ̀dvəntéidʒəs] — 形 有利な

She said something in a **low** voice.	彼女は低い声で何か言った。
Prices of electronics have **risen** recently.	最近，電子機器の値段が上がっている。
Could you **lift** this box for me?	私のためにこの箱を持ち上げていただけますか。
I've got a little **fat** over the holidays.	私は休暇の間に少し太った。

↳1126 age

- □ **adolescent** [ædəlésnt] ア 　名 青年　形 青年期の
- 1147 □ **youth** [júːθ] 　名 (the ～) 若者；若さ；青年時代
- 1148 □ **senior** [síːnjər] 　形 先輩の；上位の；年上の　名 年長者；最上級生
  - ◆ ***be senior to ～*** ((地位などが)～より上の)
- 1149 □ **elder** [éldər] 　形 年上の　名 長老；年長者
- □ 派 **elderly** [éldərli] 　形 年配の

↳1129 benefit

- □ ⇔ **disadvantage** [dìsədvǽntɪdʒ] 　名 不利益；不利(な点)
- 1152 □ **merit** [mérət] 　名 長所 (⇔ **demerit**)；価値
- □ **virtue** [vɔ́ːrtʃuː] 　名 長所；美徳
- □ **privilege** [prívəlɪdʒ] ア 　名 特権(階級)；名誉
- □ **reward** [rɪwɔ́ːrd] 発 　名 報酬；褒美 (≒ **prize**)　他 に報いる

654 長寿の秘訣（3）［医療］

Q. Who lived until about 170 years old?
a. Tsurba.　b. Shirali.　c. Shirali's wife.

People in the Caucasus Mountains in Russia are also famous for their longevity. In this area, there are **amazing**[1] examples of very long-lived people. **Birth**[2] **records**[3] are not usually kept, but a woman whose name was Tsurba probably lived until age 160; a man called Shirali probably lived until 168. His wife was 120 years old. In **general**[4], the people not only live a long time, but they also live well. They are almost never sick, and when they die, they have not only their own teeth but also a full head of hair, and good **eyesight**[5].

(97 words)

重要表現

□ ℓ.6 not only ～ but also ...

Listen! ▸▸▸ □ ① 英文を見ずに聞いてみる　□ ② 英文を見ながら聞いてみる
□ ③ 音を聞きながら音読してみる

▸▸▸ 音声

Q. だれが約170歳まで生きましたか。
a. ツルバ。　b. シラリ。　c. シラリの妻。　答え：b

ロシアのコーカサス山脈の人々もまた長寿で有名である。この地域には，とても長生きな人々の**驚くべき**[1]例がある。**出生**[2] **記録**[3]はたいてい保管されていないが，ツルバという名前の女性はおそらく160歳まで生きた。シラリと呼ばれる男性はおそらく168歳まで生きた。彼の妻は120歳だった。**一般的**[4]に，その人々はただ長く生きるだけでなく，健康にも生きる。彼らはほとんど病気にならず，そして亡くなるときには，自分の歯があるだけではなく，髪はふさふさで**視力**[5]もよいのである。

□ ～だけでなく…も

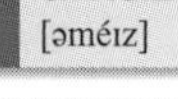

1153 amaze [əméɪz]
他 をとても驚かせる

1154 birth [bə́ːrθ]
名 誕生；出産
◆ *give birth to* ～（～を出産する）
◆ *by birth*（生まれは；生まれつき）

1155 record 名 [rékərd] 動 [rékɔ́ːrd, rə-]
名 記録（書類）；履歴；成績
他 を記録する；を録画〔録音〕する

≒ **register** [rédʒɪstər]
名 登録簿；レジ　他自 記録する；登録する

派 **registration** [rèdʒəstréɪʃən]
名 登録

1156 general [dʒénərəl]
形 一般的な　名 大将；将軍
◆ *in general*（一般的な〔に〕）

派 **generally** [dʒénərəli]
副 通例；一般的に；大体
◆ *generally speaking*（一般的に言って）

1157 ⇔ **individual** [ìndəvídʒuəl] アク
形 個々の；個人の　名 個人

1158 eyesight [áɪsàɪt]
名 視力；視野

1159 ≒ **vision** [víʒən] 多
名 視力；見通す力；未来像；空想

派 **visible** [vízəbl]
形（目に）見える

1160 関 **blind** [bláɪnd]
形 目の見えない，盲目の；気づいていない

1161 関 **deaf** [déf] 発
形 耳が聞こえない

Listen! ▸▸▸ □ ① 単語の発音を確認する　□ ② 例文の音声を聞いてみる
□ ③ 例文の音声を聞きながら音読してみる
▸▸▸ 音声

My son **amazes** me with his skill at playing the piano.	私の息子はピアノを演奏する技術で私をとても驚かせる。
Our cat **gave birth to** three kittens.	飼いネコが３匹の子ネコを出産した。
Usain Bolt holds the world **record** for the 100m.	ウサイン・ボルトは 100 メートル走の世界記録を持っている。
It is a matter of **general** knowledge.	それは一般的な知識に関わることです。
Everyone should be respected as an **individual**.	人は皆，個人として尊重されるべきだ。
My **eyesight** began to get worse in my teens.	私の視力は十代の頃に悪くなり始めた。
I have problems with **vision** in my right eye.	私は右目の視力に問題がある。
The **blind** man took his guide dog everywhere with him.	その盲目の男性は盲導犬をどこにでも連れて行った。
Beethoven didn't give up composing even after he became **deaf**.	ベートーベンは耳が聞こえなくなった後でも作曲をやめなかった。

655 長寿の秘訣（4）[医療]

Q. What might be one reason why there is little serious disease in Vilcabamba? — The clean, beautiful (e　　).

1 Vilcabamba, Ecuador, is another area famous for the longevity of the people who live there. This region — like Hunza and the Caucasus — is also in high mountains, far away from cities. In Vilcabamba, too, there is very little 5 **serious**[1] **disease**[2]. One reason for the good health of the people might be the clean, beautiful environment: The temperature is about 20° Celsius all year long; the wind always comes from the same **direction**[3]; and the region is **rich**[4] in flowers, fruits, vegetables, and **wildlife**[5]. (85 words)

重要表現

□ ℓ.7 all year long

□ ℓ.9 rich in ～

Listen! ▸▸▸ □ ① 英文を見ずに聞いてみる　□ ② 英文を見ながら聞いてみる
□ ③ 音を聞きながら音読してみる

▸▸▸ 音声

Q. ビルカバンバで深刻な病気がほとんどない理由の 1 つは何ですか。
—清潔で美しい（　　　）。　　答え：environment（環境）

エクアドルのビルカバンバは，そこに住む人々の長寿で有名な，もう 1 つの地域である。この地域もまた—フンザやコーカサスと同様に—高い山々の中にあり，都市から遠く離れている。ビルカバンバにも，**深刻な**[1] **病気**[2]はほとんどない。その人々の健康の 1 つの理由は，清潔で美しい環境かもしれない。気温は 1 年中摂氏 20 度くらいである。風はいつも同じ**方角**[3]から来る。そしてその地域は花と果物と野菜と**野生生物**[5]が**豊富で**[4]ある。

□ 1 年中ずっと　　□ ～が豊富で

1162 **serious** [síəriəs]　形 重大な；まじめな

派 **seriously** [-li]　副 まじめに；深刻に

1163 **disease** [dızí:z] 発　名 病気（≒ **illness**）
語法 主に特定の病名のつく病気に用いる。

1164 **direction** 多 [dərékʃən]　名 方向；指導；指図

1165 **rich** [rítʃ]　形 裕福な；（～が）豊富な（in）

1166 ≒ **abundant** [əbʌ́ndənt]　形 豊富な

1167 ≒ **wealthy** [wélθi]　形 裕福な；豊富な

派 **wealth** [wélθ]　名 富；（a wealth of ～）豊富な…

1168 **wildlife** [wáıldlàıf] アク　名（集合的に）野生生物

まとめてチェック 32 病気

1169 **symptom** [símptəm] アク　名 徴候；症状

1170 **fever** [fí:vər]　名 熱；熱病

1171 **cough** [kɔ́(:)f]　自 せきをする　名 せき

1172 **virus** [váırəs] 発　名 ウイルス

1173 **infect** [ınfékt]　他（病気が）(人)に感染〔伝染〕する

派 **infection** [ınfékʃən]　名 感染；伝染（病）

1174 **hurt** [hə́:rt]　他 にけがをさせる　自 痛む
活用 hurt - hurt - hurt

Listen! ▸▸▸ □ ① 単語の発音を確認する □ ② 例文の音声を聞いてみる □ ③ 例文の音声を聞きながら音読してみる ▸▸▸ 音声

He suffered a **serious** injury in the accident.	彼はその事故で深刻なけがを負った。
Are you **serious**?	あなた本気なの？
My father has suffered from heart **disease** for 10 years.	私の父は10年間心臓病で苦しんでいる。
I have a poor sense of **direction**.	私は方向感覚が鈍い。
Rich countries should do more to help poor ones.	裕福な国は貧しい国を助けるためにもっと多くのことをするべきだ。
Hot springs are extremely **abundant** in Japan.	日本には温泉が非常に豊富だ。
It is fair that **wealthy** citizens pay more taxes.	裕福な市民がより多くの税金を払うことは公平なことだ。
There is a lot of **wildlife** in the forest.	その森にはたくさんの野生生物がいる。

1163 disease

- 1175 □ **injure** [índʒər] 他 （人など）にけがをさせる；（感情など）を傷つける
- □ 派 **injury** [índʒəri] 名 負傷；（名誉などを）傷つけること
- 1176 □ **wound** [wúːnd] 発 名 傷 他 を傷つける
- 1177 □ **cancer** [kǽnsər] 名 がん
- 1178 □ **cure** [kjúər] 他 を治療する；（cure A of B）AのBを治す 名 治療
- 1179 □ **heal** [híːl] 他 を治す〔癒やす〕 自 （傷などが）治る；癒える
- 1180 □ **recover** [rɪkʌ́vər] 自 （～から）回復する（from） 他 を取り戻す
- □ 派 **recovery** [rɪkʌ́vəri] 名 回復；取り戻し

1 2 3 4 5 6 7 8 9 10 11 12 13 14 15 16 17 18 19 20 21 22 23 24 25 26 27 28 29 30 31 32 33 34 35 36 37 38 39 40 41 42 43 44 45 46 47 48 49 50 51 52 53 54 55 56 57 58 59 60 61 62 63 64 65 66 67 68

656 長寿の秘訣（5）［医療］

Q. In which place do people eat meat only a few times a year?
a. Hunza. b. The Caucasus. c. Vilcabamba.

In some ways, the diets of the people living in the three regions are **quite**[1] different. Hunzukuts eat mainly **uncooked**[2] vegetables, fruit (especially apricots), and chapatis — a kind of pancake; they eat meat only a few times a year. The Caucasian diet is mainly milk, cheese, vegetables, fruit, and meat; most people there drink the **local**[3] red wine **daily**[4]. In Vilcabamba, people eat a **small**[5] amount of meat each week, but the diet **consists**[6] **largely**[7] of **grain**[8], **corn**[9], **beans**[10], potatoes, and fruit. (83 words)

重要表現

- □ ℓ.1 in some ways
- □ ℓ.7 a ～ amount of A
- □ ℓ.8 consist of ～

Listen! ▸▸▸ □ ① 英文を見ずに聞いてみる　□ ② 英文を見ながら聞いてみる
□ ③ 音を聞きながら音読してみる
▸▸▸ 音声

Q. 人々が年に数回しか肉を食べないのはどの場所ですか。
a. フンザ。　b. コーカサス。　c. ビルカバンバ。
答え：a

いくつかの点で，その３つの地域に住む人々の食事は**かなり**[1]異なっている。フンザ人は主に，**生の**[2]野菜と，果物（特にアンズ）とチャパティ―一種のパンケーキ―を食べる。彼らは肉を年に数回しか食べない。コーカサスの食事は主に，ミルク，チーズ，野菜，果物，そして肉である。そこのほとんどの人々は**地元の**[3]赤ワインを**毎日**[4]飲む。ビルカバンバでは，人々は毎週，**少しの**[5]量の肉を食べるが，食事は**主に**[7]，**穀類**[8]，**トウモロコシ**[9]，**豆**[10]，ジャガイモ，そして果物から**成っている**[6]。

□ いくつかの点で　□ ～の量の A
□ ～から成っている；～で構成されている

1181 **quite** [kwáɪt]	副 まったく；かなり ◆ *quite a few*（かなりたくさんの～）
1182 **cook** [kúk]	他 自 料理する　名 料理人
派 **uncooked** [ʌnkúkt]	形 料理していない，生の
1183 ＝ **raw** [rɔ́ː] 発	形（食物が）生の；加工されていない
1184 **local** [lóʊkl]	形 地元の；ある地方（特有）の ❗「田舎の」の意味はない。
1185 **daily** [déɪli]	形 副 日常（の）；毎日（の）
1186 **small** [smɔ́ːl]	形 小さい（＝ **little**）
＝ **tiny** [táɪni]	形 とても小さい；ごくわずかの
1187 ⇔ **huge** [hjúːdʒ]	形 巨大な，莫大な
1188 ⇔ **vast** [vǽst]	形 膨大な；広大な
1189 ⇔ **enormous** [ɪnɔ́ːrməs]	形 莫大な；巨大な
1190 ⇔ **tremendous** [trɪméndəs]	形（数量・程度・強さなどが）ものすごい；すばらしい
⇔ **massive** [mǽsɪv]	形 巨大な
派 **mass** [mǽs]	名 かたまり；多数；（the ～es）一般大衆
1191 **consist** 多 [kənsíst]	自（～から）成る（of）；（～に）存在する（in）
派 **consistent** [kənsístənt]	形（～において）首尾一貫した（in）；継続的な
1192 **largely** [lɑ́ːrdʒli]	副 ほとんど；主として（＝ **for the most part**）

Listen! ▸▸▸ □ ① 単語の発音を確認する　□ ② 例文の音声を聞いてみる
□ ③ 例文の音声を聞きながら音読してみる
▸▸▸ 音声

You are **quite** right to accept the offer.	あなたがその申し出を受けるのはまったく正しい。
I learned to **cook** when I was a student.	私は学生の時に料理することを学んだ。
It is common to eat *sukiyaki* with **raw** egg.	すき焼きを生卵で食べるのは一般的です。
All our food is made using **local** ingredients.	私たちの食品はすべて地元の材料を使って作られています。
What is your **daily** routine?	あなたの毎日の日課は何ですか。
Do you have this shirt in a **smaller** size?	このシャツのもっと小さいサイズはありますか。
There are lots of **huge** trees in the National Park.	その国立公園には多くの巨大な木が生えている。
The Sahara Desert is **vast**, covering 9 million square kilometers.	サハラ砂漠は広大で，900 万平方キロメートルにわたる。
Tokyo is an **enormous** city, with about 14 million people.	東京は巨大な都市で，人口は約1,400 万人だ。
She showed **tremendous** skill whenever she operated on a patient.	彼女は患者を手術する時はいつでもすばらしい技術を見せた。
Japan **consists** of four main islands.	日本は４つの主な島から成る。
Happiness **consists** in contentment.	幸福は満足することにある。
The class has been **largely** quiet this morning.	そのクラスは今朝はおおむね静かだ。

1193 □ **grain** [gréɪn]　名 穀物；わずかな量；粒

関 **crop** [krɑ́:p]　名（穀物などの）作物；収穫高

関 **harvest** [hɑ́:rvəst]　名 収穫（期）；収穫物　他 を収穫する

1194 □ **corn** [kɔ́:rn]　名 トウモロコシ

1195 □ **bean** [bí:n]　名 豆

ここで差がつく基本語 14　leave「離れる；放っておく」

leaveは「離れる；放っておく」というのが基本的な意味。前者の意味では自動詞と他動詞の両方が可能。また第5文型はkeepとよく似た形を作るが，「～の状態に放ったままにしておく」という意味でkeep（同じ状態を続かせる）と異なる。

□「(～を) 去る」

The birds **left** the nest.（鳥たちは巣を飛び立った。）

The birds **left** for the nest.（鳥たちは巣に向かって飛び立った。）

□「(～に) …を残す；(～に) …を任せる」

My father **left** me some cake.（父は私にケーキを残してくれた。）

Let's **leave** the decision to him.（彼に決定を任せよう。）

□「～に…を残して死ぬ」

His uncle **left** him a great amount of money.

（彼のおじは彼に巨額の金を残して死んだ。）

Many alcoholic drinks are made from **grain**.	多くのアルコール飲料は穀物からできている。
Shall we also steam some **corn**?	トウモロコシも少し蒸しましょうか。
Natto is made of soy **beans**.	納豆は大豆から作られる。

□「～を…の状態に放っておく」※第5文型

He **left the door open.**（彼はドアを開けっ放しにしておいた。）

He **left the engine running** while he went into the shop.
（彼は店に入っていく時，車のエンジンをかけたままにしていた。）

■leave の重要熟語表現

＋ behind ～の後ろに

leave ～ (behind)「～を置き忘れる；～を残して行く」
She **left** her bag **behind** in the train.
（彼女は列車にバッグを置き忘れた。）

＋ off ～から離れて

leave off (～)「(～を) やめる」
It's time to **leave off** work.（仕事をやめる時間だ。）

＋ 

leave out ～「～を落とす〔省く〕」
Your report won't meet their needs. You've **left out** the most important part.（君の報告書は彼らの要求を満たさないだろう。一番重要な所を抜かしているよ。）

6 57 長寿の秘訣（6）［医療］

Q. What vegetables do people in the three areas eat?
— Vegetables that (c　　) no chemicals.

1 **1** Experts found one surprising fact in the mountains of Ecuador: Most people there, even the very old, drink a lot of coffee and large amounts of **alcohol**[1], and **smoke**[2] heavily every day!

5 **2** However, the diets are **similar**[3] in two general ways. The fruits and vegetables that the **inhabitants**[4] of the three areas eat are all natural, that is, they **contain**[5] no chemicals, and the people do not eat as much as people do in other parts of the world. An **ordinary**[6] North American takes in an 10 average of 3,300 **calories**[7] every day; an ordinary person of these mountainous areas, between 1,700 and 2,000 calories.

(104 words)

重要表現

□ ℓ.3 large amounts of ～　　□ ℓ.7 that is
□ ℓ.9 take in A

Listen! ▸▸▸ □ ① 英文を見ずに聞いてみる □ ② 英文を見ながら聞いてみる □ ③ 音を聞きながら音読してみる ▸▸▸ 音声

Q. 3つの地域の人々はどんな野菜を食べていますか。
—化学物質を（　　　）いない野菜。　答え：contain（含んで）

1 専門家たちはエクアドルの山々の中で1つの驚くべき事実を発見した。そこのほとんどの人々は，とても高齢の人でさえ，毎日たくさんのコーヒーと大量の**アルコール**[1]を飲み，大量に**喫煙する**[2]のだ。

2 しかし，食事は2つの大まかな点で**類似して**[3]いる。3つの地域の**住人たち**[4]が食べる果物と野菜は，すべて自然のもの，つまり，それらは化学物質を**含んで**[5]おらず，その人々は，世界の他の地域で人々が食べるほどの量を食べることがない。**普通の**[6]北アメリカ人は，毎日平均3,300**カロリー**[7]を摂取する。これらの山岳地域の普通の人々は，1,700カロリーと2,000カロリーの間の量を摂取する。

□ 大量の～　□ つまり
□ Aを摂取する

1196 **alcohol** [ǽlkəhɔ̀(ː)l] 発	名 アルコール（飲料）
1197 **smoke** [smóuk]	名 煙；喫煙　自他（タバコを）吸う
1198 **similar** [símələr]	形（～に）よく似た（to）；同類〔種〕の（⇔ **different**）
派 **similarity** [sìməlérəti]	名 似ていること〔点〕
1199 関 **resemble** [rɪzémbl]	他 に似ている
派 **resemblance** [rɪzémbləns]	名 類似（点）
1200 関 **compare** 多 [kəmpéər]	他 を（～と）比較する（with, to）；を（～に）たとえる（to）　自（～に）匹敵する（with, to）
関 **contrast** 動 [kəntrǽst]　名 [ká:ntrɑst]	他 を対比する　自 よい対照となる　名 対照；相違 ◆ *in* 〔*by*〕 *contrast*（対照的に）
1201 関 **superior** [su(ː)píəriər] アク	形 優れた；上部〔上位〕の　名 上司 ◆ *be superior to* ～（～より優れている）
1202 関 **inferior** [ɪnfíəriər]	形 劣った ◆ *be inferior to* ～（～より劣っている）
1203 **inhabitant** [ɪnhǽbətənt]	名（通例～s）住民
派 **inhabit** [ɪnhǽbət] アク	他 に住む
1204 ≒ **resident** [rézədənt]	名 住民，居住者；滞在者
1205 **contain** [kəntéɪn] アク	他 を含む（≒ **include**）；を収容する
派 **container** [kəntéɪnər]	名 容器；コンテナ
1206 **ordinary** [ɔ́ːrdənèri]	形 普通の；ありふれた
1207 **calorie** [kǽləri]	名 カロリー

Listen! ▸▸▸ □ ① 単語の発音を確認する　□ ② 例文の音声を聞いてみる
□ ③ 例文の音声を聞きながら音読してみる　▸▸▸ 音声

You cannot buy **alcohol** in Japan if you are under 20.	20歳未満だと日本ではアルコールを購入できない。
I called the fire department after I saw **smoke**.	煙を見たあとで私は消防署に電話した。
My taste in music is **similar** to his.	私の音楽の好みは彼の音楽の好みと似ている。
I **resemble** my father more than my mother.	私は母よりも父に似ている。
Please don't **compare** me to my older brother.	私を兄と比べないでください。
The Roman army **was superior to** others in Europe at that time.	当時，ローマ軍はヨーロッパの他の軍よりも優れていた。
Cheap batteries are usually **inferior** in quality to more expensive ones.	安い電池はたいていもっと高価なものよりも品質が劣る。
Inhabitants of the city worried about the level of pollution.	その市の住民は公害の程度を心配していた。
This old people's home has more than one hundred **residents**.	この老人ホームには100人を超える居住者がいる。
The box **contains** enough candies for the whole class.	その箱にはクラス全員にわたるのに十分なあめが入っている。
His speech was pretty **ordinary**.	彼のスピーチはとても平凡だった。
I always check the number of **calories** before I buy food.	私は食べ物を買う前にいつもカロリー数を確認する。

658 長寿の秘訣（7）［医療］

Q. What are the two most important secrets of longevity?
— Physical exercise and (f　　) from worry.

Inhabitants in the three regions have more in **common**[1] than calories, natural food, their mountains, and their distance from modern cities. Because these people live in the **countryside**[2] and are **mostly**[3] **farmers**[4], their lives are **physically**[5] hard. **Therefore**[6], they do not need to go to health clubs because they get a lot of **exercise**[7] in their daily work. In **addition**[8], although their lives are hard, the people do not **seem**[9] to have the **worries**[10] of city people. Their lives are **quiet**[11]. Because of that, some experts believe that physical exercise and **freedom**[12] from worry might be the two most important secrets of longevity. (103 words)

重要表現

□ ℓ.1 have ～ in common　　□ ℓ.7 in addition
□ ℓ.8 seem to *do*

Listen! ▶▶▶ □ ① 英文を見ずに聞いてみる　□ ② 英文を見ながら聞いてみる
□ ③ 音を聞きながら音読してみる
▶▶▶ 音声

Q. 長寿の最も重要な2つの秘訣とは何ですか。
—肉体的運動と心配からの（　　　）。　答え：freedom（解放）

3つの地域の住人たちは，カロリー，自然な食べ物，山々，そして現代的な都市からの距離よりも多くのものを**共通**[1]して持っている。これらの人々は**田舎**[2]に住んでおり，**主に**[3] **農夫**[4]であるために，彼らの生活は**肉体的に**[5]厳しい。**したがって**[6]，毎日の仕事でたくさんの**運動**[7]をするので，スポーツクラブへ行く必要がない。それに**加え**[8]て，生活は骨の折れるものだが，その人々は，都市の人々が持っている**心配事**[10]を持ってはいない**ように思える**[9]。彼らの生活は**平穏**[11]だ。そのために，一部の専門家は，肉体的運動と，心配からの**解放**[12]が，2つの最も重要な長寿の秘訣であるかもしれないと考えている。

□ ～を共有している　□ それに加えて；その上
□ …するようだ；…するように思える

1208	**common** [ká:mən]	形 普通の；共通の
1209	関 **mutual** [mjú:tʃuəl]	形 相互の；共通の
1210	**countryside** [kʌ́ntrisàɪd]	名（通例 the ～）地方；田舎；田園地帯
1211	**mostly** [móustli]	副 主に；たいていは
1212	**farmer** [fá:rmər]	名 農場経営者，農場主
1213	派 **farm** [fá:rm]	名 農場
1214	関 **agriculture** [ǽgrɪkʌ̀ltʃər] アク	名 農業
	派 **agricultural** [æ̀grɪkʌ́ltʃərəl] アク	形 農業の
	関 **greenhouse** [grí:nhàus]	名 温室
1215	**physically** [fízɪkəli]	副 身体的に；物理（学）的に（派 形 **physical**）
1216	**therefore** [ðéərfɔ̀:r]	副 したがって
1217	同 **thus** [ðʌ́s]	副 したがって；このように（して）
1218	関 **otherwise** [ʌ́ðərwàɪz]	副 そうでなければ；別のやり方で；他の点では
1219	**exercise** 多 [éksərsàɪz]	名 課題；行使；練習；運動　他（権力）を行使する；を運動させる　自 運動する
1220	同 **practice** 多 [prǽktɪs]	名 練習；実行（⇔ **theory**）；習慣　自 他 練習する；実行する ◆ *in practice*（実際は） ◆ *put ～ into practice*（～を実行する）

Listen! ▸▸▸ □ ① 単語の発音を確認する　□ ② 例文の音声を聞いてみる　□ ③ 例文の音声を聞きながら音読してみる

▸▸▸ 音声

This bird is **common** in Japan.	この鳥は日本では一般的だ。
The feeling of respect between the players was **mutual**.	選手間の尊敬の気持ちは相互のものだった。
When I retire, I want to live in the **countryside**.	退職したら，私は田舎に住みたい。
I **mostly** read historical novels.	私は主に歴史小説を読む。
Most **farmers** in the district grow wheat and potatoes.	その地域のほとんどの農場主は小麦とジャガイモを育てている。
My uncle owns a big **farm**.	私のおじは大きな農場を所有している。
Many people noticed the importance of **agriculture** in Japan.	多くの人々が日本における農業の重要性に気づいた。
It is not **physically** possible for a human to run 100m in 8 seconds.	人間が 100 メートルを 8 秒で走るのは身体的に不可能だ。
I had a bad cold, and **therefore** could not go to school.	私はひどい風邪をひいてしまい，それで学校に行けなかった。
We lost the game and **thus** won't be able to go to the finals.	私たちは試合に負けた，したがって決勝には行けないだろう。
We'd better take a map; **otherwise**, we might get lost.	地図を持って行った方がいい。そうしないと道に迷うかもしれない。
Finish this **exercise** before the end of class.	授業が終わるまでにこの課題を終えなさい。
Practice makes perfect.	（ことわざ）練習によって完璧になる〔習うより慣れろ〕。

1221 □ 派 **practical** [prǽktɪkl]	形 実際的な；実用的な；適した
派 **practically** [prǽktɪkəli]	副 ほとんど（≒ **almost**）；実際的に；事実上
関 **discipline** [dísəplən] アク	名 訓練；しつけ；規律　他 を訓練する；をしつける
1222 □ 関 **theory** [θí:əri]	名 理論；学説
派 **theoretical** [θì:ərétɪkl] アク	形 理論（上）の

1223 □ **addition** [ədíʃən] アク	名 追加（分）；足し算 ◆ *in addition*（その上）
関 **moreover** [mɔ:róuvər]	副 さらに，その上
関 **furthermore** [fə́:rðərmɔ̀:r]	副 さらに，その上

1224 □ **seem** [sí:m]	自（…のように）思われる〔見える〕
派 **seemingly** [sí:mɪŋli]	副 外見上は；（文修飾）どうやら

1225 □ **worry** [wə́:ri]	自（～について）心配する（about, over）　他 を心配させる　名 心配（事）
1226 □ ≒ **concern** 多 [kənsə́:rn]	他 を心配させる；に関係する　名 心配；関心；関係
1227 □ 関 **anxious** 多 [ǽŋkʃəs] アク	形（～について）心配して（about）；（～を／…することを）切望して（for/to *do*）
派 **anxiety** [aŋzáɪəti] 発 アク	名 心配（の種）；切望
1228 □ 関 **annoy** [ənɔ́ɪ]	他 をいらいらさせる，を悩ませる
1229 □ 関 **nervous** [nə́:rvəs]	形 神経の；神経質な；心配した
1230 □ 関 **upset** [ʌpsét]	他 をあわてさせる；をひっくり返す；（胃など）の調子を悪くする　名 ろうばい 活用 upset - upset - upset
1231 □ 関 **bother** [bá:ðər]	自 他 悩む〔ます〕；（通例否定文で）わざわざ…する（to *do*）

I don't think the invention is **practical**.	その発明は実用的だとは思わない。
Your plans are good in **theory**, but they won't work in practice.	あなたの計画は理論上はいいが，実際にはうまくいかないだろう。
It was cold, and **in addition**, it was windy.	寒かった。その上，風が強かった。
He **seems** to be ill. ≒It **seems** that he is ill.	彼は病気のようだ。
You **worry** about it too much.	それについて心配しすぎだよ。
What is **worrying** you?	何が君を悩ませているの〔君は何を心配しているの〕？
Thank you for your **concern** about my health.	私の健康を心配してくれてありがとう。
Jim is **anxious** about his health.	ジムは健康を気遣っている。
She was **anxious** to know the results.	彼女は結果を知りたがっていた。
The music from the next room is starting to **annoy** me.	となりの部屋からの音楽が私をいらいらさせ始めている。
I'm feeling **nervous** about the interview on Friday.	私は金曜の面接のことで神経質になっている。
She was really **upset** when she heard the news.	彼女はその知らせを聞いて本当に動揺した。
Does the sound of the TV **bother** you?	テレビの音はあなたを悩ませていますか。

1232 □ 関 **stress** [strés]	名 緊張；ストレス；圧力；強調　他 を強調する
派 **stressful** [-fl]	形 ストレスの多い
関 **strain** [stréɪn]	名 張り；緊張　他 を痛める；を酷使する
関 **burden** [bə́ːrdn]	名 重荷
1233 □ **quiet** [kwáɪət]	形 静かな；平穏な
派 **quietly** [-li]	副 静かに，そっと
1234 □ ≒ **calm** [kɑ́ːm]	形 穏やかな（≒ **gentle**）
1235 □ ⇔ **noisy** [nɔ́ɪzi]	形 騒々しい
1236 □ **freedom** [fríːdəm]	名 自由（であること）；解放
1237 □ 派 **free** [fríː]	形 自由な；暇な；無料の
≒ **liberty** [líbərti]	名（拘束などのない）自由
関 **release** [rɪlíːs]	他 を放つ；を解放する；を公表する；（本など）を発売する　名 放出；解放；発売

Many of these diseases are thought to be caused by **stress**. これらの病気の多くはストレスが原因だと考えられている。

He **stressed** this point. 彼はこの点を強調した。

I got angry because you didn't keep **quiet**. 私が怒ったのは君たちが静かにしていなかったからだ。

The ocean was **calm**. 海は穏やかだった。

I got angry with the **noisy** children. 私はその騒がしい子供たちに腹を立てた。

The war began because people wanted more **freedom**. 人々がさらなる自由を求めたために戦争が始まった。

I prefer to see animals **free** in the wild than in a zoo. 動物園の動物よりも野生で自由にしている動物を見るのが好きだ。

7 59 鳥の卵は優れもの（1）［科学］

Q. What is the yolk's job?
— To (p　　) food for the new life.

1 **1** A bird's egg is a **marvelous**[1] **object**[2]. People have called it "the most **perfect**[3] thing in the **universe**[4]." You will probably agree if you learn more about a bird's egg. Take a closer look at the next egg you open in the kitchen. All of 5 its parts have very important **jobs**[5].

2 From a hen's* **point**[6] of **view**[7], the egg that gets into the **frying**[8] **pan**[9] is a **failure**[10]. Its **real**[11] job in **nature**[12] is to give life to another bird. This can happen only if the egg is fertilized* by the male bird. The new life begins in the rich yellow 10 globe called the yolk*. The yolk provides food for the new life as it grows inside the **shell**[13]. (119 words)

* hen「めんどり」 fertilize「を受精させる」 yolk「卵黄」

重要表現

□ ℓ.6 get into ～　　□ ℓ.8 only if ...

Listen! ▸▸▸ □ ① 英文を見ずに聞いてみる　□ ② 英文を見ながら聞いてみる
□ ③ 音を聞きながら音読してみる
▸▸▸ 音声

Q. 卵黄の役割は何ですか。
—新しい命に栄養物を（　　　）こと。　答え：provide（供給する）

1 鳥の卵は，**素晴らしい**[1] **もの**[2]である。人々はそれを「**宇宙**[4]で最も**完璧な**[3]もの」と呼んできた。もし，鳥の卵についてさらに知れば，あなたはおそらく（そのことに）同意するだろう。台所であなたが割る今度の卵をもう少し綿密に見てみよう。そのそれぞれの部分すべてには，とても大事な**役目**[5]があるのだ。

2 めんどりの**考え**[7]の**点**[6]〔立場〕からすると，**炒め**[8] **鍋**[9]〔フライパン〕に入る卵は**失敗作**[10]である。**自然界**[12]における，卵の**本当の**[11]役目は，別の鳥に命を与えることなのだ。このことは，雄の鳥によって卵が受精した時にだけ起こりうる。新しい命は，卵黄と呼ばれる栄養に富んだ黄色い球体の中で始まる。**殻**[13]の内側で新しい命が育つにつれて，卵黄はその命に栄養物を供給する。

□ ～に入る　□ …の場合だけ

1238 **marvelous** [máːrvələs]	形 すばらしい；驚くべき
1239 **object** 多 名 [ɑ́ːbdʒɪkt] 動 [əbdʒékt]	名 物；対象；目的　自 (〜に) 反対する (to) 他 だと反対する (that)
派 **objective** [əbdʒéktɪv] 多	名 目標　形 客観的な
派 **objection** [əbdʒékʃən]	名 抗議；反対
1240 ⊜ **target** [tɑ́ːrgət]	名 (攻撃の) 的；達成目標　他 をねらう
1241 関 **resist** [rɪzíst]	自 他 抵抗する；(通例否定文で) 我慢する
派 **resistant** [rɪzístənt]	形 抵抗する；耐性のある
派 **resistance** [rɪzístəns]	名 抵抗 (力)
1242 関 **protest** 動 [prətést] 名 [próʊtest]	他 に抗議する；を主張する　自 抗議する　名 抗議；主張
1243 関 **complain** [kəmpléɪn]	自 (〜のことで) 不平を言う (about, of)　他 と不平を言う (that)
派 **complaint** [kəmpléɪnt]	名 不平
1244 **perfect** [pə́ːrfɪkt]	形 完全な
1245 **universe** [júːnəvə̀ːrs] アク	名 (the 〜) 宇宙 (⊜ **space**)；全世界
1246 派 **universal** [jùːnəvə́ːrsl]	形 全世界の；普遍的な
1247 **job** [dʒɑ́ːb]	名 仕事；役目
1248 **point** [pɔ́ɪnt]	名 点；要点；言い分　他 (銃など) を向ける；を指摘する　自 (〜を) 指さす (to) ◆ *point of view* (視点；観点；立場)
1249 **view** 多 [vjúː]	名 (〜に関する) 見解 (about, on)；眺め；視野 他 を観察する；を (〜と) みなす (as)

Listen! ▶▶▶ □ ① 単語の発音を確認する　□ ② 例文の音声を聞いてみる
□ ③ 例文の音声を聞きながら音読してみる
▶▶▶ 音声

The magician gave a **marvelous** performance for the children.
その手品師は子供たちのためにすばらしい演技を行った。

The **object** of this study is women in their 20s.
この研究の対象は 20 代の女性だ。

They **objected** to our plans.
彼らは私たちの計画に反対した。

We have hit our sales **target** already.
私たちはすでに売上目標を達成している。

I can't **resist** another piece of cake.
ケーキをもう 1 切れ食べるのを我慢することができない。

We should **protest** against these unfair rules.
私たちはこれらの不公平な規則に抗議すべきだ。

I **complained** about the broken heater to the building manager.
私はビルの管理人に壊れた暖房のことで不平を言った。

Nobody is **perfect**.
完璧な人はいない。

Is there intelligent life elsewhere in the **universe**?
宇宙のどこかに知的生命体が存在するのだろうか。

We talked about **universal** peace.
私たちは全世界の平和について議論をした。

Jim has been looking for a part-time **job** for a few months now.
ジムはこの 2，3 か月パートタイムの仕事を探している。

What's the **point** of your argument?
あなたの主張の要点は何ですか。

They have different **views** on this matter.
彼らはこの件について異なった意見を持っています。

1250 □ 同 **opinion** [əpínjən] — 名 意見
◆ *in one's opinion*（～の考えでは）

同 **outlook** [áutlùk] アク — 名（物の）見方；（将来の）見通し

1251 □ 同 **sight** [sáit] 多 — 名 見ること；光景；視界；視力；（～s）名所
◆ *at (the) sight of* ～（～を見て）
◆ *at first sight*（一目で；一見したところでは）

同 **landscape** [lǽndskèip] — 名（一望できる陸地の）風景（画）

1252 □ **fry** [frái] — 他 を炒める〔揚げる〕

1253 □ 関 **boil** [bɔ́il] — 他 を煮る；を沸騰させる　自 煮える；沸騰する

1254 □ **pan** [pǽn] — 名 平なべ；フライパン

1255 □ **failure** [féiljər] — 名 失敗

1256 □ **real** [ríːjəl, ríːl] — 形 実在する；現実の；本当の

⇔ **virtual** [vɔ́ːrtʃuəl] — 形 仮想上の；事実上の

1257 □ **nature** [néitʃər] — 名 自然（界）；（生まれつきの）性質；（物事の）本質

1258 □ **shell** [ʃél] — 名（貝）殻

まとめてチェック 33 仕事

1259 □ **profession** [prəféʃən] — 名 職業；（the ～）同業者集団

□ 派 **professional** [prəféʃənl] — 形 専門的な；プロの

1260 □ **occupation** 多 [àːkjəpéiʃən] — 名 職業；占領

1261 □ 派 **occupy** [áːkjəpài] アク — 他 を占める；を占領する

We have different **opinions** on that matter.	その件については私たちは意見が異なる。
He began to lose his **sight** when he was seventy years old.	彼は 70 歳の時に視力を失い始めた。
He **fried** the vegetables while the chicken was roasting.	彼は鶏が焼ける間に野菜を炒めた。
How long does it take to **boil** an egg?	卵をゆでるのにはどのくらい時間がかかりますか。
Place the meat in the **pan** and cook on medium heat.	お肉をフライパンに乗せて中火で調理しなさい。
What caused this **failure**?	何がこの失敗の原因になったのだろうか。
He was told to write his **real** name.	彼は本名を書くように言われた。
On Sundays, I walk around and enjoy **nature**.	日曜日には私は散歩して自然を満喫する。
They gathered **shells** on the beach.	彼らは浜で貝殻を集めた。

⊂1247 job

1262 □ **employ** [ɪmplɔ́ɪ]	他 を雇う；(方法など) を使用する
□ 派 **employment** [ɪmplɔ́ɪmənt]	名 雇用
□ 派 **employer** [ɪmplɔ́ɪər]	名 雇い主
□ 派 **employee** [ɪmplɔ́ɪiː, èmplɔɪíː] アク	名 従業員；被雇用者

7 60 鳥の卵は優れもの（2）[科学]

Q. What is the egg white's job?
— It acts as a (g　　) shock absorber.

1 **1** All around the yolk is the egg white*. This part **acts**[1] as a **gentle**[2] **shock**[3] **absorber**[4] that protects the yolk and the **developing**[5] chick*. The white is primarily water, but it also holds some of the foods and **minerals**[6] needed to **build**[7] a
5 bird.

2 Around the yolk and egg white is a **thin**[8], **flexible**[9] **skin**[10]. Another skin is **tightly**[11] **attached**[12] to the inside of the shell.

(66 words)

* white「(卵の) 白身」 chick「ひな鳥」

重要表現

☐ ℓ.4 need to *do*

Listen! ▸▸▸ □ ① 英文を見ずに聞いてみる　□ ② 英文を見ながら聞いてみる　□ ③ 音を聞きながら音読してみる

▸▸▸ 音声

Q. 卵白の役割は何ですか。
—（　　　）衝撃吸収体としての役割を果たす。　答え：gentle（やわらかな）

1 卵黄の周囲はすべて卵白である。この部分は，卵黄と**成長途中の**[5]ひな鳥を保護する，**やわらかな**[2] **衝撃**[3] **吸収体**[4]としての**役割を果たす**[1]。卵白は主として水分であるが，1 羽の鳥の身体**を作る**[7]のに必要な栄養物や**ミネラル**[6]の一部も保持している。

2 卵黄と卵白の周囲には，**薄くて**[8] **柔軟な**[9] **膜**[10]がある。もう 1 枚の膜は，殻の内側に**ぴったりと**[11] **貼りついて**[12]いる。

□ …する必要がある

1263 □ **act** [ǽkt]	自 行動する；振る舞う　他 を演じる　名 行為
1264 □ 関 **react** [riǽkt]	自 反応する
派 **reaction** [riǽkʃən]	名 反応
関 **interact** [ìntərǽkt]	自 交流する；(～と) 相互に影響する (with)
派 **interaction** [ìntərǽkʃən]	名 (人との) 交流；相互作用
1265 □ **gentle** [dʒéntl]	形 優しい；穏やかな
派 **gently** [dʒéntli]	副 優しく；穏やかに
1266 □ **shock** [ʃɑ́:k]	名 衝撃；打撃　他 に衝撃を与える
関 **overwhelm** [òuvərwélm]	他 を圧倒する；を困惑させる
1267 □ **absorb** [əbzɔ́:rb, -sɔ́:rb]	他 を吸収する；を夢中にさせる
派 **absorber** [əbzɔ́:rbər]	名 吸収するもの；(自転車などの) 緩衝器
1268 □ **develop** [dɪvéləp]	他 を発達させる；を開発する　自 発達する
派 **development** [-mənt]	名 発達
関 **pioneer** [pàɪəníər] アク	名 開拓者；先駆者
1269 □ **mineral** [mínərəl]	名 鉱物；ミネラル
1270 □ **build** [bíld]	他 を建てる；を造る 活用 build - built - built
1271 □ 書 **construct** [kənstrʌ́kt]	他 を建設する
派 **construction** [kənstrʌ́kʃən]	名 建設；建築物

Listen! ▶▶▶ □ ① 単語の発音を確認する □ ② 例文の音声を聞いてみる □ ③ 例文の音声を聞きながら音読してみる ▶▶▶ 音声

It is time to **act**.	行動すべき時だ。
How did they **react** to the news?	彼らはその知らせにどのように反応しましたか。
He has a **gentle** heart.	彼は優しい心を持っている。
I felt the strong **shock** of the earthquake.	地震の強い衝撃を感じた。
He was deeply **shocked** by his dog's sudden death.	彼は犬の急死に大きな衝撃を受けた。
Children easily **absorb** knowledge.	子供は容易に知識を吸収する。
His company specialized in **developing** waste land.	彼の会社は荒れ地を開発するのを専門にしていた。
Africa is rich in **minerals** such as gold and diamonds.	アフリカには金やダイヤモンドなどの鉱物が豊富にある。
There are some birds which **build** their nests among the rocks.	岩の間に巣を作る鳥もいる。
The children **constructed** a model castle from cardboard boxes.	子供たちは段ボール箱で模型のお城を造った。

1272 関 **establish** [ɪstǽblɪʃ]	他 を設立する (≒ **set up**)；(評判・先例) を確立する；を立証する
派 **establishment** [-mənt]	名 設立；施設
1273 関 **found** [fáʊnd]	他 を創立する
派 **foundation** [faʊndéɪʃən]	名 基礎；設立
派 **founder** [fáʊndər]	名 創立者，創設者
1274 関 **constitute** [kɑ́:nstət(j)ù:t] アク	他 を構成する
派 **constitution** 多 [kɑ̀:nstət(j)ú:ʃən]	名 構成；体質；憲法
1275 **thin** [θín]	形 薄い；細い；(病気などで) やせた
1276 ⇔ **thick** [θík]	形 厚い；太い
1277 **flexible** [fléksəbl]	形 柔軟な
派 **flexibility** [flèksəbíləti]	名 柔軟性
1278 **skin** [skín]	名 皮 (膚)；肌；膜
1279 **tightly** [táɪtli]	副 ぴったりと；強く
1280 派 **tight** [táɪt]	形 しっかり固定した；きつい
1281 **attach** [ətǽtʃ]	他 を取り付ける
派 **attachment** [-mənt]	名 取り付け；付属品；愛情，愛着

Our company was **established** in 1931.	私たちの会社は 1931 年に設立された。
Our school was **founded** one hundred years ago.	私たちの学校は 100 年前に創立された。
49% of the votes does not **constitute** a majority.	49%の投票では過半数にはならない。
We should be careful. The ice is **thin** here.	気をつけた方がいい。ここは氷が薄いよ。
He wears glasses with **thick** lenses.	彼は分厚いレンズの眼鏡をかけている。
We should be **flexible** when making an agreement.	私たちは合意をする時には柔軟になるべきだ。
The wind feels cold on my **skin**.	風が肌に寒く感じられる。
She held her father's hand **tightly**.	彼女は父親の手を強くつかんだ。
She felt that the coat was **tight** under the arms.	彼女はそのコートは両腕の下のところがきついと感じた。
Several labels were **attached** to the box.	その箱には何枚かのラベルが貼りつけられていた。

まとめてチェック ㉞ 相手への反応

1282 □ **praise** [préɪz] 発　名 賞賛　他 を賞賛する

1283 □ **admire** [ədmáɪər]　他 自 賞賛する；感心する

□ 派 **admiration** [æ̀dməréɪʃən]　名 賞賛（の的）

1284 □ **respect** [rɪspékt]　名 尊敬；尊重；点　他 を尊敬する；を尊重する

◆ ***with respect to ~*** （～に関しては）

□ 派 **respectable** [rɪspéktəbl]　形 （社会的に）きちんとした

□ 派 **respectful** [rɪspéktfl]　形 丁重な；礼儀正しい

□ **honor** [ɑ́:nər] 発　名 名誉；敬意　他 に名誉を与える；を尊敬する

1285 □ **ignore** [ɪgnɔ́:r]　他 を無視する

↳1264 react

□ 派 **ignorant** [ígnərənt] アク	形 無知の；(～について) 知らない (of)
□ 派 **ignorance** [ígnərəns] アク	名 無知；知らないこと
1286 □ **insult** 動 [ɪnsʌ́lt] 名 [ˊ–]	他 を侮辱する 名 (～に対する) 侮辱 (to)
1287 □ **blame** [bléɪm]	他 を非難する；のせいにする 名 責任；非難
1288 □ **apologize** [əpɑ́:lədʒàɪz] アク	自 謝る
□ 派 **apology** [əpɑ́:lədʒi] アク	名 謝罪
1289 □ **shame** [ʃéɪm]	名 恥；(a ～) 残念なこと
□ 派 **shameful** [ʃéɪmfl]	形 恥ずべき

7 61 鳥の卵は優れもの (3) [科学]

Q. What happens when the egg cools and shrinks?
— There leaves an (e　　) space inside the egg.

1 **1** You may **notice**[1] that there is a pocket of air inside the egg, usually at its large end. When the mother bird **lays**[2] her egg, there is no air **space**[3] inside it. Instead it is filled **completely**[4] by the yolk and white. But the egg cools, and 5 as it cools, it **shrinks**[5]. The shell, however, shrinks less than the inside of the egg, and leaves an empty space for air between the two skins.

2 The young chick needs to live on this air before it breaks out of its shell. It also gets some **oxygen**[6] from outside the 10 shell, because the shell and the skins are not completely airtight*.

(109 words)

* airtight「密閉した」

重要表現

☐ ℓ.8 live on ～　☐ ℓ.8 break out of ～
☐ ℓ.10 not completely

Listen! ▸▸▸ □ ① 英文を見ずに聞いてみる　□ ② 英文を見ながら聞いてみる
□ ③ 音を聞きながら音読してみる
▸▸▸ 音声

Q. 卵が冷えて縮むと何が起こりますか。
—卵の内部に（　　　）空間が残る。　答え：empty（何もない）

1 あなたは，卵の内側，通常は卵の大きい方の端に，空気のポケットがあること**に気づく**[1]かもしれない。母鳥が卵**を産む**[2]時には，その中には空気のある**空間**[3]はない。その代わりに，卵は卵黄と卵白に**完全に**[4]満たされている。しかし，卵は冷え，そして，冷えるにつれて卵は**縮む**[5]。ところが，殻は卵の内部と比べて収縮はより少なく，そのため2枚の膜の間には，空気が入る何もない空間が残るのである。

2 幼いひな鳥は，その殻を破って出てくる前に，この空気で生きる必要がある。殻と膜は完全に密閉してあるわけではないので，ひな鳥は殻の外側から，いくらかの**酸素**[6]を取り入れてもいる。

□ ～に頼って生きる　□ ～から出る
□ 完全に…というわけではない

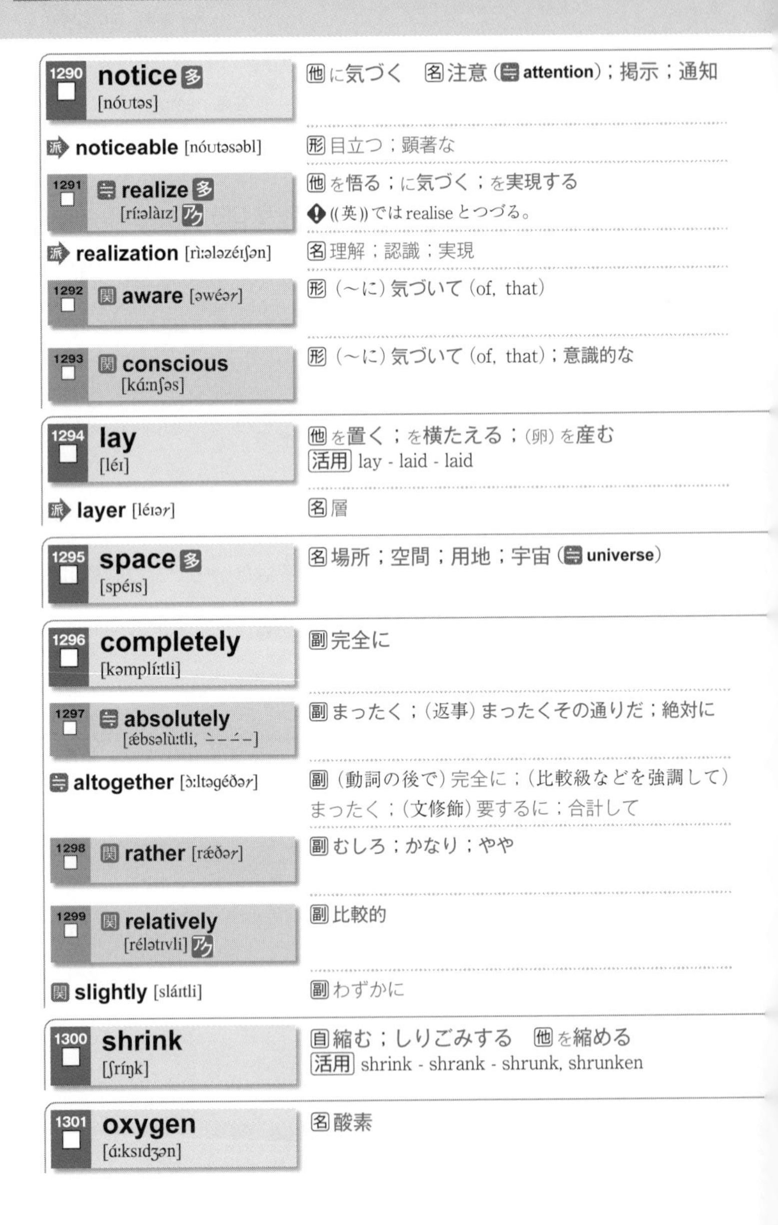

1290 **notice** 多 [nóʊtəs]	他 に気づく　名 注意 (≒ **attention**)；掲示；通知
派 **noticeable** [nóʊtəsəbl]	形 目立つ；顕著な
1291 ≒ **realize** 多 [ríːəlàɪz] アク	他 を悟る；に気づく；を実現する ❗ ((英)) では realise とつづる。
派 **realization** [rìːələzéɪʃən]	名 理解；認識；実現
1292 関 **aware** [əwéər]	形 (～に) 気づいて (of, that)
1293 関 **conscious** [kɑ́ːnʃəs]	形 (～に) 気づいて (of, that)；意識的な
1294 **lay** [léɪ]	他 を置く；を横たえる；(卵) を産む 活用 lay - laid - laid
派 **layer** [léɪər]	名 層
1295 **space** 多 [spéɪs]	名 場所；空間；用地；宇宙 (≒ **universe**)
1296 **completely** [kəmplíːtli]	副 完全に
1297 ≒ **absolutely** [ǽbsəlùːtli, ⸗−⸗−]	副 まったく；(返事) まったくその通りだ；絶対に
≒ **altogether** [ɔ̀ːltəgéðər]	副 (動詞の後で) 完全に；(比較級などを強調して) まったく；(文修飾) 要するに；合計して
1298 関 **rather** [rǽðər]	副 むしろ；かなり；やや
1299 関 **relatively** [rélətɪvli] アク	副 比較的
関 **slightly** [sláɪtli]	副 わずかに
1300 **shrink** [ʃríŋk]	自 縮む；しりごみする　他 を縮める 活用 shrink - shrank - shrunk, shrunken
1301 **oxygen** [ɑ́ːksɪdʒən]	名 酸素

Listen! ▸▸▸ □ ① 単語の発音を確認する　□ ② 例文の音声を聞いてみる
□ ③ 例文の音声を聞きながら音読してみる
▸▸▸ 音声

No one **noticed** how the girl was dressed.	その女の子がどんな服を着ていたかだれも気づかなかった。
Her dreams were **realized**.	彼女の夢は実現された。
Are you **aware** that your jacket is torn?	ジャケットが破れているのに気づいていますか。
I'm **conscious** of the fact that we need to speed up.	私たちは速度を上げる必要があるという事実に私は気づいている。
She **laid** her keys on the table.	彼女はテーブルの上にかぎを置いた。
There is not enough **space** for 50 chairs in this room.	この部屋にいすを 50 脚入れる十分な空間はない。
The twins look **completely** different.	その双子はまったく異なって見える。
I'm **absolutely** certain that I will pass the exam.	私は試験に合格すると完全に確信している。
I have **rather** a lot of work to do this weekend.	私はこの週末にすべきかなり多くの仕事がある。
It has been **relatively** cold recently.	最近，比較的寒くなっている。
My jeans have **shrunk** in the dryer.	私のジーンズは乾燥機で縮んでしまった。
People must breathe **oxygen** in order to live.	人は生きるために酸素を吸わなければならない。

1 2 3 4 5 6 7 8 9 10 11 12 13 14 15 16 17 18 19 20 21 22 23 24 25 26 27 28 29 30 31 32 33 34 35 36 37 38 39 40 41 42 43 44 45 46 47 48 49 50 51 52 53 54 55 56 57 58 59 60 61 62 63 64 65 66 67 68

まとめてチェック ㉟ 宇宙

- □ 1302 **satellite** [sǽtəlàɪt] アク — 名 (人工) 衛星
- □ **orbit** [ɔ́ːrbət] — 名 (惑星・人工衛星などの) 軌道
- □ 1303 **gravity** [grǽvəti] — 名 重力

↳1295 space

□ **astronomy** [əstrɑ́:nəmi] 名 天文学

□ 派 **astronomer** [əstrɑ́:nəmər] 名 天文学者

□ **astronaut** [ǽstrənɔ:t] アク 名 宇宙飛行士

7 62 鳥の卵は優れもの（4）[科学]

Q. What will happen if a bird becomes pregnant?
— It will be too heavy to (f　　).

1 The eggshell* is an **excellent**[1] package for the **treasure**[2] it holds. Its **curved**[3] **design**[4] gives it **strength**[5]. It needs to be strong **enough**[6] not to break **beneath**[7] the **weight**[8] of the parent birds as they **sit**[9] on it, but weak enough to let the young bird break out when the time comes for hatching*.

2 Why do birds lay eggs? Why do they not give birth to their young the way most animals do? As one scientist explained it, "A bird, if it becomes pregnant*, will be too heavy to fly." By **producing**[10] her young outside her body, the mother bird is still light enough to fly when it needs to **escape**[11] enemies and to find food. (116 words)

* eggshell「卵の殻」 hatch「(ひな・卵が)孵化(ふか)する」 pregnant「妊娠した」

重要表現

- □ ℓ.3 ～ enough to *do*
- □ ℓ.4 let ～ *do*
- □ ℓ.8 too ～ to *do*

Listen! ▸▸▸ ☐ ① 英文を見ずに聞いてみる ☐ ② 英文を見ながら聞いてみる
☐ ③ 音を聞きながら音読してみる
▸▸▸ 音声

Q. もし鳥が子供を宿したら，何が起こりますか。
—重すぎて（　　　）なくなる。　答え：fly（飛べ）

1 卵の殻は，それが収容している**宝物**[2]にとって，**非常に優れた**[1]容器である。その**湾曲した**[3] **デザイン**[4]は，卵の殻に**強度**[5]を与えている。それは，親鳥たちがその上に**座る**[9]時に，彼らの**体重の**[8] **下で**[7]壊れないくらい**十分に**[6]丈夫でなければならないが，孵化（ふか）を迎える時には，ひな鳥に（殻を）破らせるくらい十分に弱い必要があるのだ。

2 鳥類はどうして卵を産むのだろうか。彼らはなぜ，ほとんどの動物がする方法で，子供の出産をしないのだろうか。ある科学者がそれを説明したことによれば，「鳥は，もし子供を宿したら，重すぎて飛べなくなるだろう」ということだ。体外で子供**を産む**[10]ことによって，敵**から逃れた**[11]り，食べ物を探し出したりする必要がある時に，母鳥は依然として飛ぶのに十分なほど軽いのである。

☐ …するのに十分に～　☐ ～に…させてやる
☐ あまりに～で…できない

1304 **excellent** [éksələnt] — 形 非常に優れた
- 派 **excellence** [éksələns] — 名 優秀さ
- 派 **excel** [ɪksél] — 自 優れている；秀でている

1305 ≒ **fantastic** [fæntǽstɪk] — 形 すてきな；途方もない；架空の

1306 ≒ **fine** [fáɪn] 多 — 形 立派な；元気な；晴れた；細かい　名 罰金
- 関 **elegant** [éləgənt] — 形 優雅な；上品な

1307 関 **noble** [nóʊbl] — 形 気高い；貴族の　名 貴族
- 関 **royal** [rɔ́ɪəl] — 形 国王の；王立の

1308 **treasure** [tréʒər] 発 — 名 宝物；貴重品

1309 **curve** [kə́ːrv] — 他 を曲げる　自 曲線を描く　名 曲線
- ≒ **bend** [bénd] — 他 を曲げる　自 曲がる；かがむ　活用 bend - bent - bent
- ⇔ **straight** [stréɪt] — 形 まっすぐな　副 まっすぐに；直接

1310 **design** [dɪzáɪn, də-] — 名 設計（図）；デザイン　他 を設計する；を想定する

1311 **strength** [stréŋkθ] — 名 力；強さ（≒ **power**）
- 派 **strengthen** [stréŋkθn] — 他 を強く〔強化〕する；を補強する（⇔ **weaken**）

1312 ≒ **force** [fɔ́ːrs] 多 — 他 (force A to *do*) Aに無理やり…させる；に押しつける　名 (暴) 力；(～s) 軍隊
- 関 **reinforce** [rìːɪnfɔ́ːrs] — 他 を強化する；を補強する
- 関 **compel** [kəmpél] アク — 他 (compel A to *do*) Aに…することを強いる
- 関 **impose** [ɪmpóʊz] — 他 を (～に) 課す；を (～に) 押しつける (on)　自 (～に) つけこむ (on)

Listen! ▶▶▶ □ ① 単語の発音を確認する □ ② 例文の音声を聞いてみる
□ ③ 例文の音声を聞きながら音読してみる
▶▶▶ 音声

She gave an **excellent** speech.
彼女はすばらしいスピーチをした。

Studying in Paris will be a **fantastic** opportunity for Mika.
パリで学ぶことはミカにとってすてきな機会になるだろう。

"How are you?" "**Fine**, thank you."
「ご機嫌いかが」「ありがとう，元気です」

Ann does a **noble** job at the children's hospital.
アンは子供病院で立派な仕事をしている。

Treasures can be lost in an accident.
事故で宝物が失われることが起こりうる。

The road **curves** to the left about a mile from here.
道はここからおよそ 1 マイルのところで左にカーブします。

I like the **design** of your tie.
あなたのネクタイのデザインが好きだ。

She doesn't have the **strength** to move that table alone.
彼女は 1 人であのテーブルを動かす力を持っていない。

I don't want to **force** you to work late.
私はあなたを無理やり遅くまで働かせたくない。

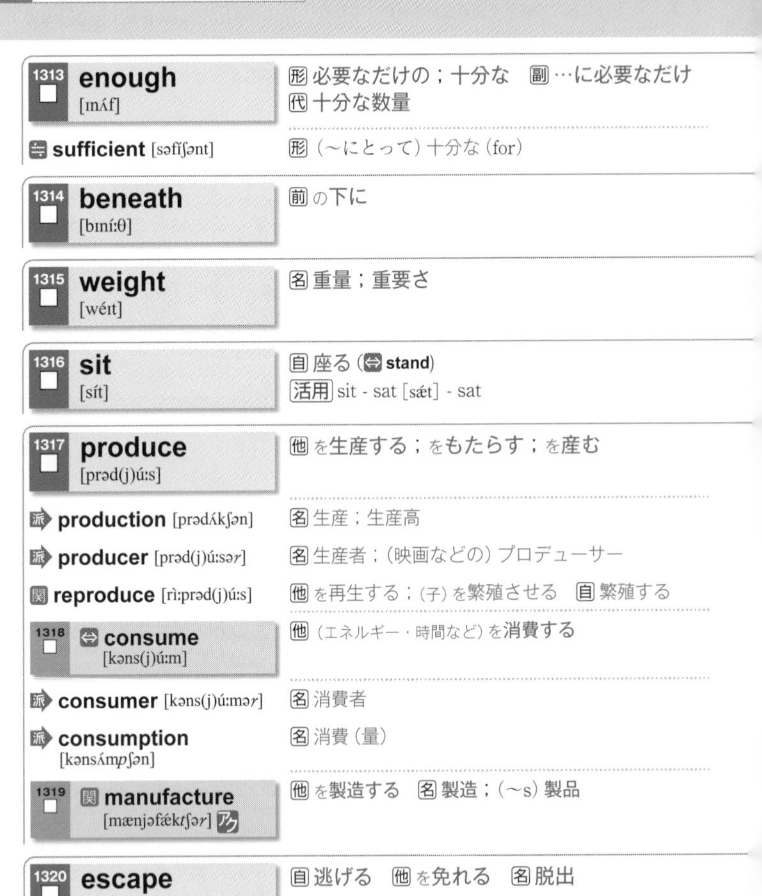

1313 □ **enough** [ɪnʌ́f]	形 必要なだけの；十分な　副 …に必要なだけ 代 十分な数量
⊜ **sufficient** [səfíʃənt]	形 (〜にとって) 十分な (for)
1314 □ **beneath** [bɪníːθ]	前 の下に
1315 □ **weight** [wéɪt]	名 重量；重要さ
1316 □ **sit** [sít]	自 座る (⇔ **stand**) 活用 sit - sat [sǽt] - sat
1317 □ **produce** [prəd(j)úːs]	他 を生産する；をもたらす；を産む
派 **production** [prədʌ́kʃən]	名 生産；生産高
派 **producer** [prəd(j)úːsər]	名 生産者；(映画などの) プロデューサー
関 **reproduce** [rìːprəd(j)úːs]	他 を再生する；(子) を繁殖させる　自 繁殖する
1318 □ ⇔ **consume** [kəns(j)úːm]	他 (エネルギー・時間など) を消費する
派 **consumer** [kəns(j)úːmər]	名 消費者
派 **consumption** [kənsʌ́mpʃən]	名 消費 (量)
1319 □ 関 **manufacture** [mæ̀njəfǽktʃər] アク	他 を製造する　名 製造；(〜s) 製品
1320 □ **escape** [ɪskéɪp]	自 逃げる　他 を免れる　名 脱出

We have **enough** time.	時間は十分ある。
The dog was sleeping **beneath** a tree.	その犬は木の下で眠っていた。
I've gained a little **weight**.	私は少し体重が増えた。
We have been **sitting** for over an hour now.	私たちはこれまで 1 時間以上座り続けている。
The factory **produces** about 200 cars every week.	その工場は毎週およそ 200 台の車を生産している。
This project has **consumed** all of my time today.	今日，この計画は私のすべての時間を消費している。
Most of this furniture is **manufactured** in China.	この家具のほとんどは中国で製造される。
I narrowly **escaped** death.	私はかろうじて死を免れた。
He thought about an **escape** from the prison.	彼は刑務所からの脱走を考えた。

763 子供の世界観を決めるもの（1）［教育］

Q. What do stories told to children shape?
— Children's perceptions of (r　　).

Ever **wondered**[1] why boys and girls choose **particular**[2] toys, colors and stories? Why is it that girls want to dress in pink and to be princesses, or boys want to be warriors and space **adventurers**[3]? Stories told to children make a **difference**[4]. **Scholars**[5] have found that stories have a strong **influence**[6] on children's **understanding**[7] of **cultural**[8] and **gender**[9] roles. Stories do not just develop children's **literacy**[10]; they **convey**[11] values, **beliefs**[12], attitudes and social norms which, in turn, shape children's **perceptions**[13] of **reality**[14].

(82 words)

重要表現

- □ ℓ.4 make a difference
- □ ℓ.5 have an influence on ～
- □ ℓ.9 in turn

Listen! ▸▸▸ □ ① 英文を見ずに聞いてみる　□ ② 英文を見ながら聞いてみる
□ ③ 音を聞きながら音読してみる

▸▸▸ 音声

Q. 子供たちに話される物語は何を形作りますか。
—子供たちの（　　　）認識。　答え：reality（現実）

男の子や女の子がなぜ**特定の**[2]おもちゃや色や物語を選ぶのか，**不思議に思っ**[1]たことがあるだろうか。女の子がピンクの服を着たりお姫様になったりしたがるのは，また男の子が戦士や宇宙の**冒険者**[3]になりたがるのは，なぜだろうか。子供たちに話される物語が**違い**[4]を生み出すのである。物語が，**文化的な**[8]役割や**ジェンダー**[9]の役割に対する子供たちの**理解**[7]に強い**影響**[6]を及ぼすということを，**学者たち**[5]は発見している。物語は単に子供たちの**読み書き能力**[10]を発達させるだけではない。それは価値観，**信念**[12]，態度，そして社会的規範を**伝え**[11]，次には，それらが子供たちの**現実**[14] **認識**[13]を形作るのである。

□ 違いを生じる；重要である　□ ～に影響を及ぼす
□ 次には；今度は；同様に

1321 **wonder** [wʌ́ndər] 発	他 …かしらと思う 自 不思議に思う 名 驚異
1322 派 **wonderful** [wʌ́ndərfl]	形 すばらしい
1323 **particular** 多 [pərtíkjələr] アク	形 特定の；特別の (= **special**)；好みがうるさい ◆ *in particular* (特に)
派 **particularly** [-li]	副 特に
1324 = **specific** [spəsífɪk] アク	形 特定の；明確な，具体的な
1325 **adventure** [ədvéntʃər]	名 冒険
派 **adventurer** [ədvéntʃərər]	名 冒険家
1326 **difference** [dífərəns]	名 違い，相違 (点)；差
1327 派 **differ** [dífər]	自 (～の点で / ～とは) 違う (in/from)
1328 関 **distinction** [dɪstíŋkʃən]	名 区別
1329 派 **distinct** [dɪstíŋkt]	形 明瞭な；まったく異なった
派 **distinctive** [dɪstíŋktɪv]	形 特有〔独特〕の
1330 派 **distinguish** [dɪstíŋgwɪʃ] アク	自 他 区別する
1331 **scholar** [skɑ́:lər]	名 学者
派 **scholarship** [-ʃɪp]	名 奨学金
1332 **influence** [ínfluəns] アク	名 (～に対する) 影響 (力) (on, over) 他 に影響を及ぼす
派 **influential** [ɪnfluénʃəl] アク	形 影響力のある
= **impact** [ímpækt]	名 影響；衝撃；衝突

Listen! ▸▸▸ □ ① 単語の発音を確認する □ ② 例文の音声を聞いてみる
□ ③ 例文の音声を聞きながら音読してみる ▸▸▸ 音声

I **wonder** who he is.	彼はだれだろう。
The view of the park from my hotel is **wonderful**.	私のホテルからの公園の眺めはすばらしい。
He's very **particular** about food.	彼は食べ物にとてもうるさい。
I have no **particular** reason to do it.	私にはそれをする特別な理由はない。
Could you give me a **specific** example of the problem?	その問題の具体的な例を挙げていただけますか。
Getting lost in the woods was the beginning of an **adventure**.	森の中で道に迷ったのが冒険の始まりだった。
I cannot tell the **difference** between two pictures.	私にはその２つの絵の違いがわからない。
The climate **differs** from country to country.	気候は地方ごとに異なる。
There is an important **distinction** between public and private schools.	公立と私立の学校には重要な区別がある。
Our company is organized into three **distinct** sections.	私たちの会社は３つの異なった部門に組織されている。
It is difficult to **distinguish** between American and Canadian English.	アメリカとカナダの英語を区別するのは難しい。
He is one of the leading **scholars** of Shakespeare.	彼はシェイクスピアの主要な学者の１人だ。
Such magazines have a great **influence** on young people.	そのような雑誌は若者に大きな影響を与える。

1333 **understanding** [ʌndərstǽndɪŋ] 名 理解，知識

1334 **cultural** [kʌ́ltʃərəl] 形 文化的な

1335 **gender** [dʒéndər] 名 (社会的・文化的) 性 (差)

1336 **literacy** [lítərəsi] 名 読み書きの能力；(ある分野の) 知識，能力

関 **literate** [lítərət] 形 読み書きできる

関 **literary** [lítərèri] 形 文学の

1337 **convey** [kənvéɪ] アク 他 (感情・思考など) を伝える；を運ぶ

1338 関 **deliver** [dɪlívər] 他 を伝える；(演説など) を行う；を配達する

派 **delivery** [dɪlívəri] 名 配達 (物)；話し方

1339 関 **transport** 動 [trænspɔ́ːrt] 名 [´ ─] 他 を輸送する 名 輸送機関；乗り物；運搬

派 **transportation** [-téɪʃən] 名 輸送機関；運送；乗り物

関 **transmit** [trænsmít] 他 を送る；(情報など) を伝える；(病気) を伝染させる

派 **transmission** [trænsmíʃən] 名 伝達；通信；(病気などの) 伝染

1340 関 **traffic** [trǽfɪk] 名 交通 (量)

1341 **belief** [bɪlíːf] 名 信念；信頼

1342 **perception** [pərsépʃən] 名 認識；知覚

1343 **reality** [riǽləti] 名 現実 (のこと)；真実；実在

I have a good **understanding** of French.	私はフランス語をよく理解している。
They enjoy **cultural** activities.	彼らは文化的な活動を楽しんでいる。
Please check the box according to your **gender**.	性別にしたがって記入らんにチェックしてください。
Literacy rates in developing countries have improved.	発展途上国での読み書きできる人の割合〔識字率〕は向上している。
The principal **conveyed** the new rules to all the students.	校長はすべての生徒に新しい規則を伝えた。
Is it possible for you to **deliver** this tomorrow?	これを明日，配達してもらえますか。
The items will be **transported** by truck.	その品物はトラックで輸送される。
Traffic in the city is slow in the morning.	その市の交通は朝はのろのろしている。
He is a person with strong **beliefs**.	彼は強い信念の持ち主だ。
People have a **perception** of Japan as being clean and modern.	人々は日本は清潔で現代的だという認識を持っている。
Her dreams became **reality**.	彼女の夢は現実となった。

7 64 子供の世界観を決めるもの（2）［教育］

Q. When do children develop perspectives about their world?
— Before they learn to read printed (l　　).

1 When and where then do children develop **perspectives**[1] about their world, and how do stories shape it? Studies have shown that children develop their perspectives on **aspects**[2] of **identity**[3] such as gender and **race**[4] before the age of five. 5 A key work by **novelist**[5] John Berger suggests that very young children begin to **recognize**[6] **patterns**[7] and **visually**[8] read their worlds before they learn to **speak**[9], write or read **printed**[10] **language**[11].

(70 words)

重要表現

☐ ℓ.7 learn to *do*

Listen! ▶▶▶ □ ① 英文を見ずに聞いてみる □ ② 英文を見ながら聞いてみる
□ ③ 音を聞きながら音読してみる
▶▶▶ 音声

Q. 子供たちはいつ世界に関する見方を発達させますか。
—印刷された（　　　）を読めるようになる前。　答え：language（言語）

それでは，子供たちはいつ，どこで世界に関する**見方**[1]を発達させ，そして物語はどのようにそれを形作るのか。子供たちは，ジェンダーや**人種**[4]といった**アイデンティティー**[3]の**側面**[2]についての見方を，5歳になる前に発達させるということが，研究でわかっている。とても幼い子供たちは，**印刷された**[10] **言語**[11]を**話し**[9]，書き，読むことができるようになる前に，**物事の型**[7]を**認識し**[6]，世界を**視覚的に**[8]読み取り始めるということを，**小説家**[5]のジョン・バージャーによる1つの重要な作品が示唆している。

□ …することを学ぶ；…できるようになる

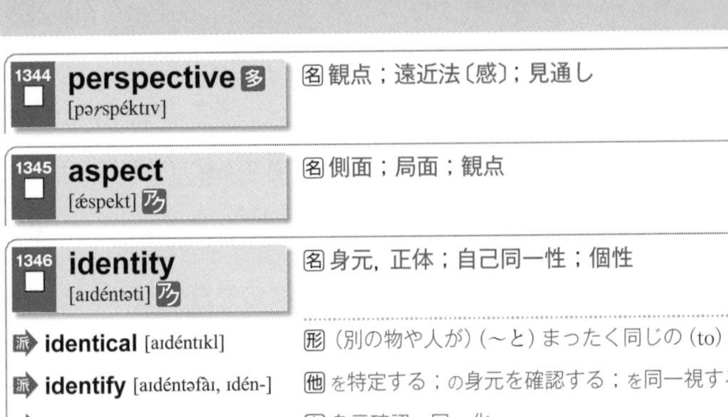

1344 **perspective** 多 [pərspéktɪv] — 名 観点；遠近法〔感〕；見通し

1345 **aspect** [ǽspekt] アク — 名 側面；局面；観点

1346 **identity** [aɪdéntəti] アク — 名 身元，正体；自己同一性；個性

派 **identical** [aɪdéntɪkl] — 形（別の物や人が）(～と) まったく同じの (to)

派 **identify** [aɪdéntəfàɪ, ɪdén-] — 他 を特定する；の身元を確認する；を同一視する

派 **identification** [-fɪkéɪʃən] — 名 身元確認；同一化

1347 **race** 多 [réɪs] — 名 競争；人種　自 競争する

1348 派 **racial** [réɪʃəl] — 形 人種〔民族〕(上) の

関 **tribe** [tráɪb] — 名 種族

1349 **novelist** [nɑ́:vəlɪst] アク — 名 小説家

1350 派 **novel** [nɑ́:vl] — 名 小説　形 斬新な

1351 関 **author** [ɔ́:θər] アク — 名 著者；作者

関 **poem** [póʊəm] — 名（1編の）詩

関 **poet** [póʊət] — 名 詩人

1352 **recognize** [rékəgnàɪz] アク — 他 を認識する；を認める (≒ **admit**)

派 **recognition** [rèkəgnɪ́ʃən] — 名 認識；承認

1353 関 **appreciate** 多 [əprí:ʃièɪt] アク — 他 の真価を認める；(事・物) に感謝する；を正しく理解する；を鑑賞する

派 **appreciation** [əprì:ʃiéɪʃən] — 名 評価；鑑賞；感謝の気持ち

Listen! ▸▸▸ □ ① 単語の発音を確認する □ ② 例文の音声を聞いてみる □ ③ 例文の音声を聞きながら音読してみる

▸▸▸ 音声

From my **perspective**, the plan does not seem to solve the problem. 私の見通しでは，その計画では問題は解決しないように思える。

I don't understand this **aspect** of Japanese culture. 私には日本文化のこの側面は理解できない。

The man never revealed his **identity**. その男は決して身元を明かさなかった。

A man from Kenya won the **race**. ケニアからやってきた男がその競争に勝った。

We need to make **racial** prejudice a thing of the past. 私たちは人種的偏見を過去のものにする必要がある。

She is one of the most successful **novelists** of the past decade. 彼女は過去 10 年で最も成功した小説家の 1 人です。

Her first **novel** sold more than a million copies. 彼女の最初の小説は 100 万部以上売れた。

He is the **author** of several English textbooks. 彼は何冊かの英語の教科書の著者です。

I didn't **recognize** you without your glasses. めがねをかけていないからあなただと気づきませんでした。

I **appreciate** all the work you have done for this project. この計画のためにしていただいたすべての仕事に感謝いたします。

1354 pattern [pǽtərn] アク
名 様式；模様

1355 visually [víʒuəli]
副 視覚的に (は)；目で見て

派 **visual** [víʒuəl]
形 視覚の；目に見える

1356 speak [spíːk]
自 他 話す
活用 speak - spoke [spóʊk] - spoken [spóʊkən]

関 **whisper** [wíspər]
自 他 (～に) ささやく (to)　名 ささやき

関 **yell** [jél]
自 他 大声で叫ぶ；エールを送る　名 大声；エール

関 **scream** [skríːm]
自 他 (驚き・恐怖で) 金切り声を出す　名 金切り声

1357 print [prínt]
他 を印刷する　名 印刷

1358 language [lǽŋgwɪdʒ]
名 言語；言葉

まとめてチェック 36 言語

vocabulary [voʊkǽbjəlèri] アク
名 語彙

1359 grammar [grǽmər]
名 文法

1360 text [tékst]
名 本文；原文

context [kɑ́ːntekst] アク
名 背景；(文章の) 前後関係

verbal [vɑ́ːrbl]
形 言葉の；口頭の

1361 translation [trænsléɪʃən, trænz-]
名 翻訳 (書)

派 **translate** [trǽnsleɪt, trǽnz-]
他 自 (～に) 翻訳する (into)

派 **translator** [trænsléɪtər]
名 翻訳家

I love the **pattern** of this new design. この新しいデザインの模様が大好きだ。

I think the poster is **visually** attractive. そのポスターは視覚的に目を引くと思う。

I would like the chance to **speak** about my ideas. 私の考えについて話すチャンスをいただきたい。

She **printed** out the photos and gave them to her friends. 彼女は写真を印刷し，友人にあげた。

I'd like to learn a foreign **language**. 私は外国の言葉を学びたい。

1358 language

1362 □ **interpretation** [ɪntə̀ːrprətéɪʃən] 名 解釈；通訳

□ 派 **interpret** 多 [ɪntə́ːrprət] アク 他 を解釈する；を通訳する

□ 派 **interpreter** [ɪntə́ːrprətər] 名 通訳者

□ **fluency** [flúːənsi] 名（言葉の）りゅうちょうさ，なめらかさ

□ 派 **fluent** [flúːənt] 形（言葉が）りゅうちょうな，なめらかな

□ **linguistic** [lɪŋgwístɪk] 形 言語（学）の

□ 派 **linguist** [líŋgwɪst] 名 言語学者

7 65 子供の世界観を決めるもの（3）［教育］

Q. What did Hannah's picture convey?
— Her (d　　) not to have boys tease her.

The stories that they read or see can have a strong influence on how they think and **behave**[1]. For example, research **conducted**[2] by scholar Vivian Vasquez shows that young children play out or **draw**[3] narratives in which they become part of the story. In her research, Vasquez **describes**[4] how four-year-old Hannah mixes reality with **fiction**[5] in her **drawings**[6] of Rudolph the reindeer*. Hannah **adds**[7] a person in the middle with a red X **above**[8] him, **alongside**[9] the reindeer. Vasquez suggests that Hannah's picture conveyed her **desire**[10] not to have boys **tease**[11] Rudolph, and more **importantly**[12], her.

(96 words)

* Rudolph the reindeer「トナカイのルドルフ，赤鼻のトナカイ」

重要表現

- □ ℓ.4 play out
- □ ℓ.6 mix A with B

Listen! ▶▶▶ □ ① 英文を見ずに聞いてみる　□ ② 英文を見ながら聞いてみる
□ ③ 音を聞きながら音読してみる

▶▶▶ 音声

Q. ハナの絵は何を伝えていますか。
—男の子に彼女をいじめさせたくないという（　　　）。答え：desire（願望）

彼らが読んだり見たりする物語は，彼らがどのように考え，**ふるまう**[1]かに強い影響を及ぼしうる。たとえば，幼い子供たちは，自分が物語の一部になるようなお話を演じたり**描い**[3]たりするということを，学者のビビアン・バスケスによって**行われた**[2]調査は示している。その調査でバスケスは，4 歳のハナが，トナカイのルドルフを**描いた絵**[6]の中で現実を**フィクション**[5]と混ぜ合わせる様子を，**記述している**[4]。ハナは，1 人の人物を（絵の）中央に**加え**[7]て，彼**の上に**[8]赤い X 印をつけ，トナカイ**と並べる**[9]のだ。ハナの絵は，男の子たちにルドルフを，さらに**重要なことには**[12]彼女を，**からかわ**[11]せたくないという**願望**[10]を伝えているのだと，バスケスは示唆している。

□（ある場面）を演じる
□ A を B と混ぜる；一緒にする

1363 behave [bɪhéɪv]
自 他 振る舞う
◆ *behave oneself* (行儀よく振る舞う)

1364 派 **behavior** [bɪhéɪvjər]
名 行動；態度

派 **behavioral** [bɪhéɪvjərəl]
形 行動の

1365 関 **pretend** [prɪténd]
自 他 ふりをする；装う

関 **imitate** [ímətèɪt] アク
他 をまねる

関 **odd** [ɑ́:d]
形 奇妙な；臨時の；奇数の (⇔ **even** 偶数の)

関 **peculiar** [pɪkjú:ljər]
形 (～に) 特有の (to)；奇妙な

1366 conduct 多
動 [kəndʌ́kt]
名 [kɑ́:ndʌkt]
他 (調査など) を行う；を指揮する；を案内する
名 (道徳上の) 行為；管理

派 **conductor** [kəndʌ́ktər]
名 指揮者；車掌

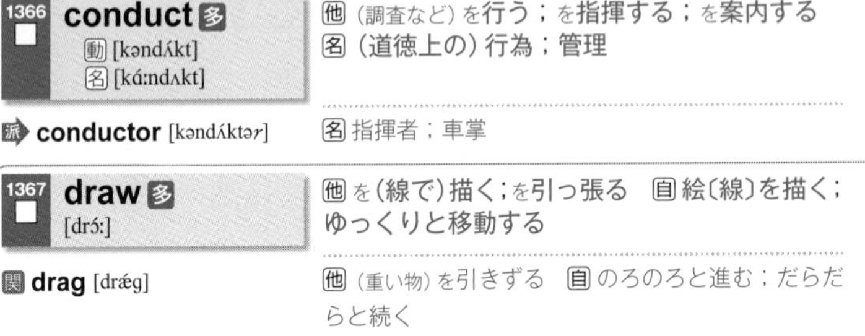

1367 draw 多 [drɔ́:]
他 を (線で) 描く；を引っ張る　自 絵〔線〕を描く；ゆっくりと移動する

関 **drag** [drǽg]
他 (重い物) を引きずる　自 のろのろと進む；だらだらと続く

1368 describe [dɪskráɪb]
他 を言い表す；を描く；を説明する

派 **description** [dɪskrípʃən]
名 描写；記述；説明 (書)

1369 fiction [fíkʃən]
名 小説；作り話

1370 drawing [drɔ́:ɪŋ]
名 絵；図面

1371 関 **art** [ɑ́:rt] 多
名 芸術 (作品)；美術；技術

1372 add [ǽd]
他 を (～に) 加える (to)

Listen! ▸▸▸ □ ① 単語の発音を確認する □ ② 例文の音声を聞いてみる
□ ③ 例文の音声を聞きながら音読してみる

▸▸▸ 音声 

Did the children **behave** well on the trip?	子供たちは旅行中，行儀よく振る舞っていましたか。
The prisoner was released early for good **behavior**.	その囚人は態度がよかったので早く釈放された。
Please stop **pretending** that you don't understand.	わかっていないふりをするのはやめてください。
The investigation is being **conducted** by the local police department.	捜査は地元の警察署によって行われているところです。
The boy **drew** a picture of his family.	その少年は家族の絵を描いた。
He **described** what had happened.	彼は何が起こったかを述べた。
His story is pure **fiction**.	彼の話はまったくの作り話だ。
My mother kept all my **drawings** from when I was in kindergarten.	母は私が幼稚園の頃のすべての絵を保管していた。
Mika is learning to paint at an **art** college in the city.	ミカはその市の美術大学で絵画を学んでいる。
He **added** sugar to his coffee.	彼はコーヒーに砂糖を加えた。

1373 above
前 [əbʌ́v]　副 [--́]
前 の上に；の上位に　副 上に；上位に
◆ *above all*（とりわけ）

1374 ⇔ below
前 [bɪlóu, bə-]　副 [--́]
前 の下に；の下位に　副 下に；下位に

1375 alongside
[əlɔ́:ŋsàɪd]
前 のそば〔横〕に（沿って）；と一緒に　副 そばに

1376 desire
[dɪzáɪər]
名 欲望；要望　他 を（強く）望む

派 **desirable** [dɪzáɪərəbl]
形（あることが）望ましい，好ましい

関 **impulse** [ímpʌls] アク
名 衝動；刺激

1377 関 keen [kí:n]
形 熱心な；鋭い；激しい
◆ *be keen to do*（…したいと熱望している）
◆ *be keen on* ～（～に熱心だ）

1378 tease
[tí:z]
自 他 からかう；いじめる

1379 importantly
[ɪmpɔ́:rtntli]
副 重要なことには；重大に

The plane flew **above** the clouds.	飛行機は雲の上を飛んでいった。
Two birds flew **above**.	2羽の鳥が上空を飛んだ。
The temperature is 20 degrees **below** zero.	気温は氷点下20度だ。
Alongside art, music is my main interest.	絵とともに，私は主に音楽に興味がある。
I had a strong **desire** to travel around the world.	私は世界中を旅行するという強い望みがあった。
He has a **keen** eye for a bargain.	彼はお買い得品を見る目が鋭い。
When I was young, my sister always **teased** me.	私が若い頃，姉はいつも私をからかっていた。
Most **importantly**, you must ask him about his plans for the future.	最も重要なのは，あなたが彼に将来の計画について聞くことだ。

766 子供の世界観を決めるもの（4）［教育］

Q. What did children discuss in the author's study?
— The role of male and female (c　　) in the story.

1 Children internalize* the cultural and gender roles of **characters**[1] in the stories. In a study that I conducted over a six-week period, third grade children read and **discussed**[2] the role of male and female characters through a number of 5 different stories. Children then reenacted* gender roles (e.g. girls as **passive**[3]; **evil**[4] stepsisters*). Later, children rewrote characters and their roles into those that **mirrored**[5] **present**[6]-day roles that men and women take on. The roles for girls, for example, were rewritten to show they worked 10 and played outside the home. (88 words)

* internalize「を自分のものにする」 reenact「を再演する」
stepsister「義理の姉妹」

重要表現

□ ℓ.4 a number of ～
□ ℓ.8 take on ～

Listen! ▶▶▶ □ ① 英文を見ずに聞いてみる □ ② 英文を見ながら聞いてみる □ ③ 音を聞きながら音読してみる ▶▶▶ 音声

Q. **筆者の研究で，子供たちは何について議論しましたか。**
—物語の男性と女性の（　　　）の役割。 答え：characters（登場人物）

子供たちは，物語の**登場人物**[1]の文化的役割やジェンダーの役割を自分のものにする。私が6週間の期間にわたって行った研究では，3年生の子供たちが，いくつかの異なる物語を通じて男性と女性の登場人物の役割について読み，**議論をした**[2]。それから子供たちは，ジェンダーの役割（たとえば**消極的な**[3]性格としての女の子や，**意地の悪い**[4]義理の姉妹）を再演した。のちに，子供たちは，登場人物とその役割を，男性や女性が担っている**今日**[6]的な役割を**反映した**[5]登場人物や役割へと書き換えた。女の子の役割は，たとえば，彼女たちが家庭の外で働いたり遊んだりすることを示すように書き換えられた。

□ いくつかの～；多数の～
□（仕事・責任などを）引き受ける；負う

1380 character 多 [kérəktər, kǽr-] アク
名 性格；特徴；(登場) 人物；文字

派 **characterize** [-ràɪz] 他 を特徴づける

≒ **personality** [pə̀ːrsənǽləti] 名 個性；人格

派 **personal** [pə́ːrsənl] 形 個人の；私的な

≒ **feature** [fíːtʃər] 名 特徴；(〜s) 顔立ち；呼び物　他 を呼び物とする
自 重要な役割を果たす

1381 discuss [dɪskʌ́s]
他 について話し合う〔討議する〕(≒ **argue**)

派 **discussion** [dɪskʌ́ʃən] 名 討議；討論

1382 passive [pǽsɪv]
形 受動的な, 消極的な

1383 evil [íːvl]
形 邪悪な　名 害悪；邪悪

≒ **vice** [váɪs] 名 (道徳上の) 悪 (徳)

1384 mirror [mírər]
名 鏡　他 を映す；を反映する

1385 関 **reflect** [rɪflékt]
他 自 反射する；反映する

派 **reflection** [rɪflékʃən] 名 反射；映像

1386 present 多 形 名 [préznt] 動 [prɪzént, prə-]
形 存在して；出席して；現在の　名 贈り物
他 を贈る；(問題など) を提起する

派 **presence** [prézns] 名 (人・ものが) いる〔ある〕こと

1387 ⇔ **absent** [ǽbsənt]
形 欠席して

派 **absence** [ǽbsəns] 名 (場所に) いないこと, 不在 (from)；(〜の) 欠如 (of)

1388 ≒ **current** [kə́ːrənt]
形 現在の　名 流れ

派 **currently** [kə́ːrəntli] 副 現在 (のところ)

Listen! ▸▸▸ □ ① 単語の発音を確認する □ ② 例文の音声を聞いてみる
□ ③ 例文の音声を聞きながら音読してみる ▸▸▸ 音声

He has a calm and friendly **character**.
彼は落ち着いていて親しみのある性格だ。

They **discussed** what to do first.
彼らはまず何をしたらよいかについて話し合った。

She is **passive** and doesn't give her opinion strongly.
彼女は消極的で自分の意見を強く言わない。

The man seems to be possessed by **evil** thoughts.
その男は邪悪な考えに取りつかれているようだ。

There is a large **mirror** in the bathroom.
浴室に大きな鏡がある。

Prices **reflect** demand.
価格は需要を反映する。

He was **present** at the meeting.
彼はその会議に出席していた。

She **presented** the scientist with a gold watch.
彼女はその科学者に金時計を贈った。

Is anyone **absent** from today's class?
今日の授業を欠席している人はいますか。

Would you give me your **current** address?
現在の住所を教えていただけますか。

1389 □ 関 **exist** [ɪgzíst]	自 存在する；生存する
派 **existence** [ɪgzístns]	名 存在；生存；生活
1390 □ 関 **recent** [rí:snt] 発	形 最近の
派 **recently** [rí:sntli]	副 最近

まとめてチェック 37 性格

1391 □ **cheerful** [tʃíərfl]	形 元気のいい
□ 派 **cheer** [tʃíər]	他 を励ます　名 声援
□ **lively** [láɪvli] 発	形 元気な；活発な
□ **passionate** [pǽʃənət]	形 情熱的な；怒りっぽい
1392 □ **shy** [ʃáɪ]	形 内気な
□ **generous** [dʒénərəs]	形 寛大な；気前のよい
1393 □ **modest** [má:dəst]	形 謙虚な；(数・規模などが) 控えめな
□ **selfish** [sélfɪʃ]	形 利己的な
1394 □ **honest** [á:nəst] 発	形 正直な；率直な
□ 派 **honesty** [á:nəsti] 発	名 正直
□ **frank** [frǽŋk]	形 率直な

Do you think life **exists** on other planets?	他の惑星に生命体は存在すると思いますか。
Is this the most **recent** data you have?	これがあなたが持っている中で最も最近のデータですか。

↳1380 character

1395 □ **severe** [sɪvíər] ア	形 厳格な；深刻な；過酷な
1396 □ **strict** [stríkt]	形 厳格な；厳重な；厳密な
□ 派 **strictly** [stríktli]	副 厳しく；厳密に ◆ *strictly speaking* (厳密に言えば)
□ **humorous** [hjúːmərəs] 発	形 ユーモアのある
□ 派 **humor** 多 [hjúːmər]	名 ユーモア；機嫌
1397 □ **lazy** [léɪzi]	形 怠け者の；くつろいだ
□ **liberal** [líbərəl]	形 寛大な；自由主義の
□ **loyal** [lɔ́ɪəl]	形 (～に) 忠誠な，忠実な；誠実な (to)
□ 派 **loyalty** [lɔ́ɪəlti] ア	名 忠誠

1 2 3 4 5 6 7 8 9 10 11 12 13 14 15 16 17 18 19 20 21 22 23 24 25 26 27 28 29 30 31 32 33 34 35 36 37 38 39 40 41 42 43 44 45 46 47 48 49 50 51 52 53 54 55 56 57 58 59 60 61 62 63 64 65 66 67 68

まとめてチェック 38 議論

1398	**argue** [ɑ́ːrgjuː]	自 他 議論する；(…だと) 主張する (that)
	派 **argument** [ɑ́ːrgjəmənt]	名 議論
	debate [dɪbéɪt]	名 論争；議論　自 他 論争する；討論する
	dispute [dɪspjúːt]	名 討論；紛争　他 を議論〔論争〕する；に反論する
	analyze [ǽnəlàɪz] ア	他 を分析する
	派 **analysis** [ənǽləsɪs] ア	名 分析 ❗ 複数形は analyses
1399	**evidence** [évədəns] ア	名 証拠；形跡
1400	**proof** [prúːf]	名 証拠；証明
	hypothesis [haɪpɑ́ːθəsɪs]	名 仮説；(議論の) 前提 ❗ 複数形は hypotheses
1401	**criticize** [krítəsàɪz]	他 を批判する；を批評する
	派 **criticism** [krítəsìzm] ア	名 批判；批評
	派 **critical** [krítɪkl]	形 批判的な；重大な；危機的な；批評の

1402 □ **persist** [pərsíst]	自 (～に) 固執する (in)；いつまでも続く
□ 派 **persistent** [pərsístənt]	形 頑固な
□ **quarrel** [kwɔ́:rəl]	名 (～との / ～についての) 口論 (with/over) 自 口論する
1403 □ **claim** [kléɪm]	他 を主張する；を要求する　名 主張；要求 ❗ 日本語の「クレーム，苦情」は complaint。
1404 □ **insist** [ɪnsíst] アク	自 他 主張する；要求する
□ **consensus** [kənsénsəs]	名 (意見の) 一致
1405 □ **conclude** [kənklú:d]	他 と結論づける；を終える　自 終える
□ 派 **conclusion** [kənklú:ʒən]	名 結論；終結
□ **presentation** [prì:zəntéɪʃən]	名 発表；提示；贈呈
□ **conference** [kɑ́:nfərəns]	名 会議

767 子供の世界観を決めるもの（5）［教育］

> **Q.** How did girls draw boys in the author's study?
> — They drew boys as adventurers and (a　　).

1 **1** **Subsequently**[1], we asked the girls to draw what they thought boys were interested in and boys to draw what they thought girls were interested in. We were surprised that **nearly**[2] all children drew **symbols**[3], stories and **settings**[4]
5 that **represented**[5] traditional perceptions of gendered* roles. That is, boys drew girls as princesses in castles with a male about to save them from dragons. Girls drew boys in outdoor spaces, and as adventurers and **athletes**[6].

2 Scholars have also shown how stories can be used to
10 **change**[7] children's perspectives about their views on people in different parts of the world. Stories can influence how children choose to act in the world. (108 words)

* gendered「一方のジェンダーに偏った」

重要表現

- □ ℓ.6 that is
- □ ℓ.7 be about to *do*

Listen! ▸▸▸ □ ① 英文を見ずに聞いてみる □ ② 英文を見ながら聞いてみる □ ③ 音を聞きながら音読してみる

▸▸▸ 音声

Q. 著者の研究で，女の子は男の子をどのように描きましたか。
—冒険家や（　　　）として描いた。　　答え：athletes（運動選手）

1 **その後**[1]，私たちは，女の子たちに，男の子たちが興味を持っているだろうと思うことを絵に描くように頼み，また男の子たちに，女の子たちが興味を持っているだろうと思うことを絵に描くように頼んだ。**ほぼ**[2]すべての子供たちが，一方のジェンダーに偏った役割に対する伝統的な認識を**表す**[5]ような**シンボル**[3]や物語や**場面設定**[4]を描いたことに，私たちは驚いた。つまり，男の子は女の子を，ドラゴンから助け出そうとしている男性と一緒にお城にいるお姫様として描いた。女の子は男の子を，屋外の空間に描き，また冒険家や**運動選手**[6]として描いた。

2 学者たちはまた，世界のさまざまな地域の人々に関する意見についての子供たちの見方**を変える**[7]ために，物語がどのように使われうるかを示している。物語は，子供たちが世界においてどのように行動することを選ぶかに影響を与えうるのだ。

□ つまり
□ …しようとしている

1406 subsequently [sʌ́bsɪkwəntli] アク
副 それに続いて；後で〔に〕

1407 nearly [níərli]
副 ほとんど

1408 symbol [símbl]
名 象徴；記号

1409 setting [sétɪŋ]
名 環境，背景；(物語などの) 舞台

1410 represent [rèprɪzént] アク
他 を表す；を代表する

派 **representation** [-téɪʃən]　名 表現，描写；代表

派 **representative** [-tətɪv]　名 代表者；代理人　形 代表的な

1411 athlete [ǽθliːt] アク
名 運動〔スポーツ〕選手；スポーツマン

派 **athletic** [æθlétɪk]　形 運動の得意な；スポーツの

1412 change [tʃéɪndʒ]
他 を変える；を交換する　自 変わる
名 変化；交換；つり銭

1413 関 **exchange** [ɪkstʃéɪndʒ]
他 を (～と) 交換する (for)　名 交換

1414 ≒ **alter** [ɔ́ːltər] 発
他 を変える　自 変わる

派 **alternative** [ɔːltə́ːrnətɪv]　形 別の；二者択一の　名 代わり；選択肢

≒ **convert** [kənvə́ːrt]　他 (機能・形状の点で) を変える

≒ **transform** [trænsfɔ́ːrm]　他 を変化〔変形〕させる

関 **modify** [mɑ́ːdəfàɪ]　他 を (部分的に) 修正する

1415 関 **replace** [rɪpléɪs, rə-]
他 に取って代わる；を取り替える

1416 関 **revolution** [rèvəlúːʃən]
名 革命；回転

派 **revolve** [rɪvɑ́ːlv]　自 回転する；(あるものを中心に) 回る，展開する

≒ **substitute** [sʌ́bstət(j)ùːt]　他 を代わりに使う　名 代用品；代理人

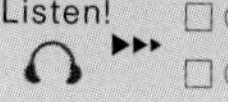
Listen! ▶▶▶ □ ① 単語の発音を確認する □ ② 例文の音声を聞いてみる
□ ③ 例文の音声を聞きながら音読してみる

▶▶▶ 音声 

I read the report and **subsequently** passed it to my boss.	私はその報告を読み，それから上司に回した。
I take a walk **nearly** every day.	私はほとんど毎日散歩をする。
The dove is a **symbol** of peace.	ハトは平和の象徴である。
This is the perfect **setting** for a romantic walk.	ここはロマンチックな散歩にぴったりの環境です。
I **represented** my school in the speech contest.	私は学校を代表してスピーチコンテストに出場した。
Athletes from all over the world compete in the Olympic Games.	オリンピックでは世界中から集まったスポーツ選手が競い合う。
I **changed** some of the words of my speech.	私はスピーチの文言のいくつかを変更した。
Can I **exchange** yen for dollars here?	ここでドルと円を両替することはできますか。
It is too late to **alter** the decision now.	今，決心を変えるのはあまりに遅すぎる。
Let's **replace** the picture with a graph.	その絵をグラフに差し替えよう。
The French **Revolution** occurred in 1789.	フランス革命は 1789 年に起こった。

68 子供の世界観を決めるもの（6）［教育］

Q. What did Iqbal Masih do?
— He campaigned for laws against child (l　　).

Kathy Short studied children's **engagement** [1] with **literature** [2] around human rights. In her work with 200 children, she found that stories moved young children to consider how they could bring change in their own local **community** [3] and school. These children were influenced by stories of child **activists** [4] such as Iqbal Masih, a child activist who **campaigned** [5] for **laws** [6] against child **labor** [7], but lost his life at the age of 12 for his activism. Children read these stories along with learning about human rights **violations** [8] and **lack** [9] of food for many around the world. In this school, children were **motivated** [10] to create a community **garden** [11] to **support** [12] a local food **bank** [13].

(109 words)

重要表現

- □ ℓ.3 move A to *do*
- □ ℓ.9 along with ～
- □ ℓ.10 lack of ～
- □ ℓ.11 motivate A to *do*

Listen! ▸▸▸ □ ① 英文を見ずに聞いてみる　□ ② 英文を見ながら聞いてみる
□ ③ 音を聞きながら音読してみる

▸▸▸ 音声 

Q. イクバル・マシーは何をしましたか。
—児童（　　　）を禁じる法律のために運動を行った。　答え：labor（労働）

キャシー・ショートは，人権に関する**文学**[2]との子供たちの**関わり**[1]を研究した。200 人の子供を対象にした研究の中で，彼女は，物語が幼い子供たちの心を動かし，自分の地元の**コミュニティー**[3]や学校でどうしたら変化をもたらすことができるかを考えさせるということを発見した。これらの子供たちは，イクバル・マシーのような子供の**活動家**[4]によって影響を受けた。イクバル・マシーとは，児童**労働**[7]を禁じる**法律**[6]のために**運動を行った**[5]が，その行動主義ゆえに 12 歳で命を落とした子供の活動家である。子供たちは，世界中の多くの人々に対する人権**侵害**[8]と食料**不足**[9]について学ぶのとともに，これらの物語を読んだ。この学校では，子供たちは，地元のフード**バンク**[13]を**支援する**[12]ための市民**菜園**[11]を創設しようという**意欲をかき立て**[10]られたのだった。

□ A の心を動かして…させる
□ 〜と一緒に；〜に加えて
□ 〜の不足；〜がないこと
□ A を…する気にさせる

1417 engagement [ɪngéɪdʒmənt]
名 約束；婚約

派 **engage** [ɪngéɪdʒ] 多
他 を引きつける；を雇う；を従事させる；を婚約させる　自（～に）従事する（in）

1418 関 **promise** [prá:məs] 多
自他 約束する　名 約束；見込み

1419 関 **reservation** [rèzərvéɪʃən]
名 予約

派 **reserve** [rɪzə́:rv]
他 を予約する；を取っておく　名 蓄え；慎み

1420 関 **appointment** [əpɔ́ɪntmənt]
名（病院などの）予約；任命；（会合の）約束

派 **appoint** [əpɔ́ɪnt]
他 を（役職に）指名する；（時・場所など）を指定する

1421 関 **commitment** [kəmítmənt]
名 約束，公約；献身

派 **commit** [kəmít]
他（受身で）（真剣に）関わる；（罪）を犯す

1422 literature [lítərətʃər] アク
名 文学；文献

1423 community [kəmjú:nəti]
名 地域社会〔共同体〕

1424 activist [ǽktɪvɪst]
名（政治運動などの）活動家

1425 派 **active** [ǽktɪv]
形 積極的な；活動的な

1426 campaign [kæmpéɪn] アク
名（政治的・社会的）運動　自 運動を起こす〔に参加する〕

1427 law [lɔ́:]
名 法（律）；（自然界の）法則

1428 labor [léɪbər]
名 労働（者）；骨折り　自 働く；努力する

Listen! ▸▸▸ □ ① 単語の発音を確認する　□ ② 例文の音声を聞いてみる
□ ③ 例文の音声を聞きながら音読してみる　▸▸▸ 音声

I'm afraid I have a prior **engagement**.	申し訳ありませんがすでに約束があります。
I **promise** that we will work hard to achieve the goal.	私たちは目標を達成するために懸命に働くことを約束します。
I'd like to make a **reservation** for dinner tonight at 6 p.m.	今夜6時に夕食の予約をしたいのですが。
Could I make an **appointment** to see the dentist?	歯科医に診てもらう予約をすることはできますか。
The couple made a **commitment** to each other in the wedding ceremony.	その夫婦は結婚式でお互いに約束をした。
I studied English **literature** at college.	私は大学で英文学を学びました。
This charity provides support to the local **community**.	この慈善事業は地元の地域社会への支援を行っています。
A number of **activists** protested outside the government building.	何人かの活動家が政府の建物の外で抗議を行った。
Students at this school are very **active** in volunteering.	この学校の生徒はボランティア活動にとても積極的です。
He led a **campaign** against nuclear weapons.	彼は核兵器反対運動を主導した。
He broke the **law**.	彼は法を破った。
The **labor** market has been improving over the past six months.	労働市場はこの6か月で改善している。

1429 violation [vàɪəléɪʃən]
名 (法律などの) 違反

1430 lack [lǽk]
名 (～の) 不足 (of)　他 を欠いている

関 **scarce** [skéərs]　形 (一時的に) 不足して

⇔ **plenty** [plénti]　名 たくさん (の～) (of)

1431 motivate [móʊtəvèɪt]
他 (人) に (～する) 動機を与える (to *do*)

派 **motivation** [mòʊtəvéɪʃən]　名 動機づけ；やる気

派 **motive** [móʊtɪv] 発　名 動機

1432 ≒ **encourage** [ɪnkə́ːrɪdʒ]
他 を (…するように) 促す (to *do*)；を奨励する；を励ます

派 **encouragement** [-mənt]　名 奨励；激励

≒ **inspire** [ɪnspáɪər]　他 を鼓舞する；(感情) を喚起する

派 **inspiration** [ìnspəréɪʃən]　名 ひらめき (を与えるもの〔人〕)

≒ **stimulate** [stímjəlèɪt]　他 を刺激する；を活気づける

派 **stimulation** [stìmjəléɪʃən]　名 刺激；興奮

関 **promote** [prəmóʊt]　他 を促進する；を昇進させる

派 **promotion** [prəmóʊʃən]　名 昇進；(販売) 促進

1433 garden [gáːrdn]
名 庭

1434 support [səpɔ́ːrt]
他 を支持する；を支える　名 支持；支え

派 **supportive** [səpɔ́ːrtɪv]　形 支えとなる，協力的な

1435 bank [bǽŋk]
名 銀行；土手

The attack on that country was a **violation** of international law.

あの国への攻撃は国際法違反だった。

A **lack** of cooperation led to the current crisis.

協力不足が現在の危機を招いた。

What **motivates** you to train so hard?

何がそんなに懸命に練習する動機になっているのですか。

The cheers of the crowd **encouraged** me to finish the race.

観衆の声援に励まされて私はレースを終えることができた。

She planted flower seeds in the **garden**.

彼女は庭に花の種をまいた。

Thank you for **supporting** me when I needed help.

私が助けを必要としていた時に支えてくれてありがとう。

My father borrowed from the **bank** for his business.

父は事業のために銀行からお金を借りた。

まとめてチェック 39 法律

1436 □ **legal** [lí:gl] 形 合法的な；法定の；法律の

□ ⇔ **illegal** [ɪlí:gl] 形 違法の

1437 □ **rule** [rú:l] 名 規則；支配 他 自 支配する；規定する
◆ ***make it a rule to do*** (…することにしている)

□ **regulation** [règjəléɪʃən] 名 規則；規制；調整

□ 派 **regulate** [régjəlèɪt] 他 を規制する

□ **limit** [límət] 他 を制限する；を抑える 名 制限；限界

□ **restriction** [rɪstríkʃən] 名 制限

□ 派 **restrict** [rɪstríkt, rə-] 他 を制限する

□ **ban** [bǽn] 他 を（公式に）禁止する 名 禁止（令）

1438 □ **forbid** [fərbíd] 他 を禁じる
活用 forbid - forbade, forbad - forbidden

まとめてチェック 40 犯罪

1442 □ **crime** [kráɪm] 名 （法律上の）罪；犯罪

□ 派 **criminal** [krímənl] 発 形 犯罪の 名 犯人

1443 □ **victim** [víktɪm] 名 被害者；犠牲者

1444 □ **violence** [váɪələns] 名 暴力（行為）；（自然現象などの）激しさ

□ 派 **violent** [váɪələnt] 形 暴力的な；激しい

1445 □ **threat** [θrét] 発 名 脅迫，脅し

□ 派 **threaten** [θrétn] 他 を脅迫する；をおびやかす

↳1427 law

- □ **prohibit** [prouhíbət] 他 を禁止する
- 1439 □ **accuse** [əkjúːz] 他 を（～のことで）訴える（of）；を非難する
- 1440 □ **court** [kɔ́ːrt] 名 法廷
- 1441 □ **lawyer** [lɔ́ɪər, lɔ́ːjər] 名 弁護士
- □ **innocence** [ínəsəns] 名 無罪；無知；無邪気
- □ 派 **innocent** [ínəsənt] ア 形 無罪の；無邪気な
- □ **guilty** [gílti] 形 罪悪感を覚える；有罪の
- □ **punishment** [pʌ́nɪʃmənt] 名 罰
- □ 派 **punish** [pʌ́nɪʃ] 他 を罰する
- □ **penalty** [pénəlti] ア 名 罰（金）

↳1429 violation

- 1446 □ **thief** [θíːf] 名 泥棒
- □ 派 **theft** [θéft] 名 窃盗（罪）
- 1447 □ **rob** [rɑ́ːb] 他 （人など）から（～を）奪う，強奪する（of）
- 1448 □ **deprive** [dɪpráɪv] 他 （人）から（～を）奪う，剥奪する（of）
- 1449 □ **steal** [stíːl] 他 （物）を（こっそり）盗む 自 （副詞（句）を伴って）そっと行く 活用 steal - stole - stolen
- □ **murder** [mə́ːrdər] 名 殺人（事件）
- 1450 □ **police** [pəlíːs] 発 名 警察

INDEX

単語青太字（例：**abc**）　：青色の囲みで出てきた単語
単語黒太字（例：**abc**）　：灰色の囲みで出てきた単語
単語細字（例：abc）　：それ以外の単語

A

B

C

D

E

I

N

O

P

Q

R

S

A B C D E F G H I J K L M N O P Q R S T U V W Y Z

W

Y

Z

英文出典

1～6 関西学院高等部

7～11 駿台甲府高校

12～14 東京農業大学第一高校

From *Concepts and Comments: A Reader for Students of English as a Second Language, Second Edition* by Patricia Ackert, Anne L. Nebel. Copyright© 1997 by Patricia Ackert & Anne L. Nebel. Cengage Learning Inc. Reproduced by permission. www.cengage.com/permissions

15～21 巣鴨高校

From *EVEN MORE TURE STORIES: AN INTERMEDIATE READER LEVEL 5* by Sandra Heyer. Copyright© 1992 by Sandra Heyer. Used by permission of Pearson PLC.

22～24 お茶の水女子大学附属高校

Republished with permission of McGraw Hill LLC, from *Timed readings: fifty 400-word passages with questions for building reading speed, book three* by Edward Spargo. Copyright© 1989; permission conveyed through Copyright Clearance Center, Inc.

25～29 西大和学園高校

Lindsey Konkel, *Science News for Students*, August 10, 2016. Used with permission.

30～31 慶應義塾高校

From *ENGLISH IN ACTION*, VOLUME 2. Copyright© by Houghton Mifflin Harcourt Publishing Company. All rights reserved. Used by permission of the publisher, Houghton Mifflin Harcourt Publishing Company. Any further duplication is strictly prohibited unless written permission is obtained from Houghton Mifflin Harcourt Publishing Company.

32～39 大阪星光学院高校

40～42 巣鴨高校

Extract from *Developing Skills* by L. G. Alexander (published Longman UK 1967-ISBN 9780582917439) by kind permission of the Alexander family.

43～49 甲南大学

From *IN PRAISE OF THE SPANISH SIESTA: A big meal and a long nap is still a way of life in Madrid (from Escape, January-February 1999)* (posted on https://www.utne.com/mind-and-body/in-praise-of-spanish-siesta) (reprinted in *Select Readings: Second Edition Intermediate by Eric Gundersen, Linda Lee*) by *Joe Robinson*. Copyright© 1999 by *Joe Robinson.*

50～51 獨協大学

52～58 市川高校

From *Interactions 1-Reading Student Book* by *Elaine Kirn, Pamela Hartmann.* Copyright© 1989 by *Elaine Kirn, Pamela Hartmann.* Used by permission of McGraw Hill LLC.

59～62 お茶の水女子大学附属高校

"Inside a Bird's Egg" From Boys' Life, March, 1975, Vol.65, No.3 by *George Laycock.* Copyright© 1975 by George Laycock. Used by permission of *Boy Scouts of America.*

63～68 聖心女子大学

From *WHY STORIES MATTER FOR CHILDREN'S LEARNING (January 2016)* (posted on http://theconversation.com/why-stories-matter-for-childrens-learning-52135) by Peggy Albers. Copyright© 2016 by Peggy Albers. Used by permission of The Conversation Media Group / Peggy Albers.

参考資料
『CEFR-J Wordlist Version1.5』東京外国語大学投野由紀夫研究室（URL: http://www.cefr-j.org/download.html より2019年4月ダウンロード）

速読英単語　入門編　[改訂第3版]

初版第1刷発行 …………1998年 3月21日
改訂版第1刷発行 ………2005年 2月 1日
改訂第2版第1刷発行 …2010年 11月 1日
改訂第3版第1刷発行 …2021年 2月10日
改訂第3版第8刷発行 …2024年 2月 1日

著者……………………………風早寛
発行人…………………………藤井孝昭
発行……………………………Z会
〒411-0033 静岡県三島市文教町1-9-11
【販売部門：書籍の乱丁・落丁・返品・交換・注文】
TEL 055-976-9095
【書籍の内容に関するお問い合わせ】
https://www.zkai.co.jp/books/contact/
【ホームページ】
https://www.zkai.co.jp/books/
装丁……………………………山口秀昭（Studio Flavor）
印刷・製本……………………シナノ書籍印刷株式会社
編集協力………………………株式会社 シー・レップス
音声録音・編集………………一般財団法人 英語教育協議会（ELEC）

定価はカバーに表示してあります
乱丁・落丁はお取り替えいたします
ISBN978-4-86531-364-2 C7082

覚えておきたい接頭辞・接尾辞

英単語を覚えやすくしたり，未知語を推測する時のカギの１つとなったりするのが接頭辞・接尾辞です。以下の表を時間のある時に確認して，知識を蓄えておきましょう。

◆接頭辞

接頭辞	接頭辞の意味	具体例
dis-	1) 否定	**dis**appear（消える）
	2) 離れて	**dis**miss（を解雇する）
en-	にする	**en**able（…できるようにする）
mis-	誤った；悪い	**mis**understand（を誤解する）
over-	過度に；超えて	**over**whelm（を圧倒する）
re-	1) 再び	**re**view（を見直す）
	2) 後ろに；元へ	**re**ject（を拒絶する）
un-	否定	**un**necessary（不必要な）

◆接尾辞

接尾辞	接尾辞の意味・働き	具体例
-able/-ible	…できる	accept**able**（受け入れられる），respons**ible**（責任がある）
-ate/-ize	動詞を作る	educ**ate**（を教育する），special**ize**（専門とする）
-ation/-ion	名詞を作る	educ**ation**（教育），possess**ion**（所有）
-en	動詞を作る	strength**en**（を強化する）
-er/-or	…する人	listen**er**（聞き手），conquer**or**（征服者）
-ful	の多い	care**ful**（注意深い）
-ic, -ical	に関係する；～的な	romant**ic**（空想的な），typ**ical**（典型的な）
-ive	傾向；性質	attract**ive**（魅力的な）
-less	の少ない	care**less**（不注意な）
-ly	1) (形容詞＋ly) 副詞を作る	slow**ly**（ゆっくりと）
	2) (名詞＋ly) 形容詞を作る	love**ly**（美しい）
-ment	名詞を作る	advertise**ment**（広告）
-ness	名詞を作る	aware**ness**（意識）

速読英単語

Vocabulary Building × Rapid Reading

入門編

[改訂第3版]

英文解説

※この別冊は強く引っぱると取り外せます。

●解説中の約束ごと●

1. *do* のように do がイタリックで書かれている場合，そこにはさまざまな動詞の原形がくるということを表しています。
2. ＝の記号が使われている場合，言い換えの一例を示したものです。ただし，言語の場合にはまったく同じということはありませんので，≒くらいのつもりで読んでください。
3. S は主語，V は述語動詞，O は目的語，C は補語を表しています。
4. write A のように動詞の後ろに A と書かれている場合，この A は動詞の目的語を表し，「A を書く」のような意味になります。
5. 図解の箇所で，(　) は省略されている語句を，<　> は句を，[　] は節を表します。
6. 重要な熟語・構文は色字で示しています。

1　3人の兄弟と少女 (1) [物語]

● ℓ.1　**Once upon a time**「昔々」。昔話の出だしの決まり文句。

● ℓ.1　**a man [who had three sons]**「3人の息子を持つ男」。

who は主格の関係代名詞で，had の主語の働きをしている。

● ℓ.2　**They** は3人の息子たちを指す。

● ℓ.3　**they all**「彼ら全員が」they と all は同格。

● ℓ.4　**Each of them**「彼らのそれぞれが」。*each of* ～「～のそれぞれ」。

● ℓ.4　*ask A B*「A に B を尋ねる」

● ℓ.4　*Will you* ～ *?*「～してくれますか」。相手に依頼する表現。

● ℓ.5　*marry A*「A と結婚する」。marry は他動詞なので，× marry with A とはならないことに注意。

● ℓ.7　**it was hard <for her> <to make the best choice>.**

「彼女にとって最善の選択をすることは難しかった」。it は仮主語で，真の主語は後ろの不定詞（名詞的用法）。for her は不定詞の意味上の主語。

● ℓ.7　**make the best choice**「最善の選択をする」。*make a choice*「選択をする」。

2 3人の兄弟と少女 (2) [物語]

● ℓ.1 **One day**「ある日」

● ℓ.1 **Here is ～.**「ここに～がある」

● ℓ.2 *go on a trip*「旅に出る」

● ℓ.2 **While ～**「～する間」。while で始まる節では進行形が使われることが多い。

● ℓ.3 *look for ～*「～を探す」

● ℓ.3 **something [which is very useful]**「何かとても役に立つもの」。

which は主格の関係代名詞で，is の主語の働きをしている。

● ℓ.4 **bring it home**「それを家に持ってくる〔持ち帰る〕」

● ℓ.5 *for a long time*「長い間；長時間」

3 3人の兄弟と少女 (3) [物語]

● ℓ.1 **The first young man**「最初の若い男」。ここでは3人兄弟のうちの長男のことを言っている。

● ℓ.1 **On the carpet**「そのじゅうたんの上では」が直訳だが，ここでは「そのじゅうたんに乗ると」と訳すとわかりやすい。

● ℓ.2 **fly to ～**「～へ飛んでいく」

● ℓ.2 **any place**「どんな場所でも」。肯定文で〈any＋単数名詞〉が用いられると「どんな～でも」という意味になる。

● ℓ.3 **looking-glass**「鏡；姿見」。日常語としては mirror がふつう。

● ℓ.3 *look into ～*「～をのぞき込む」

● ℓ.4 **anyone and anything**「どんな人でも，どんなものでも」。ℓ.2の any と同様で，肯定文に用いられて「どんな～でも」の意味を表す。

● ℓ.4 **anyone and anything [that he wanted to see]**

「彼が見たいと思うどんな人でも，どんなものでも」。that は目的格の関係代名詞。先行詞が「人＋もの」なので，who や which ではなく that が用いられている。

● ℓ.5 **He heard that ～**「彼は～ということを聞いた」。うわさなどで耳にしたということ。

● ℓ.6 **make a dying man or woman well again**
V　O　C

make O C「O を C にする」。dying「死にかけている；死にそうな」。die「死ぬ」の現在分詞で，man or woman を修飾している。

4 3人の兄弟と少女 (4) [物語]

● ℓ.1 *come together*「集まる；出会う」。家に帰ってきたのではなく，旅先で一緒になったということ。

● ℓ.2 *one another*「お互い」。3者以上の場合に用いられることが多く，2者の場合は each other がふつう。

● ℓ.2 **We are far** ┌ **from our home**
　and
└ **from the girl** [(**that**) **we love**]

from our home と from the girl we love がどちらも far にかかる。the girl we love は，目的格の関係代名詞 that または whom が省略された形。

● ℓ.3 **Let us *do***「…しよう」。Let's *do* と同じ意味。物語の中なので，古風な言い方が用いられている。文字通りには「私たちに…させなさい」。

● ℓ.4 *take out A*「A を取り出す」

● ℓ.5 **see that ～**「～であるのを見る」。

● ℓ.6 *sick in bed*「病気で寝込んで」

● ℓ.6 *ask A to do*「A に…するように頼む」

● ℓ.8 **cut**「切った」。過去形であることに注意。

5 3人の兄弟と少女 (5) [物語]

● ℓ.1 *be happy to do*「…して幸せだ；うれしい」。感情の原因・理由を表す不定詞の副詞的用法。

● ℓ.2 **They explained to her how ～**「彼らは，どのように～かを彼女に説明した」。*explain ～ to A*「A に～を説明する」。「～」には目的語になる名詞や名詞節が来る。ここでは，how で始まる長い名詞節が目的語になっているので，to A がその前に置かれている。

● ℓ.3 **Which of us**「私たちのうちのだれ」。決まった範囲から選択する意味の場合は，人についても which が用いられる。

● ℓ.5　**that**「そのこと」。直前の「私を鏡で見た」ということを指す。

● ℓ.5　**helped to save ～**「～を救うのに役立った」。*help to do*「…するのに役立つ；…する助けになる」。

● ℓ.6　**he will have it forever**「彼はそれを永遠に持っていることでしょう」。鏡は使っても減ったりなくなったりしないから，ずっと持っていられるということ。

6　3人の兄弟と少女 (6) ［物語］

● ℓ.1　**gave me the lemon juice**「私にレモンジュースをくれた」。*give A B*「A に B を与える」

● ℓ.2　**he has no lemon**「彼はレモンを1つも持っていない」。no は「1つも〔少しも〕ない」の意味で，否定文を作る。この文は *not any* を用いて he didn't have any lemon と言い換えられる。

● ℓ.2　**all [(that) he had]**「彼が持っていたすべて」。

目的格の関係代名詞 that が省略された形。

● ℓ.3　**to save me**「私を救うために」。目的を表す不定詞の副詞的用法。

● ℓ.5　**the magic power** ┌ **not only <to make the girl better>**
　　　　　　　　　　　　└ **but also <to move her heart>**

power to do「…する力」の to *do* に当たる to make ～と to move ～が，*not only A but also B*「A だけでなく B も」によって結ばれている。

● ℓ.5　**make the girl better**「少女をより元気にする」。*make O C*「O を C にする」。better は形容詞 well「元気な」の比較級で「より元気な」の意味。

● ℓ.6　**Lemons are sour, but ～**「レモンは酸っぱいけれども～」。酸っぱいレモンを使って少女の命を救ったことで少女の甘い愛情を得たということを比喩的に述べて，物語を締めくくっている。

● ℓ.7　*make A out of B*「B（材料）で A を作る」。材料が変化しない場合に用いることが多い。

7　プラスチックストローをやめる理由 (1) ［環境］

● ℓ.1　**Have you ever enjoyed ～?**「あなたは今までに～を楽しんだことがあるか」。経験を表す現在完了。ever は「今までに」。

- ℓ.2　**some**「ある～」。必ずしも日本語に訳す必要はない。
- ℓ.2　***surprising***「驚くべき」。surprise「～を驚かせる」の現在分詞が形容詞化したもの。surprised「驚いた」との区別に注意。
- ℓ.2　**was reported**「報道された」。受動態の過去形。
- ℓ.2　***all over the world***「世界中で」
- ℓ.3　**Starbucks**「スターバックス」。コーヒーチェーン。
- ℓ.3　***decide to do***「…することを決定する」。to *do* は不定詞の名詞的用法で,「…すること」の意味。decide の目的語になっている。
- ℓ.4　**its**「その」。Starbucks を指す。
- ℓ.4　**around the world**「世界中の」。ここでは形容詞の働きで, 前の stores を修飾している。
- ℓ.4　***by*** ～「～までに」。期限を表す。
- ℓ.5　**McDonald's**「マクドナルド」。ハンバーガーチェーン。
- ℓ.6　**the UK**「イギリス」。United Kingdom (of Great Britain and Northern Ireland) の略。
- ℓ.6　***change A to B***「A を B に変える」
- ℓ.7　**recyclable ones**「リサイクル可能なもの」。ones は前の packages を指す不定代名詞。
- ℓ.8　***make a decision***「決定をする」

8　プラスチックストローをやめる理由 (2)　[環境]

- ℓ.1　**This movement**「この運動」。前に述べられた, プラスチックのストローや包装をやめるという運動。
- ℓ.1　***begin with*** ～「～で始まる；～から始まる」
- ℓ.1　**a sea turtle <found in Costa Rica in 2015>**

find「見つける」の過去分詞 found で始まる句が a sea turtle を後ろから修飾している。
- ℓ.1　**Costa Rica**「コスタリカ」。中米の国。
- ℓ.2　**looked sick**「病気のように見えた」。*look* +形容詞「～のように見える」。
- ℓ.3　**find that** ～「～ということを見つける；～と気づく」
- ℓ.4　**be stuck in** ～「～に刺さっている」

- ℓ.4　*try to do*「…しようとする」
- ℓ.4　**pull out ～**「～を引っ張り出す」
- ℓ.7　**about 10 cm long**「約10センチの長さで」
- ℓ.8　**This made people sad**「このことが人々を悲しくさせた」。*make O C*「O を C にする」。This はウミガメの鼻にプラスチックストローが刺さってけがをしていたこと。
- ℓ.9　**movement <to stop using ～>**「～を使うのをやめる運動」。

to stop は不定詞の形容詞的用法で，前の a movement を修飾している。stop using は「使うことをやめる」。動名詞 using 以下が stop の目的語になっている。

- ℓ.10　*more and more ～*「ますます多くの～」。

9　プラスチックストローをやめる理由 (3)　[環境]

- ℓ.1　**just**「～だけ；～にすぎない」
- ℓ.2　**many other types of plastic garbage [that pollute oceans]**

「海洋を汚染する，多くの他の種類のプラスチックごみ」。that は主格の関係代名詞。that の先行詞は types。

- ℓ.4　**plastic bottles, bags, and ropes**「プラスチックのボトルと袋とロープ」。plastic bags，plastic ropes は，日本語で言う「ビニール袋」「ビニールロープ〔ひも〕」に当たる。
- ℓ.6　**long distances**「長い距離」
- ℓ.6　*by themselves*「ひとりでに」
- ℓ.7　**sea life**「海の生物」。life は「生物；動植物」の意味の集合名詞。
- ℓ.8　**sea lion**「アシカ」
- ℓ.9　**untie ～**「～をほどく」。tie「結ぶ」の反意語。
- ℓ.10　*look like ～*「～に似ている；～のように見える」。「～」に名詞が来るときは look like と前置詞 like が必要。
- ℓ.10　**their favorite food, jellyfish**「彼らのいちばん好きな食べ物であるクラゲ」。コンマで区切って，同格の２つの語句を並べている。
- ℓ.11　*get A out of B*「B から A を取り出す」
- ℓ.11　*as a result*「結果として；その結果」

10 プラスチックストローをやめる理由 (4) ［環境］

● ℓ.1　**can be dangerous**「危険でありうる」。can は「～することがある；～する可能性がある」の意味。

● ℓ.2　*break into pieces*「壊れて〔砕けて〕バラバラになる」。pieces は「破片」の意味。

● ℓ.2　**after several years**「（海に入り込んで）数年後には」

● ℓ.3　**get shorter than ～**「～よりも短くなる」。get は「～になる」の意味。

● ℓ.3　**They are called ～**「それらは～と呼ばれる」。*call O C* の受動態。

● ℓ.6　**～, and so on**「～など」。ここでは,「小さな魚がマイクロプラスチックを食べ，その魚をそれより大きな魚が食べ，さらにその魚をもっと大きな魚が食べ…」のように，同様のことが次々に起こることを表している。

● ℓ.6　*in this way*「このような方法で；このようにして」

● ℓ.6　**might**「ひょっとしたら～かもしれない」。控えめな推量を表す。

● ℓ.7　*without knowing it*「知らないうちに；知ることなしに」

● ℓ.7　*have an effect on ～*「～に影響を及ぼす」

11 プラスチックストローをやめる理由 (5) ［環境］

● ℓ.1　**Some scientists report that ～**「一部の科学者は～と報告している→～と報告する科学者もいる」。some の訳し方に注意。

● ℓ.1　*a large amount of ～*「大量の～」。ここでは large が比較級になっている。

● ℓ.3　**half of ～**「～の半分」

● ℓ.3　*throw away ～*「～を捨てる」。ここでは受動態になっている。

● ℓ.4　**after just one use**「たった1度だけの使用ののちに→たった1度使っただけで」

● ℓ.4　**Stopping plastic straws (S) is (V) just the beginning (C) <of saving ～>.**

S＝「プラスチックストローをやめること」，C＝「始まり」。of saving ～が the beginning の具体的な内容を後ろから説明している。

● ℓ.5　**Each of us has to ～**「私たちのそれぞれが～しなければならない」。each は単数扱いなので has to と3人称単数形になっている。

● ℓ.6 **attitude to ～**「～に対する態度；考え方」

● ℓ.7 **eco-friendly**「環境にやさしい」。-friendly は「～に都合のよい；～害を与えない」という意味の合成語を作る。

● ℓ.7 *make a choice*「選択をする」

12 時計と人の暮らし (1) ［歴史］

● ℓ.1 **Clocks [as we know them]**「私たちが知っているような時計」。

接続詞 as には，形容詞節を作って直前の名詞を修飾する働きもある。

● ℓ.3 **so (that) they could meet together in church**「教会で集会をすることができるように」。*so that S can*〔*may*；*will*〕*do*「S が…できるように；S が…するために」。

● ℓ.4 **By the 1700s**「1700 年代までに」。前置詞 by は期限を表す。The 1700s は，年代を表す表現。the がつき，複数扱いになることに注意。

● ℓ.4 **people had clocks and watches [that were accurate to...]**
S V O

that 以降は clocks and watches を修飾している。

● ℓ.6 **They had complicated moving parts**
S V O

complicated は moving parts を修飾する形容詞。had complicated という過去完了のかたまりではないことに注意。

● ℓ.7 **Some clocks ... Some clocks ... Other clocks ...**「時計の中には…もあった。…という時計もあり，他にも…という時計もあった」。*some ～ others ...*「～なものもあれば，…なものもある」。

13 時計と人の暮らし (2) ［歴史］

● ℓ.2 **Watches today can be traditional or digital.**「現在の携帯用時計は，伝統的なものか，あるいはデジタル式のものがありうる」。ここでの助動詞 can は「…でありうる」という可能性を示す。

● ℓ.3 **Digital watches don't have hands, but (they have) numbers on their displays.**「デジタル式の携帯用時計には針がなくて，ディスプレイに数字がある」。

- ℓ.7　**heart beat**「心臓の鼓動（＝心拍数）」
- ℓ.8　**(some watches) tell you [how far you ran]**

　　S　V　O_1　O_2

動詞 tell が第4文型で使われている。how は後ろに形容詞または副詞が続いて,「どのくらい…か」と程度を表す表現で使われる。

14 時計と人の暮らし (3) ［歴史］

- ℓ.1　**think about time differently**「時間について違うように考える」
- ℓ.4　*in fact*「実際」。主に「実際に」という意味と「(だが) 実は」という2つの意味があるが, ここでは「実際に」。
- ℓ.4　**people may think [(that) it is rude to come late]**

　　S　V　O

節中の it は仮主語で, 真の主語は to come late（遅刻すること）。

- ℓ.6　**think it rude <to come late>**

　　V　O　C

it は think の仮目的語で, 真の主語は to come late。2文前の people may think it is rude to come late とは異なる構造になっている。

15 迷信を信じますか？ (1) ［文化］

- ℓ.1　**it is bad luck <to walk under a ladder> or <to break a mirror>?**

it は仮主語で, 真の主語は後ろの不定詞（名詞的用法）。to walk ～と to break ～という2つの不定詞が真の主語になっていることに注意。

- ℓ.1　**bad luck**「悪運；縁起が悪いこと」。「はしごの下を歩く」や「鏡を割る」は, 欧米で伝統的に縁起が悪いとされている迷信の例。このあとに出てくる「黒猫」「数字の13」「13日の金曜日」「室内で傘を開く」も同様。
- ℓ.3　**Some people don't (think so).**「一部の人々はそのように思わない」。don't のあとに think so が省略されている。so は前の2つの文の that 節の内容を受ける。

● ℓ.4 **they ┬ walk under ladders,**
├ break mirrors,
│ and
└ open umbrellas indoors.

主語 they に対する3つの動詞が and で結ばれている。

● ℓ.5 **aren't at all superstitious**「全く迷信深くない」。*not ～ at all*「全く～ない；少しも～ない」。

● ℓ.6 **the only people <in the world> [who aren't (superstitious)]**

先行詞 people と関係代名詞 who が離れていることに注意。aren't の後には superstitious が省略されている。

● ℓ.8 *believe in* ～「～が正しいと信じる」

● ℓ.8 *at least*「少なくとも」

● ℓ.8 **one or two of them**「それらの1つか2つ」。them は superstitions を指す。

16 迷信を信じますか？(2) [文化]

● ℓ.1 **numbers**「数；数字」

● ℓ.3 **is often thought to be ～**「しばしば～と考えられている」。*think A to be* ～「A を～と考える」の受動態。often など頻度を表す副詞は，一般動詞の前，be 動詞や助動詞のあとに置かれる。

● ℓ.4 **buildings have no ～**「ビルは～を持っていない→ビルには～がない」

● ℓ.6 **because <in Japanese,> the word four is pronounced**
S′ V′

because 節内の主語の前に in Japanese が挿入されていることに注意。

● ℓ.7 *the same as* ～「～と同様に」。副詞の働きをしている。

17 迷信を信じますか？(3) [文化]

● ℓ.2 **is considered lucky**「幸運と見なされる」。*consider O C*「O を C と見なす」の受動態。

● ℓ.4 *get married*「結婚する」。

● ℓ.6 *A as well as B*「B だけではなく A も」

- ℓ.9　**horseshoe**「(馬のひづめにつける) 蹄鉄」。馬蹄形〔U 字型〕のものは幸運のしるしとされる。
- ℓ.10　**even**「〜さえ」
- ℓ.11　**tell** [(that) people make bad luck good]
  (S′ people / V′ make / O′ bad luck / C′ good)

「人々が悪運をよくするということを教える」tell の目的語となる that 節の that が省略されている。

18 迷信を信じますか？(4)　[文化]

- ℓ.1　**spilling**「〜をこぼすこと」。動名詞で，is の主語になっている。
- ℓ.2　**Throwing**「〜を投げること」。ここでは「塩をまく」と訳したほうが日本語としては自然。
- ℓ.2　**however**「しかしながら」。前後にコンマを置いて挿入されている。
- ℓ.3　**a little of 〜**「〜のうちの少し」
- ℓ.3　**the spilled salt**「こぼされた塩→こぼれた塩」。過去分詞が 1 語で前から名詞を修飾している。
- ℓ.3　**over 〜**「〜を越えて；〜越しに」
- ℓ.5　**to reverse bad luck**「悪運を逆転するために」。目的を表す不定詞の副詞的用法。
- ℓ.6　*inside out*「内側を外側に；裏表に」。「上下逆に」は upside down。
- ℓ.6　*put 〜 on*「〜を身に着ける」。帽子であれば「かぶる」，衣服であれば「着る」，靴であれば「はく」となる。
- ℓ.8　**wear**「〜を身に着けている；着ている」。
- ℓ.8　**is losing**「負けそうになっている」
- ℓ.10　**it helps them win the game**「それが，彼らが試合に勝つのに役立つ」。*help A (to) do*「A が…するのに役立つ；A が…する助けになる」。

19 迷信を信じますか？(5)　[文化]

- ℓ.1　**it is not surprising** [**that some of them are contradictory**].

「〜ということは驚くべきことではない」。it は仮主語で，真の主語は後ろの that 節。

● ℓ.3 **it is** (S V) **good luck** (C) [when **the left eye** twitches],
and
bad luck (C) [when **the right eye** twitches].

「幸運と不運」「左目と右目」がそれぞれ対比されている。

● ℓ.4 **it** は前の文の内容を受けて,「状況は；物事は」という意味を表す。

● ℓ.4 **exactly the opposite**「ちょうど反対」。ドイツとは逆に，左目がぴくぴくすると縁起が悪く，右目がぴくぴくすると縁起がいいということ。直後のコロンは，そのあとに具体的な説明が来ることを示している。

● ℓ.5 **A twitching left eye**「ぴくぴく動く左目」。現在分詞 twitching が 1 語で前から名詞 left eye を修飾している。

● ℓ.5 **Putting on clothes inside out by accident** (S) **brings** (V)
good luck (O) <in Pakistan>
but
bad luck (O) <in Costa Rica>.

「幸運と不運」「パキスタンとコスタリカ」がそれぞれ対比されている。

● ℓ.6 *by accident*「たまたま；偶然に；誤って」

● ℓ.8 **won't**「（どうしても）～しようとしない」。強い拒否を表す。

● ℓ.11 **someone good-looking**「見た目のよいだれか」。someone, something などの不定代名詞を修飾する形容詞は後ろに置かれる（後置修飾）。

20 迷信を信じますか？(6) ［文化］

● ℓ.1 **have been with us**「ずっと私たちとともにあった；私たちの身近に存在してきた」。継続を表す現在完了。

● ℓ.1 **... for so long that ～**「とても長い間…なので～」。〈*so* ＋形容詞＋ *that* ～〉で程度を表す。

● ℓ.2 **people** (S) [who like the customs] **do not feel** (V) **that ～** (O)

「その習慣を気に入っている人々は～とは感じていない」。

● ℓ.4 **it is polite <to say “God bless you” >**

「God bless you と言うことは礼儀正しい」。it は仮主語で，真の主語は後ろの不定詞（名詞的用法）。

● ℓ.4 **God bless you**「神があなたを祝福しますように；あなたに神のご加護がありますように」。祈願を表す一種の命令文。

● ℓ.5 **once**「かつて；昔は」

● ℓ.5 **could**「～する可能性がある」

● ℓ.6 ***get away from*** ～「～から逃げ出す；抜け出す」

● ℓ.7 ***protect A from B***「A を B から守る」

● ℓ.8 ***no longer***「もはや～ない」。否定文を作る副詞句。

● ℓ.8 ***be in danger of doing***「…する危険がある；～しそうだ」

● ℓ.10 ***not because ... but because*** ～「…だからではなく～だから」

21 迷信を信じますか？（7）［文化］

● ℓ.1 **people [who say they aren’t superstitious] would probably not do [what some other people do]**

S（people）V（would probably not do）O（what some other people do）

● ℓ.1 **would (probably) not**「（おそらく）～しないだろう」。would は will の過去形だが，ここでは現在についての推量を表す。

● ℓ.2 **what some other people do**「他の一部の人々がすること」。what は「～すること」の意味の名詞節を作る関係代名詞。

● ℓ.2 **—intentionally walk ...** のダッシュは，直前の what some other people do の具体的内容を導く働きをする。

● ℓ.4 **at least**「少なくとも；最低でも」

● ℓ.4 **One woman says** ～以下は，前文の「ほとんどだれもが，少なくともわずかばかりは迷信深い」ということの例示。

● ℓ.5 **... says [that [when she got married,] her aunt gave ～]**

S′（her aunt）V′（gave）

接続詞 that と節内の主語 her aunt との間に when 節が挿入されている。

● ℓ.6 **Never buy** ～「決して～を買ってはいけない」。Never で強い禁止を表す命令文。

● ℓ.8　**Does the woman believe that superstition?**　この疑問文は，実際には文中の女性に対して Do you believe that superstition? という質問がなされたことを表す。次行の Does she use purple towels? も，実際には Do you use purple towels? という質問だと考えればよい。これらに対する女性の答えは引用符（“ ”）を使って直接話法で書かれている。

● ℓ.8　*of course not* = **of course I do not believe that superstition**
否定の内容について「もちろん」というときは of course not のように最後に not をつける。

● ℓ.10　*Why＋動詞の原形？*「なぜ（わざわざ）…しなければならないのか」

● ℓ.10　*take chances = take a chance*「思い切って〔一か八か〕やってみる」。本当に迷信が現実になるかどうか試してみるということ。それをしないということは，この女性も迷信を気にしているということになる。

22　凧の歴史 (1)　[歴史]

● ℓ.1　**No one knows <for sure> just how old kites are.**
(No one = S, knows = V, just how old kites are = O)

for sure「はっきりと」。「凧が（生まれてから）きっかり何歳なのか→凧が正確にどれくらい古いものなのか，だれもはっきりとは知らない」。

● ℓ.3　*tell of* 〜「〜について説明する〔伝える〕」

● ℓ.3　**four centuries before Christ**「紀元前4世紀」。Before Christ = B.C.「紀元前」。A.D.「西暦〔キリスト紀元〕…年」。

● ℓ.4　*It is said that ...*「…と言われている」

● ℓ.8　*be made of* 〜「（材料）で作られている」。*be made from* 〜「（原料）から作られている」。

● ℓ.9　*be in use*「使用されている」

● ℓ.9　*at that time*「その当時（は）」

● ℓ.10　*how to do*「…する方法」

23　凧の歴史 (2)　[歴史]

● ℓ.3　*tie down* 〜「〜を縛りつける」

● ℓ.4　**flew musical kites over the enemy**「音を出す凧を敵の頭上に飛ばした」。fly が他動詞（を飛ばす）として使われている。

● ℓ.7 **These were used** ┌ **<to carry men behind the enemy>**
or
└ **<to spy on the enemy>.**

2つの不定詞（副詞的用法）が were used にかかっている。

24 凧の歴史 (3) ［歴史］

● ℓ.1 *for fun*「楽しみ（のため）に」

● ℓ.6 **Benjamin Franklin**「ベンジャミン・フランクリン」（1706年～1790年）。アメリカの政治家。外交官，科学者，作家でもあった。

● ℓ.7 *prove that ...*「…ということを証明する」

25 大気汚染とミツバチ (1) ［環境］

● ℓ.1 **to follow fresh flowers**「新鮮な花を追いかけるために」。目的を表す不定詞の副詞的用法。follow は「～の後について行く」だが，ここでは「においをたどって花にたどり着く」という意味になる。

● ℓ.3 *because of* ～「～のために；～の理由で」。

● ℓ.3 **Scientists worried [that <because of this,> it might be harder ～]**
(Scientists = S, worried = V, it = S′, might be = V′, harder = C′)

worried の目的語に当たる that 節の主語 it の前に because of this という副詞句が挿入されている。

● ℓ.4 **this** は前文の「大気汚染物質のために花のにおいが弱くてまぎらわしくなること」を指す。

● ℓ.4 **it might be harder <for some insects> <to find a meal>**

it は仮主語で，真の主語は後ろの不定詞（名詞的用法）。for some insects は不定詞の意味上の主語。

● ℓ.5 **a new study shows that ～**「新しい研究は～ということを示している→新しい研究で～ということがわかった」

● ℓ.5 **it can make the insects' effort four times bigger**
(it = S′, can make = V′, the insects' effort = O′, four times bigger = C′)

it は前行の this と同じ内容を指す。

● ℓ.6 **four times bigger**「4倍大きい」。～ *time*「～倍」。

● ℓ.7 **help carry pollen**「花粉を運ぶ手助けをする」。***help A (to) do***「A が…する手助けをする；A が…するのに役立つ」。

● ℓ.7 **do this**「このことを行う」。前文の help carry pollen を指す。

● ℓ.7 *by …ing*「…することによって」

● ℓ.8 **male parts / female parts** は「おしべ／めしべ」のこと。

● ℓ.9 **for many reasons**「多くの理由によって」

● ℓ.9 **the number <of the insects> [which help plants in this way]**
S
has been decreasing
V

主語は number なので，has been と3単現の形になっている。

● ℓ.11 **those carriers** ┌ **are losing good places to live in**
or
└ **may have become sick**

主語 those carriers に対する2つの動詞が or で結ばれている。

● ℓ.11 **good places to live in**「住むための適切な場所」。to live in は good places を修飾する不定詞の形容詞的用法。live in の目的語が good places。

● ℓ.12 **may have become sick**「病気になったのかもしれない」。〈*may have* +過去分詞〉で「〜したかもしれない」の意味を表す。

26 大気汚染とミツバチ (2) ［環境］

● ℓ.1 **has been looking into 〜**「(ずっと) 〜を調査している」。現在完了進行形。*look into* 〜「〜を調査する」。

● ℓ.1 **the possible role of 〜**「〜のありうる役割→〜が果たしているかもしれない役割」。possible は「ありうる；可能性のある」という意味を表す。

● ℓ.2 **earlier**「以前の」

● ℓ.5 *may have to do*「…しなければならないかもしれない」

● ℓ.5 *search for* 〜「〜を探し求める」

● ℓ.5 **lunch**「ランチ；昼食」。ここでは昆虫の meal「食事」のことを，少しくだけて言ったもの。

● ℓ.5 **longer**「より長時間」。「花のにおいをかぐことができる場合と比べて」ということ。

- ℓ.5 **Looking for a meal leaves insects in danger of ～**
  S V O C

主語は動名詞句で「食事を探すこと」。*leave O C*「OをCの状態にしておく」。*in danger of* ～「～の危険にさらされて」。

- ℓ.8 **home**「住みか；巣」

27 大気汚染とミツバチ (3) [環境]

- ℓ.1 **examine how** ～「どのように～かを調べる」。how 以下は名詞節。
- ℓ.3 **model**「モデル化する」。コンピューターを使って，現象などの仕組みを再現すること。
- ℓ.3 *in response to* ～「～に応じて；～に答えて」。ここでは直前の名詞 changes にかかる形容詞の働きをしている。
- ℓ.5 *take* ～ *to do*「…するのに～（の時間）がかかる」
- ℓ.5 **much longer** と比較級になっているのは，「空気中に汚染物質がない場合よりも」という意味。
- ℓ.6 **flowering**「花をつける；花を咲かせる」。動詞 flower「（花が）咲く」の現在分詞が形容詞化したもの。
- ℓ.6 **gases [that make the smell of the air pleasant]**
  S V O C
- ℓ.8 **antennae**「触角」。antenna の複数形。
- ℓ.9 **look for [where the scent is strong]**「においの強い場所を探す」where は先行詞を含む関係副詞で「～する場所」の意味の名詞節を導く。

28 大気汚染とミツバチ (4) [環境]

- ℓ.3 **travel**「移動する；伝わる；進む」
- ℓ.4 **half as far**「半分の距離まで」。前文を受けて，as far (as normal) ということ。800 メートルの半分の 400 メートル。
- ℓ.6 *in search of* ～「～を探して」
- ℓ.7 **Insects <searching for this gas> can smell the sweet scent**
  S V O

現在分詞で始まる形容詞句が，名詞 Insects を修飾している。

- ℓ.9 **take an hour**「1 時間かかる」

● ℓ.9 **be polluted with ozone**「オゾンで汚染されている」

29 大気汚染とミツバチ (5) [環境]

● ℓ.1 **do more than just ～**「単に～だけよりももっと多くのことをする」

● ℓ.3 **new ones**「新しいにおい」。ones は scents を指す。

● ℓ.3 **might not be able to *do***「～できないかもしれない」。

● ℓ.5 **the thing [(that) scientists are worried about]**

目的格の関係代名詞 that が省略されている。

● ℓ.6 **their next study will be <to look at ～>**
S　V　C

to look at ～という名詞的用法の不定詞が C（補語）になっている。

● ℓ.7 *It is possible that* ～「～ということがありうる」

● ℓ.8 *ways to do*「…する方法」

30 グレート・ソルト・レイク (1) [自然]

● ℓ.1 **One of my most interesting experiences**「私の最もおもしろかった経験の中の 1 つ」。最上級の形容詞の前に one of をつけると「最も～なものの 1 つ」という意味になる。形容詞に続く名詞は複数形になる。

● ℓ.1 **... experiences was swimming in the Great Salt Lake**
S　V　C

「…経験の中の 1 つはグレート・ソルト・レイクで泳ぐことだった」。be 動詞 was に続いているが，過去進行形ではなく，動名詞の形。

● ℓ.2 **The lake covers an area [(which is) larger than ～].**

「その湖は～よりも広い面積を占めている」。area と larger の間に which is を補って考える。

● ℓ.3 **The surprising fact is that ...**「驚くべき事実は…である〔驚くべきことだが実は…だ〕」。that 以下にその内容が示される。

● ℓ.4 **although the lake is far from any ocean,**
and
although it gets its water from rivers [**which have ...**]

この文では although に続く節が2つ並べられている。

● ℓ.4 **it gets its water from rivers**「それは川から水を得ている（＝水を引いている）」。つまり，「この湖には川から水が流れ込んでくる」ということ。

● ℓ.5 **rivers which have so little salt as to taste sweet**「（水が）甘い味がするほど塩の少ない川」。little は冠詞がつかないと「ほとんどない」という意味になる。*so ~ as to do* は「…するほど～」という程度を表す表現。

● ℓ.6 **about six times as salty as the ocean**「海の約6倍の塩分を含む」。*~ times as ... as A* は倍数を表す表現で「A の～倍…の」という意味。

● ℓ.9 *hold ~ up*「～を支える；～を持ち上げる」

31 グレート・ソルト・レイク (2) ［自然］

● ℓ.2 **I expected that I would feel a little pain**「私は少し痛みを感じることを予期していた」。*I expect that ...* で「…ということを予期〔予想〕している」という意味。that 節の助動詞が will の過去形 would になっているのは，主節との時制の一致によるもの。

● ℓ.4 *be prepared to do*「…する覚悟をしている」

● ℓ.6 **the last time I tried to swim**「私が泳ごうとした最後の時」。time と I の間の関係副詞 when か，その代用の that が省略されている。

● ℓ.7 **I understand why ...**「私にはなぜ…なのかがわかる」。why に続く部分が understand の目的語となる名詞節になっている。語順が疑問文と異なる点に注意。

32 音楽と人の感情 (1) ［人間］

● ℓ.1 **be linked**「結びつけられている」

● ℓ.3 **agree if ~**「～かどうかについて合意する」。if は「～かどうか」の意味の名詞節を導く接続詞。文頭の If は「もし」。

● ℓ.4 **that doesn't mean (that) ~**「それは～ということを意味しない；そうだからといって～ということにはならない」。接続詞 that の省略。

● ℓ.5 **the music (that) they listen to** 関係代名詞 that の省略。

● ℓ.6 **this** ここでは直後のコロンに続く文の内容を指す。

● ℓ.7 *do research on* ～「～について研究〔調査〕を行う」

● ℓ.11 *while*「～する間」。2つの出来事が同時に起こることを表す接続詞。

33 音楽と人の感情 (2) ［人間］

● ℓ.2 **make the people <in the experiment> happy and relaxed**
(make = V, the people = O, happy and relaxed = C)

● ℓ.3 **the music [(that) they were listening to] had a strong effect**
(the music = S, had = V, a strong effect = O)

目的格の関係代名詞 that が省略されている。that は to の目的語。

● ℓ.4 *have an effect on* ～「～に影響を与える」

● ℓ.4 *at that moment*「その時点で（の）」

● ℓ.5 *on the other hand*「他方では；それに対して」

● ℓ.5 **just listening to angry music did not make them mad**
(just listening to angry music = S, did not make = V, them = O, mad = C)

just listening ～「～を聴くことだけ」という動名詞句が主語。

● ℓ.7 *instead of …ing*「…する代わりに；…するのではなく」

● ℓ.7 **just couldn't** ～「全く～できなかった」。just は否定語の前に置いて否定の意味を強調する副詞。

● ℓ.8 **while (they were) listening to it** 接続詞のあとの〈主語＋ be 動詞〉が省略されている。

34 音楽と人の感情 (3) ［人間］

● ℓ.1 **or** ～「すなわち～」。前の語を言い換えて説明する接続詞。

● ℓ.2 *S is likely to do*「S は…しそうだ；…する可能性が高い」。ここでは否定文なので「S が…する可能性は低い；たぶん…ではないだろう」。

● ℓ.4 **with** ～「～を伴って」

● ℓ.7 **leave an impression on** ～「～に印象を残す」

● ℓ.7 **Most <of the happy, angry, or fearful music [(that) you hear]> is fast**
(Most = S, is = V, fast = C)

music を修飾する3つの形容詞が or で結ばれている。また，music を後ろから修飾する関係代名詞節中の目的格の関係代名詞 that が省略されている。

35 音楽と人の感情 (4) ［人間］

● ℓ.1 *keep ~ in mind*「～を心にとどめる；～を覚えておく」。ここでは動名詞句として文の主語になっている。

● ℓ.3 **slow ~ down**「～の速さを遅くする」

● ℓ.3 *fill A with B*「A を B で満たす」。ここでは歌の中で低音の楽器をたっぷり使うことを言っている。

● ℓ.4 *such as ~*「たとえば～のような」

● ℓ.4 **a piece of music**「1つの音楽；曲」

● ℓ.7 **in their work**「彼らの仕事において；作業をするにあたって」

● ℓ.7 **to make music [that suits the scenes in their movies]**

「映画のシーンに合うような音楽を作るために」。目的を表す不定詞の副詞的用法。

36 音楽と人の感情 (5) ［人間］

● ℓ.1 **way**「やり方；方法」

● ℓ.2 *hear of ~*「～のことを聞く；～のうわさを耳にする」。「モーツァルトの音楽を聴く」という意味ではないことに注意。

● ℓ.2 **something called ~**「～と呼ばれる何か」

● ℓ.3 **the idea [that [if ... to Mozart's music,] they will get smarter]**

that は同格の節を導く接続詞。the idea that ～で「～という考え」。that 節内の主語は they で，その前に if 節が挿入されている。

● ℓ.5 **it was popular <for parents> <to listen to it>**

「親がそれを聴くことが流行していた」。it は仮主語で，真の主語は後ろの不定詞（名詞的用法）。for parents は不定詞の意味上の主語。

● ℓ.6 **give them better grades**「よりよい成績を彼らに与える」。子供たちがよりよい成績を取れるようにするということ。

● ℓ.6 **help them get into ～**「彼らが～に入るのに役立つ」。*help O (to) do*「O が…するのに役立つ」。

37 音楽と人の感情 (6) [人間]

● ℓ.2 **find out**「～を知る；探り出す」

● ℓ.2 **if ～**「～かどうか」。名詞節を導く接続詞。

● ℓ.2 **listening to classical music, <especially Mozart's,> made people smarter**
(listening to classical music = S, made = V, people = O, smarter = C)

動名詞が主語になっている。動詞 made が過去形になっているのは，主節の wanted との時制の一致のため。したがって「賢くしたかどうか」ではなく「賢くするかどうか」という意味になることに注意。

● ℓ.5 *spend ～ …ing*「…をして～（の時間）を過ごす」

● ℓ.6 **just**「単に」

● ℓ.7 **a tape with ～**「～（の音声）が入ったテープ」。tape は録音テープのこと。with は〈所有〉の意味。

● ℓ.7 **advice about how to relax**「どのようにリラックスすればよいかについてのアドバイス」。疑問詞句 how to relax が前置詞 about の目的語になっている。

38 音楽と人の感情 (7) [人間]

● ℓ.1 **about the same ～**「ほぼ同じ～」

● ℓ.2 **the third group [who listened to Mozart] got much better scores**
(the third group = S ← [who listened to Mozart], got = V, much better scores = O)

● ℓ.4 **a whole ten percent higher than ～**「～よりまる10%高い」。〈差の数＋比較級〉の形。whole は数詞とともに用い「まる～」という意味を表す。

● ℓ.4 **the other groups' (averages)**「他のグループのものよりも」groups'の後の averages が省略されている。

● ℓ.7 **did not immediately ～**「直接的に～したわけではなかった」

● ℓ.7 **better at** *…ing* は *good at …ing*「…するのがうまい」の比較級。

39 音楽と人の感情 (8) [人間]

● ℓ.1 **The piece of Mozart's music <played before their test> was ...**
(S: The piece of Mozart's music / V: was)

主語の The piece of Mozart's music に対する動詞は was。played は過去分詞で，The piece of Mozart's music を修飾していることに注意。

● ℓ.2 **relaxed** は他動詞 relax「～をくつろがせる」の過去形。

● ℓ.4 **do better on the test** は *do well on the test*「テストでよい成績を取る」の比較級。

● ℓ.5 **have learned [that fast major key music puts people ...,**
and
that increases their performance].

1つ目の that は名詞節を導く接続詞。and のあとの2つ目の that は「そのこと」の意味の指示代名詞で，increases の主語になっている。

● ℓ.6 *put ～ in a good mood*「～をよい気分にする」。ここでは目的語が people と複数なので moods と複数形になっている。

● ℓ.8 *the next time* ～「次に～する時」。副詞節を導く接続詞の働きをしている。

● ℓ.8 *why don't you ～ ?*「～してはどうか」。相手に提案をする表現。

● ℓ.8 **a pair of headphones** 左右で1対なので，このように言う。

● ℓ.9 **It** は前文の「速くて楽しい音楽を聴くこと」を指す。

40 あるジャーナリストの苦難 (1) [物語]

● ℓ.2 **to provide their readers with unimportant facts and statistics**「重要ではない事実や統計を読者に提供するために」。この不定詞は目的を表す副詞的用法。*provide A with B*「A に B を与える」。

● ℓ.4 **a journalist had been instructed ... to write an article**「あるジャーナリストが記事を書くよう指示されていた」。〈had been ＋過去分詞〉は過去完了の受動態。*instruct ～ to do* は「～に…するように指示する」という意味。この形の受動態に，by a well-known magazine（ある有名な雑誌（社）によって）が挿入されている。

● ℓ.5 **an article on the president's palace**「大統領の邸宅についての記事」。この on は「～に関して」という意味。

41 あるジャーナリストの苦難 (2) [物語]

● ℓ.1 **The journalist immediately tried to obtain these important facts**「そのジャーナリストはすぐに，これらの重要な事実を手に入れようとした」。*try to do*「…しようと努める」。

● ℓ.2 **it took him a long time to send them**「彼がその情報（＝重要な事実）を送るのには長い時間がかかった」。〈it takes ＋人＋時間の長さ＋ to *do*〉「人が…するのに～（時間）かかる」。

● ℓ.3 **getting impatient**「いらいらする」

● ℓ.3 **, for the magazine would soon go to press**「というのは，雑誌がまもなく印刷に回されるからだった」。この for は接続詞で「というのも…だからだ」という理由を表す。ふつうコンマのあとに続く。

● ℓ.5 **He sent another telegram**「彼（＝編集者）はさらにもう 1 通電報を打った」。another は「もう 1 つの」という意味。直前に書かれている two urgent telegrams とはまた別にもう 1 通電報を送ったということ。

● ℓ.6 **The editor informed the journalist that ...**「編集者はジャーナリストに…ということを知らせた」。〈inform ＋人＋ that ...〉「人に…という内容を知らせる」。

● ℓ.9 **as the journalist had originally written it**「そのジャーナリストがもともと書いた通りに」。この as は接続詞で「…の通りに」という意味。had written と過去完了が使われているのは，「ジャーナリストが最初に記事を書いた」のが，「編集者がその記事を出版した」のよりも前のことだから。

42 あるジャーナリストの苦難 (3) [物語]

● ℓ.2 **The poor man**「その気の毒な男」。poor には「貧しい」という意味の他に，「気の毒な」という意味がある。

● ℓ.5 **the 1,084 steps leading to the wall**「塀へと続く 1,084 段の階段」

43 スペイン人にとっての昼寝 (1) [文化]

● ℓ.1 **Birds do it. Cats do it.** これらの it は後ろに出てくる「昼寝」を指す。

● ℓ.1 **most especially**「中でも特に」。この most は最上級というよりも，

副詞 especially の意味を強調する働きをしていると考えられる。

● ℓ.2　**in broad daylight**「真昼間に；白昼堂々と」。文字通りに訳せば「明るい日光の中で」。

● ℓ.5　～ *or so*「～そこら；～くらい」

● ℓ.6　**Spain stops the world**「スペインは世界を止める」。つまり，「スペインでは世界〔世の中の動き〕が止まる」ということ。

● ℓ.7　**take a nap**「昼寝をする」。この nap は名詞。

● ℓ.8　*inform A that* ～「～ということを A に告げる」

● ℓ.8　*the way* ～「～するやり方」

● ℓ.9　**a unified Europe**「統一ヨーロッパ」。EU (the European Union)「欧州連合」として統一されたヨーロッパのこと。

44 スペイン人にとっての昼寝 (2) [文化]

● ℓ.1　**At a time [when productivity has almost become ...]**

「～する時代において」。when ～は関係副詞節で，先行詞は time「時代」。

● ℓ.1　**has almost become** ～「ほとんど～になっている」

● ℓ.3　*A is less important than B*「A は B ほど重要ではない」。A is not as important as B と言い換えられる。〈less＋形容詞·副詞〉で「より少なく～」という意味を表す。

● ℓ.4　*the other way around*「その逆」。つまり，「働くことが，人生を楽しむことよりも重要である」という考え方のこと。

● ℓ.4　**No task is so essential that** ～「どのような仕事も，～ほど必要不可欠ではない；～ほど必要不可欠な仕事などない」

● ℓ.4　**so essential that it cannot wait a couple of hours**「数時間放っておくことができないほど必要不可欠」。*so* ～ *that ...*「…ほど～」。

● ℓ.5　*wait*「放っておく；先延ばしする」。

● ℓ.6　*catch up on A*「A の不足〔遅れ〕を取り戻す」

● ℓ.8　**see** (V) ┌ **offices** (O) **empty** (C)
　　　　　　　　 and
　　　　　　　 └ **streets** (O) **clear** (C)

see O C「O が C であるのを見る」。ここでは2つの O C が and で結ばれている。

● ℓ.9　**confused**「混乱した；困惑した」。confuse「混乱させる；まごつかせる」の過去分詞が形容詞化したもの。

● ℓ.10　**with ～**「～を持った」

45 スペイン人にとっての昼寝 (3)　[文化]

● ℓ.1　*at first*「最初は；当初は」

● ℓ.1　*keep doing*「…し続ける」

● ℓ.2　**just couldn't *do***「とても…できない」。just は否定の強調。

● ℓ.2　**nothing was open**「何も開いていなかった」。店やオフィスが営業していなかったということ。

● ℓ.2　**"....," recalls Pier Roberts** 引用符で囲まれた発言のあとでは，しばしば主語と動詞が倒置される（主語が代名詞の場合を除く）。

● ℓ.4　**looking for ～**「～を探しながら」。付帯状況を表す分詞構文。

● ℓ.5　**It was extremely hot outside, you could see the heat waves, and it was like a ghost town.**　3つの文が and で並列されている。

● ℓ.7　**break**「休憩；中断」。**a break in ～**「～の中断」。break には「(短い) 休憩；小休止」の意味と，「(活動などの) 中断；中止」の意味があり，ここではその2つの意味が対比的に使われている。

● ℓ.8　**there is no choice except to *do***「…する以外に選択肢〔選択の余地〕がない」

● ℓ.8　*come to a stop*「止まる；停止する」。full and complete は stop を強調するために使われている。

● ℓ.11　**get together with ～**「～と集まる；集合する」

46 スペイン人にとっての昼寝 (4)　[文化]

● ℓ.1　**Taking a long break in the middle of the day** (S) **is** (V)

not only healthier (C) **than the conventional lunch,**

but also apparently more natural (C)**.**

not only A but also B「A だけでなく B も」。ここでは A と B に補語が来ている。

● ℓ.4 **tune A to ～**「A を～と一致させる」

● ℓ.5 **biological clock**「生物時計；体内時計」

● ℓ.5 **humans require days <broken by two periods of sleep>**
S V O

「人間は2つの睡眠期間によって中断された日を求めている」。
break「～を中断する」。過去分詞として前の days を修飾している。

● ℓ.7 *come from* ～「～に起因する；～が原因である」

● ℓ.7 *not A but B*「A ではなく B」

● ℓ.8 **time of day**「時刻」。「1日のうちのいつであるか」ということ。

47 スペイン人にとっての昼寝 (5) ［文化］

● ℓ.1 **All animals, <including humans,> have a biological rhythm**
S V O

including ～「～を含めて」が主語と動詞の間に挿入されている。

● ℓ.2 **"....," explains Claudio Stampi** 引用符で囲まれた発言のあとなので，主語と動詞が倒置されている。

● ℓ.5 **secondary**「二次的な；副次的な」。ここの secondary peak とは，1日の終わりに感じる眠さほどではない「低めのピーク」ということ。

● ℓ.6 **decrease in ～**「～の減少」

● ℓ.7 *have difficulty …ing*「…するのが困難になる；…するのに苦労する」

● ℓ.7 **remain awake**「目覚めたままでいる」。awake は補語。

● ℓ.8 **doing any sort of task**「どんな種類の仕事をする間も」。doing は付帯状況を表す分詞構文で「～しながら」。any は肯定文で用いると「どんな～でも」という意味を表す。この文は「午後1時と4時の間にはどんな仕事をしていても，目覚めているのが難しくなってしまう人がいる」という内容になる。

● ℓ.9 **others** は前文の Some people と対応する。*some* ～ , *others* ...「～する人もいれば，…する人もいる」

● ℓ.9 **it is less difficult** のあとに to remain awake が省略されている。

● ℓ.9 **less difficult**「より少なく困難である；それほど困難ではない」。less は比較級で，前文「目覚めているのが困難な人」と比較している。

● ℓ.9 **it is there**「それは確かに存在する」。この there は「存在している」という意味で，具体的な場所を指しているわけではない。

48 スペイン人にとっての昼寝 (6) ［文化］

● ℓ.1 **their sleep**「彼らの眠り」。彼ら独自のシエスタのことを指す。

● ℓ.1 **have got**「～を持っている」= have

● ℓ.2 **ahead of ～**「～の前方に」。*have A ahead of* ～で「～の先に A がある」という意味になる。

● ℓ.2 **key component of ～**「～の重要な構成要素」

● ℓ.6 **have fun**「楽しく過ごす」

● ℓ.6 **in the morning**「午前の」

49 スペイン人にとっての昼寝 (7) ［文化］

● ℓ.1 *lie in* ～「(原因などが) ～にある」

● ℓ.2 **around the globe**「世界中の；地球上の」

● ℓ.3 **turn to ～**「～に向かう；～に頼る」

● ℓ.3 **stillness**「じっとしていること；静止」

● ℓ.3 *avoid …ing*「…するのを避ける」

● ℓ.4 **be burned up**「焼き尽くされる」

● ℓ.5 **packed**「人でいっぱいの；満員の；混みあった」

● ℓ.5 **pour A out into ～**「～へと A を放出する」。ここでは，日中は暑さを避けるために家にこもっていた多くの人々が，夜になると涼むために家からどんどん出てくるという状況を言っている。

● ℓ.5 **cool down**「涼しくなる；熱を冷ます」

● ℓ.8 **drive**「～を動かす；推進する」

● ℓ.8 **Spanish social values, which ～**　この which は非制限用法の関係代名詞。「そしてそれは～」のように前から意味を取ればよい。

● ℓ.9 **demand an ┌ equal, ┐ emphasis on life outside the office**
└ if not greater, ┘

demand an emphasis on ～は「～に重点を置くことを求める；～を重視することを要求する」。an equal emphasis on life outside the office とは，「オフィス外の生活（＝楽しむ時間）」を，「オフィス内の生活（＝仕事）」と同じくらい重視すること。if not ～は「～とは言わないまでも」。

● ℓ.11 *take a break*「休憩を取る」

● ℓ.12 **have the opportunity of** *…ing*「…をする機会を持つ」

● ℓ.12 **the opportunity of** ┌**having coffee with friends**
　　and
└**thinking and talking about different issues**

thinking and talking がひとまとまりで about につながる。

50 「進行していくディナー」って何？（1）［社会］

● ℓ.1 **Most people enjoy** ┌**entertaining dinner guests**
(S: Most people / V: enjoy / O: entertaining dinner guests)
　　as well as
└**eating out.** (O)

２つの動名詞句が，*A as well as B*「B と同様に A も」で結ばれている。*eat out*「外食する」。

● ℓ.3 **the popular custom <known as "progressive dining." >**

be known as ～「～として知られる」。ここでは過去分詞句として custom を修飾している。

● ℓ.3 **progressive dining**「進行していく食事」。グループのそれぞれの家で一品ずつ食べながら次々と移動していくというディナーパーティーの一種。前で述べた「ゲストをもてなすこと」と「外食すること」の両方が楽しめることになる。

● ℓ.5 **for the first course of the dinner**「ディナーの最初の一品のために」。course は「（食事の）一品；一皿」。

● ℓ.8 **This movement onward <towards another house> continues ...**
(S: movement onward ＝ — or progression — / V: continues)

This movement onward は「この前方への移動」の意味。副詞 onward「前方へ」が，名詞 movement を後ろから修飾している。progression は movement onward の言い換えであり，ここは progressive dinner という呼び名の理由説明になっている。

● ℓ.10 *be based on* ～「～に基づいている」

● ℓ.11 **get dressed up**「正装する；仮装する」

● ℓ.12 *according to* ～「～に応じて」

51 「進行していくディナー」って何？(2) ［社会］

● ℓ.1 **One tip <to make sure that …> is to not move to ...**
S V C

● ℓ.1 *make sure that* ～「～ということを確実にする；必ず～ようにする」

● ℓ.2 **to not move**「移動しないこと」。不定詞の否定はふつう not to *do* の形になるが，ここで not to move とすると，～ is not to move「～は移動することではない」という否定文にも取れてしまう。それを避けるために to not move という語順を用いている。

● ℓ.3 **It can be tiring if** ～「もし～なら，それは（人を）疲れさせる可能性がある」。主語 It は if 節の内容を指す。tiring「疲れさせるような；骨の折れる」。他動詞 tire「～を疲れさせる」の現在分詞が形容詞化したもの。

● ℓ.3 **more than three**「3より多くの」。3は含まないので，「3以上」ではなく「4以上」ということになる。

● ℓ.4 **stop**「立ち寄り先；滞在先」。ここでは訪問する家のこと。

● ℓ.4 *make for A*「A に役立つ；A のためになる」

● ℓ.8 **It also helps if** ～「もし～なら，それもまた助けになる」。

● ℓ.9 *perhaps*「ひょっとしたら；～かもしれない」

● ℓ.10 **a good way for A to *do***「A が…するためのよい方法」。

52 長寿の秘訣 (1) ［医療］

● ℓ.1 **There are several places <in the world> [that are famous ...]**
V S

that は関係代名詞で，先行詞 places を修飾する形容詞節を導く。形容詞節が長いため，in the world が先に置かれている

● ℓ.3 **areas [where there are a lot of mountains]**

「たくさんの山がある地域」。where は関係副詞。

● ℓ.3 *far away from* ～「～から遠く離れて」

● ℓ.6 **bring <to the modern world> the secrets of longevity**
V O

動詞 bring と目的語 the secrets の間に副詞句 to the modern world が挿入されている。

53 長寿の秘訣 (2) ［医療］

- ℓ.2 **many people <over one hundred years of age> are ...**
  S ... V
- ℓ.2 **～ years of age**「～歳の」
- ℓ.3 **in ～ health**「～な健康状態で」
- ℓ.3 **men of ninety**「90歳の男性」
- ℓ.4 *have a baby*「赤ん坊を産む」
- ℓ.6 **these three benefits**「これら3つの利点」。these は次に述べるコロン以下の内容を指す。その3つの間がセミコロンで区切られている。
- ℓ.8 **a simple diet <high in vitamins and nutrition>**
  but
  <low in fat, cholesterol, sugar, and chemicals>

high in ～「～を多く含む」と *low in* ～「～をあまり含まない」はどちらも形容詞句で，a simple diet を後ろから修飾している。

54 長寿の秘訣 (3) ［医療］

- ℓ.3 **long-lived**「寿命の長い；長生きな」
- ℓ.4 **keep**「～を保管する；取っておく」
- ℓ.4 **a woman [whose name was Tsurba] probably lived until age 160**
  S ... V

whose は所有格の関係代名詞。age 160 = 160 years of age

- ℓ.5 **a man <called Shirali> probably lived until 168.**
  S ... V

called は過去分詞で，man を後置修飾している。

- ℓ.6 *not only ～ but also ...*「～だけでなく…も」
- ℓ.8 **they have** (S V)
  not only their own teeth
  but also a full head of hair,
  and good eyesight

have の目的語が3つある。a full head of hair「頭全体に生えた毛」。

55 長寿の秘訣 (4) [医療]

● ℓ.1 **Vilcabamba, Ecuador**「エクアドル（国名）のビルカバンバ」。日本語と異なり，〈小さな地名＋大きな地名〉の順になることに注意。

● ℓ.4 *very little* 〜「〜がほとんどない」。準否定。

● ℓ.6 **the clean, beautiful environment:** コロンの後に具体例が３つ列挙されており，３つの間がセミコロンで区切られている。

● ℓ.7 **Celsius**「摂氏」。温度の単位。

● ℓ.7 **all year long**「１年中ずっと」

● ℓ.9 *rich in* 〜「〜が豊富で」

56 長寿の秘訣 (5) [医療]

● ℓ.1 *in some ways*「いくつかの点で」

● ℓ.1 **the diets <of the people <living in the three regions>> are** …
(the diets = S, are = V)

● ℓ.2 **Hunzukut**「フンザ人」。ここでは複数形になっている。

● ℓ.4 **chapatis — a kind of pancake** ダッシュで言い換え（説明）を示している。

● ℓ.6 **most people there**「そこのほとんどの人々」。

● ℓ.7 *a* 〜 *amount of A*「〜の量の A」。amount「量」の「多い／少ない」は large / small で表す。

57 長寿の秘訣 (6) [医療]

● ℓ.1 **one surprising fact in the mountains of Ecuador:** コロンの後に one surprising fact「１つの驚くべき事実」の具体的な内容が続いている。

● ℓ.2 **the very old**「とても年老いた人々」。〈the ＋形容詞〉「〜な人々」。

● ℓ.3 *large amounts of* 〜「大量の〜」

● ℓ.5 **The fruits and vegetables [that the inhabitants of the three areas eat] are all natural**
(The fruits and vegetables = S, are = V, natural = C)

関係代名詞 that で始まる節が主語を修飾している。all「すべて」は主語と同格。

- ℓ.7　*that is*「つまり」。前の語句の言い換えを導く。ここでは natural = they contain no chemicals ということ。
- ℓ.8　**the people**「その人々」とは，the inhabitants of the three areas のこと。
- ℓ.8　**as people do** の do は代動詞で，前の eat の代用。
- ℓ.9　*take in A*「A を摂取する」
- ℓ.9　*an average of* ～「平均～；平均して～」
- ℓ.10　**an ordinary person of these mountainous areas, between 1,700 and 2,000 calories**　この文はセミコロンの前の文と対をなす形になっており，between の前のコンマの部分には takes in が，calories の後には every day がそれぞれ省略されている。

58 長寿の秘訣 (7) ［医療］

- ℓ.1　*have A in common*「A を共有している」。ここで A に当たるのは more「より多くのもの」。
- ℓ.3　**Because these people (S) ┌ live (V) in the countryside / and / └ are (V) mostly farmers (C)**
- ℓ.5　*do not need to do*「…する必要がない」
- ℓ.6　**health club**「スポーツクラブ；フィットネスクラブ」
- ℓ.7　*in addition*「それに加えて；その上」
- ℓ.7　*although* ～「～だけれども」
- ℓ.8　*seem to do*「…するようだ；…するように思える」
- ℓ.8　**worries**「心配事；悩みの種」。いくつもあるという意味で複数形になっている。
- ℓ.10　**freedom from** ～「～の自由〔解放〕；～がないこと」。*free from* ～「～のない」の名詞形。

59 鳥の卵は優れもの (1) [科学]

● ℓ.1 **have called it "the most perfect thing in the universe"**「それを『宇宙で最も完璧なもの』と呼んできた」。*call A B*「A を B と呼ぶ」。ここでは，A = it (= a bird's egg)，B = the most perfect thing in the universe。

● ℓ.3 **Take a closer look at ～**「～をもう少し綿密に見てみよう」。*take a look at* ～= *look at* ～「～を見る」。

● ℓ.4 **the next egg** [(which) you open in the kitchen]

「台所であなたが割る今度の卵」。you の前に関係代名詞が省略されている。

● ℓ.6 **From a hen's point of view**「めんどりの立場からすると」。*from one's point of view*「～の立場〔観点〕からすれば」。

● ℓ.6 **gets into the frying pan**「フライパンに入る」。遠回しな表現だが，鳥の本来の成長過程ではなくて，人間に食べられてしまうことを指す。

● ℓ.7 **give life to another bird**「また別の鳥に命を与える」。「卵が孵化して新しい鳥を誕生させる」という意味。

● ℓ.9 **the rich yellow globe** <called the yolk>

「卵黄と呼ばれる栄養に富んだ黄色い球体」。called the yolk が the rich yellow globe を後ろから修飾している。

60 鳥の卵は優れもの (2) [科学]

● ℓ.1 **All around the yolk is the egg white**「卵黄の周囲はすべて卵白である」。この文は倒置文になっていて， 本来は The egg white is all around the yolk. という語順になる。

● ℓ.1 *act as* ～「～としての役割を果たす」

● ℓ.1 **a gentle shock absorber**「やわらかな衝撃吸収体」。〈動詞＋ -er〔-or〕〉はふつう「…するもの〔人〕」という意味を表す。

● ℓ.2 **protects the yolk and the developing chick**「卵黄と成長途中のひな鳥を保護する」。protect A and B の形になっている。developing は現在分詞で，「成長している」という意味。

● ℓ.4 **some of the foods and minerals** <needed <to build a bird>>

「1羽の鳥の身体を作るのに必要な栄養物やミネラルの一部」。needed 以下が some of the foods and minerals を後ろから修飾している。to build a bird は不定詞の副詞的用法。

● ℓ.6 **Around the yolk and egg white is a thin, flexible skin.**
「卵黄と卵白の周囲には，薄くて柔軟な膜がある」。倒置文で，本来は A thin, flexible skin is around the yolk and egg white. となる。

● ℓ.7 *be attached to* ～「～に付着する；～に愛着を持つ」。この文の主語 another skin は「もう1枚の膜」という意味で，卵の殻の内部には合計2枚の膜があることがわかる。

61 鳥の卵は優れもの (3) [科学]

● ℓ.1 **a pocket of air**「空気のポケット」。殻との間にできる気室という空間のこと。

● ℓ.2 **its large end**「大きい方の端」。卵の鋭くない方の端を指す。

● ℓ.4 **the egg cools**「卵は冷える」。親鳥の体内にいた時と比べて，外気に触れて徐々に冷たくなっていくことを指す。

● ℓ.5 **The shell ... shrinks less than the inside of the egg**「殻は卵の内部と比べて収縮はより少ない」。卵の殻の縮み方と殻の内側の部分の縮み方とを比較した時，内側の方が縮み方が大きいということ。

● ℓ.6 **an empty space for air**「空気が入る何もない空間」。気室のこと。

● ℓ.8 *live on* ～「～に頼って生きる」

● ℓ.9 **from outside the shell**「殻の外部から」。このように前置詞が2つ並ぶこともある。

62 鳥の卵は優れもの (4) [科学]

● ℓ.1 **an excellent package <for the treasure [(which) it holds]>**
「それが収容している宝物にとって，非常に優れた容器」。宝物とは卵の中身のことで，やがてひな鳥になるのでこのようにたとえている。

● ℓ.2 **Its curved design gives it strength.**
(Its curved design = S, gives = V, it = O_1, strength = O_2)

「その湾曲したデザインは，卵の殻に強度を与えている。」→「卵の殻はカーブしているので，強い構造になっている。」

● ℓ.2 **It needs to be strong enough <not to break ...>**
but
weak enough <to let the young bird ...>.

strong 以下と weak 以下が but で結ばれている。～ ***enough not to do***「…しないくらい～だ」。not の位置は to の前。***let ～ do***「～に…させる」。

● ℓ.6 ***give birth to ～***「～を産む」

● ℓ.7 **their young**「彼らの子供」。young はここでは形容詞ではなく，名詞で「(動物・鳥などの) 子供」という意味。

● ℓ.7 **the way most animals do**「ほとんどの動物がする方法」。〈the way S V ...〉「…するように」。

● ℓ.8 ***too ～ to do***「あまりに～なので…できない」

● ℓ.10 **it needs <to escape enemies>**
and
<to find food>

「敵から逃れたり，食べ物を探し出したりする必要がある」。to escape enemies と to find food が and で結ばれて need の目的語になっている。

63 子供の世界観を決めるもの (1) ［教育］

● ℓ.1 **(Have you) Ever wondered ...** 現在完了の疑問文の文頭の Have you が省略されている。

● ℓ.2 ***Why is it that ～ ?***「～なのはなぜか」。***It is A that ～ .***「～なのは A だ」という強調構文で，ここでは A に当たる部分は why。

● ℓ.2 **girls want <to dress in pink>**
and
<to be princesses>,
or
boys want to be warriors
and
space adventurers?

and と or の並列関係に注意。

● ℓ.4 **Stories <told to children> make a difference.**
S V O

told は過去分詞で，前の Stories を修飾する句を導いている。

● ℓ.4 ***make a difference***「違いを生じる；重要である」

- ℓ.5　*have an influence on* ～「～に影響を及ぼす」
- ℓ.6　**children's understanding of ～**「～に対する子供たちの理解；子供たちが～を理解すること」。children's は understanding の意味上の主語，of ～は意味上の目的語に当たる。
- ℓ.7　**gender**「ジェンダー；（文化的・社会的な面での）性」
- ℓ.7　**role**「役割」
- ℓ.7　**not just ～**「～だけではない」。次行のセミコロンのあとに *but also* を補って考える。
- ℓ.7　**develop**「～を発達させる」
- ℓ.8　**attitude**「（物事に対する）態度；考え方」
- ℓ.9　**norm**「規範；規準」
- ℓ.9　*in turn*「次には；今度は；同様に」。
- ℓ.9　**shape**「～を形作る；～を形成する」

64 子供の世界観を決めるもの (2) ［教育］

- ℓ.1　**then**「それでは」。前の内容を受けて，文章をつなぐ言葉。
- ℓ.2　**their world**「彼らの世界」。客観的な世界というよりも，「子供たちを取り巻く世界；子供たちから見た世界」というニュアンスで their と言っている。
- ℓ.2　**Studies have shown that ～**「研究は～ということを示している；～ということが研究でわかっている」
- ℓ.5　**key**「重要な；基本的な」。形容詞。
- ℓ.5　**John Berger**「ジョン・バージャー」。イギリスの小説家。
- ℓ.5　**suggest**「示唆する；暗に示す」
- ℓ.6　**begin to** ┌ **recognize patterns**
  　　　　　　　│ **and**
  　　　　　　　└ **visually read their worlds [before ...]**

visually は read を修飾する副詞。
- ℓ.7　*learn to do*「…することを学ぶ；…できるようになる」

65 子供の世界観を決めるもの (3) [教育]

● ℓ.1 **can**「～する可能性がある；～しかねない」

● ℓ.2 **how** ～「どのように～か；～する方法・様子」。名詞節を導く。

● ℓ.3 **research** <**conducted by scholar Vivian Vasquez**> **shows** ...
S V

conducted は過去分詞で，前の research を修飾する句を導く。

● ℓ.3 **Vivian Vasquez**「ビビアン・バスケス」。アメリカの教育学者。

● ℓ.4 **play out**「（ある場面）を演じる」

● ℓ.4 **narrative**「お話；物語」。story とほぼ同じ意味だが，出来事・経験などの事実描写に重点がある。

● ℓ.4 **narratives [in which they become part of the story]**

「その中で彼らが物語の一部になるようなお話」。関係代名詞 which は節中で in の目的語になっており，They become part of the story in the narrative という関係を表している。

● ℓ.6 *mix A with B*「A を B と混ぜる；一緒にする」

● ℓ.8 **with a red X above him**「彼の上に赤い X をつけて」。〈*with A* 前置詞句〉で「A が～な状態で」という付帯状況を表す。

● ℓ.10 **her desire not to *do***「…したくないという彼女の願望」。

● ℓ.10 **not to have boys tease** ┌ **Rudolph,**
  and more importantly,
└ **her**

● ℓ.10 **have boys tease** ～「男の子たちに～をからかわせる」。*have O do*「O に…させる；O に…される」という使役動詞の用法。

● ℓ.11 **more importantly, her**「さらに重要なことには，彼女を」。心の中でトナカイを彼女自身と重ね合わせて描いており，実はそのことのほうが彼女にとって重要なのだ，という意味。

66 子供の世界観を決めるもの (4) [教育]

● ℓ.1 **internalize**「～を自分のものにする；吸収する」

● ℓ.2 **over** ～「～の期間にわたって」

● ℓ.4 *a number of* ～「いくつかの～；多数の～」。漠然と複数であることを表す。

- ℓ.5 **reenact**「(物語など) を再演する」
- ℓ.5 **e.g.**「たとえば」。for example と同じ意味。
- ℓ.6 **stepsister**「(親の再婚による) 義理の姉妹」
- ℓ.6 **rewrite A into B**「A を B に書き換える」
- ℓ.7 **those** 前の characters and their roles を指す指示代名詞。
- ℓ.7 **those [that mirrored present-day roles [that men and women take on]]**

2つの関係代名詞 that が修飾する語句に注意。

- ℓ.8 **present-day**「現代の；今日的な」。形容詞。
- ℓ.8 *take on* ～「(仕事・責任などを) 引き受ける；負う」
- ℓ.9 **to show (that) they worked and played** 接続詞 that が省略されている。

67 子供の世界観を決めるもの (5) [教育]

- ℓ.1

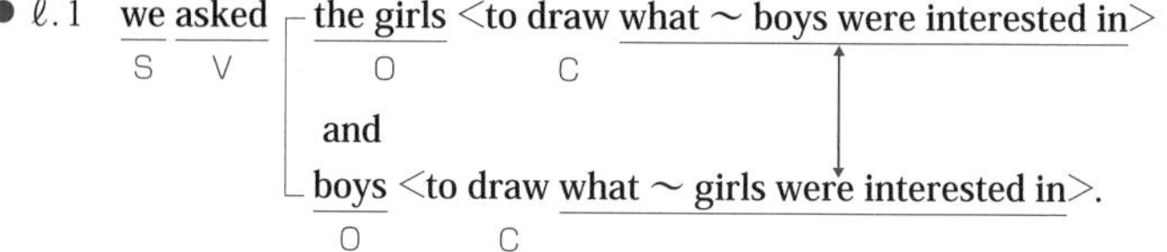

we asked the girls <to draw what ～ boys were interested in> and boys <to draw what ～ girls were interested in>.

(we = S, asked = V, the girls = O, <to draw …> = C; boys = O, <to draw …> = C)

女の子と男の子に，それぞれ逆のことを頼んだということ。

- ℓ.1 **what [they thought] boys were interested in**「男の子たちが興味を持っている［と彼女たちが思う］こと」。They thought boys were interested in what. というつながりになる。
- ℓ.4 **symbol**「シンボル；象徴」。たとえば，女の子であればお姫様の衣装など，その伝統的ジェンダーを象徴的に示すもののこと。
- ℓ.4 **drew symbols, stories and settings [that represented ...]**

that 以下は関係代名詞節で，前の symbols, stories and settings という3つの名詞を修飾している。

- ℓ.6 **That is**「つまり」。以下の2文は，前の文の内容を具体例で説明している。

● ℓ.6　**a male (who is) about to save them**「彼女たちを助け出そうとしている男性」。*be about to do*「(まさに) …しようとしている」

● ℓ.9　**how stories can be used to *do***「…するために，物語がどのように使われうるか」

● ℓ.10　**their views on ～**「～についての彼らの意見」

● ℓ.12　*choose to do*「…することを選ぶ」

68 子供の世界観を決めるもの (6) ［教育］

● ℓ.1　**Kathy Short**「キャシー・ショート」。アメリカの教育学者。

● ℓ.1　**children's engagement with ～**「子供たちの～との関わり」

● ℓ.2　**literature around ～**「～をめぐる文学」

● ℓ.3　*move A to do*「A の心を動かして…する気にさせる」

● ℓ.4　**consider how ～**「どうしたら～かを考える」

● ℓ.4　**bring change**「変化をもたらす」

● ℓ.6　**Iqbal Masih,**

‖ 同格

a child activist [who ─ campaigned for laws against child labor,
but
└ lost his life at the age of 12 for ...].

● ℓ.7　**laws against ～**「～を禁止する法律」

● ℓ.9　*along with ～*「～と一緒に；～に加えて」

● ℓ.11　*be motivated to do*「…する意欲をかき立てられる」。能動態は *motivate A to do*「A を…する気にさせる」。

● ℓ.11　**community garden**「市民菜園；市民庭園」。コミュニティーの住民たちが共同で植物を育てたりする場所。

● ℓ.12　**food bank**「フードバンク」。寄付を受けた食料を貧困者などに無料で提供する場所・組織。